日本労働法学会誌100号

労働法における労使自治の機能と限界
女性賃金差別の法的救済
労働事件の専門性と労働法教育

日本労働法学会編

法律文化社

目 次

〈巻頭言〉
日本労働法学会誌一〇〇号を迎えて……毛塚勝利……1

〈特別講演〉
フーゴ・ジンツハイマー研究余聞……久保敬治……7

〈シンポジウム①〉
労働法における労使自治の機能と限界

総括 シンポジウムの趣旨と討論……西谷敏……21

労働者保護手段の体系的整序のための一考察
——労使自治の機能と立法・司法の介入の正当性——
……大内伸哉……23

労働法における労使自治の機能と限界
——立法・司法の介入の法的正当性——
……土田道夫……39

目　次

〈シンポジウム②〉
女性賃金差別の法的救済

女性賃金差別の法的救済──総括……………………林　　弘子…61

男女賃金差別裁判における理論的課題…………………宮地光子…67

労働基準法第四条の法解釈と法的救済…………………神尾真知子…80

〈シンポジウム③〉
労働事件の専門性と労働法教育

労働事件の専門性と労働法教育──趣旨と総括………中窪裕也・山川隆一…99

労働法教育の課題と展望…………………………………村中孝史…105

法科大学院における労働法教育…………………………塚原英治…118

司法修習教育及び継続教育と労働法……………………中山慈夫…129

〈個別報告〉
人事考課に対する法的規制──アメリカ法からの示唆…永由裕美…139

アメリカにおける雇用差別禁止法理の再考察……………井村真己……154

フランス労働法制の歴史と理論……………………水町勇一郎……167
——労働法学の再生のための基礎的考察——

〈回顧と展望〉

仮眠時間の労働時間性と使用者の時間外・深夜割増賃金支払義務……三井正信……181
——大星ビル管理事件最一小判平一四・二・二八労判八二二号五頁——

パートタイム労働研究会の中間とりまとめ報告について…斉藤善久……189

有期労働契約・専門業務型裁量労働制に関する告示改正…小西康之……196

〈学会誌100号記念企画〉

日本労働法学会誌　総目次（第1号～100号）……………………203

日本労働法学会第一〇三回大会記事・日本労働法学会第一〇四回大会のご案内……………235

巻頭言

日本労働法学会誌一〇〇号を迎えて

日本労働法学会代表理事　毛塚勝利
（専修大学教授）

日本労働法学会誌が一〇〇号を迎えることになった。労働法学会設立五〇年を迎えるに際しては、すでに、一昨年、講座『二一世紀の労働法』全八巻を刊行したほか、一〇〇回大会では同題のシンポジウムを開催するなど、学会としての記念事業や記念企画は関係各位の努力によって滞りなく終了している。本誌一〇〇号の発行が、日本労働法学会五〇年の歴史に節目を付ける最後の作業となる。

本誌編集委員会は、その記念企画として本誌創刊号以来の目次をつけるという。心憎い企画である。私が労働法学の門を叩いたときには、すでに、創刊号から一〇号台は古本屋でも見つけることが困難であった。最近の研究者は何号あたりから買い揃えているのであろうか。よほどの好事家でないかぎり全号揃いでもっている人はいないであろう。今回の計らいで、手許で全目次を見ることができるようになったのは有難い。おそらく、目次を繰りながら、学会の歩みとともに年を重ねられた会員にあっては、なつかしい先人や友人たちの顔とともに、戦後半世紀の労働世界のさまざまな出来事が走馬灯のようによぎることであろう。また、若い世代の会員は、先人たちの議論の対象や流儀に戦後の労働法学の歴史を垣間見ることであろう。学会誌は日本労働法学の顔であり、よくも悪しくもその自画像である。そして、目次はその自分史となる。

私は、「戦後労働法学」がもっとも輝かしい光を放っていたころに学会に入ってきた。いや、今から見れば、いわゆる第三世代が「戦後労働法学」に批判を向けはじめたころであろうか。私自身、第三世代の批判には毒気を抜かれながらも、「戦後労働法学」とのせめぎあいのなかで自分の居場所を見つけようとしてきた。「戦後労働法学」は、俗に言われるように生存権、団結権優位の思想をとったことに問題があったのではない。「戦後労働法学」が批判されたのは、その方法なのである。法の超越的批判によってその法解釈的営為そのものを相対化し、労働法学の構想力を弱めたこと、団体法では、理念型としての階級的労働者像や労働組合像をもって団結法理を形成し、現実の世界を掬ってしまったこと、個別法では、生存権に依存するあまり内在的法理形成を軽視してしまったことである（少なくとも私にはそう思われた）。しかし、「戦後労働法学」へのこのような批判はどこまで共有されたのであろうか。単に、時代の変化、環境の変化によって過去を清算しているだけではないのか。法の超越的批判を別とすれば、自立した労働者や理想的組合を措定し、自己決定を標榜して労働法理を構成しようとする近時の志向（嗜好）は、ベクトルこそ違え、「戦後労働法学」の方法とどこが異なるのであろうか。「戦後労働法学」が新たな衣装を身につけて登場しているだけではないのか。とすれば、この半世紀の日本労働法学は、明確な「清算手続」をもたない戦後日本と同質の不幸を内包していることとなる。

いずれにしてもわれわれに必要なことは、五〇年の歴史の重みを噛み締めることであろう。批判と無視は異なる。「方法」を批判しても、「方法を意識する方法」は正の遺産として受け継がなければならない。諸外国の労働法学あるいは他の法律学に比べ、日本の労働法学ほど、法解釈の方法にこだわり、また、実証的研究や歴史研究や比較法研究と、トータルな社会科学として労働法学を位置付けようと努力してきたものはないのではなかろうか。経済のグローバル化のなかで、労働法学は、経済学はもとより、法哲学、歴史学、社会学との学際研究をますます強く求められている。日本の労働法学は、それに対応しうるだけの方法的優位性をもっていたはずである。

法解釈学上の具体的論点にも五〇年の蓄積がある。籾井教授は、記念講座『二一世紀の労働法』のなかでは「戦後労働法学の歴史的担い手のほとんどの文献が捨象されている」ことを指摘し、これを「しがらみの断ち切り」による「新たな理論形成」という「妙味ある歴史的循環」と評している（本誌九七号）。これは皮肉であろうし、皮肉でなければならない。正であれ負であれ、遺産を引き継ぐことなくして前進はないからである。古い衣を脱ぎ捨てては、外国生まれの新しい衣に着替えたがる日本法律学の体質は、少なくとも労働法学に無縁であって欲しい。疾走し、気がつけばいつも一周遅れのトップランナー、というのでは悲しいというより喜劇である。われわれの責務は、本誌に掲載された先達の論文や議論と向かい合い、それと格闘することで日本労働法学に着実な実りをつけさせることであろう。

学会誌の向上のために昨年からは査読が始まり、一〇一号からは編集委員会が大幅な刷新を考えているとのことである。個人的には、本誌が、学会ともども学際的な研究交流と研究者・実務家の交流の場となること、さらには、海外研究者にも門戸を開放し、日本労働法学が国際的議論の発信舞台となることを望みたい。

〈特別講演〉

フーゴ・ジンツハイマー研究余聞

フーゴ・ジンツハイマー研究余聞

久保敬治
（神戸大学名誉教授）

一　プロローグ・ジンツハイマー研究の予備作業

ワイマール共和期に使用者サイドの弁護士として活躍し、一九五一年にバイエルン州労働裁判所長官に就任したヘルマン・マイジンガーという人が、翌五二年に刊行した意欲的な労働法の原理書において、フーゴ・ジンツハイマーをドイツの学統においてはじめて「労働法の父」と呼んだのであった。このフレーズは、その後西ドイツ・ドイツ労働法学界においてほぼ定着しているのであるが、ジンツハイマーの学問と人間性に関する歴史研究については、一九八〇年代後半にいたるまで全く不作という状況であった。ワイマール期、ナチス期の法学史、司法史、立法史に関する作品は、八〇年代の社会科学分野におけるルネッサンス的ともいうべき歴史研究の台頭までまたねばならなかった。とくに問題であったのは、右のマイジンガーの著作のでた戦後過程であった。保守的、精神主義的、復古主義的な風潮が社会科学を全面的に支配した上に、六三年一〇月までつづいたアデナウアー政権のナチスの過去に対するホホカムリ政策がとくにナチス研究の障害となったのであった。歴史学とは批判の学問であるといったこれまた極端な思潮の浸透していたわが国の偏向傾向と顕著な対照をなすものであった。従って一九八六年に刊行した『ある法学者の人

生　フーゴ・ジンツハイマー』[1]への作業過程においては、多くの一次資料を独自に収集し、死料化の状況にある資料を引き出してそれを活性化するということにエネルギーを傾けざるをえなかったのである。苦しい反面、何とも楽しいことでもあった。

ドイツ労働法に本格的にアタックをはじめたのは、外地から復員後就職していた県立の研究所から一九五二年に神戸大学へ移った段階であった。そのさい、わが国のドイツ労働法研究の先駆者たちの作品に当って心の奥につきささったことがある。ドイツの文献紹介はともかくとして、自説あるいは自説らしきものを展開し、それを少しでも確固としたものとして据えるために、ドイツの労働法学者の名称及びその学説の全容あるいはエッセンスをできるだけ多く掲げるという傾向がそれである。エルトマン、ロトマール、ジンツハイマー、カスケル、ヤコービ、ポットホフ、フーク、ニッパーダイ、フラトウ、メルスバハ、モリトールなどといった名称の引用ラッシュである。それは、日本におけるアカデミズムへの入場券を手にするための一つの重要な条件としていまだに通用しているということのみ、ここで指摘するにとどめる。

人間模様と歴史の絡まりのなかでドイツの労働法学者をとらえ、何よりも人間性を浮き彫りにしたいという願望が固まってきたのは、既にその段階であった。それは底知れぬ不遜な宣言であったといえようが、学問は人間性と歴史の無数の絡み合いの分析なくしては、その本質的部分に近づくことはできない。一九五〇年代末期から七〇年代のほぼ中期にいたるまでは労働協約法理の研究に入ったのではあったが、[2]ロトマール、ジンツハイマーをはじめとしたドイツ初期労働協約法学団にアタックしていく過程において、右に掲げたような労働法研究者のプロフィールをノートしていく歩みをつづけていったのであった。それは、いうまでもなく、七八年ごろから本格的に開始したジンツハイマー論への予備的な歩みとなったのであった。それは、あるいは最善の策ではなかったかもしれない。しかし、必要不可欠の作業過程になったと思っている。

プロローグを切り上げるにあたって、若干書きとめておきたいことがある。

後に『ドイツ労働法思想史論』（一九八七年）として学界に呈示された西谷敏教授の大著のオリジナル論文が一九八三年二月に法律時報に掲載されるに当って、同教授は「メスティッツは、労働法が一般社会構造に与える影響という視点から労働法史を分析するユニークな方法論を提唱している」と注記されたことであった。フランクフルト在住の労働法学者フランツ・メスティッツについて不知であったことは、率直にいってショックであった。前述もしたような定着した論文スタイルにそった西谷教授は、当然のこととしてメスティッツのバイオグラフィーについては全く言及されていない。当時のドイツの一線級の労働法研究者も彼についてはほとんど知るところがなかったにちがいない。一九二八年秋に二四歳のチェコ人メスティッツはウィーンからジンツハイマー法律事務所に身を寄せる。三三年二月にチェコの兵役義務を果たすためにフランクフルトを去った後、ほぼ四〇年後の一九七二年に同地に居を移し、既に六八歳に達していたにかかわらず、再びドイツでの学究生活を選んだのであった。彼とは、『一九九五年ドイツ語版』の刊行をめぐり書信を通じときには息づまるような対決が生じたのであった。その間の経過については、『一九九八年補論版』に詳細に展開した。(3) また激動東ヨーロッパにおいてはげしくもまれた人生を九四年七月に静かに終えるまでのメスティッツのジンツハイマー労働法論を中心とした研究生活とその人生体験の検証をドイツの学界ではじめて行った人に、テオ・ラーゼホルンという人があることも、右の『一九九八年補論版』で記録したことであった。(4)

つぎにジンツハイマー論に本格的にアタックを開始したのが、前述したように神戸大学の定年六年前である五七歳ごろであったことを話題としておきたい。ということは、人生経験、学問経験を、程度はあるにせよ重ねなければ、ある人の評伝を豊かにえがくことは困難であるということである。

二　次兄ルートヴィヒ、一九七六年ジンツハイマー著作集とゾチアーレ・プラクシス誌

ジンツハイマーには、七歳年長の社会政策学者となった次兄ルートヴィヒがあった。ルーヨ・ブレンターノを師とし、一八七二年一〇月設立された社会政策学会の当初からの主要政策課題であった労働者層をはじめ低所得者層の住宅政策が、ルートヴィヒの関心分野であった。一九〇二年には、彼の主著となった『労働者住宅問題』が刊行されている[5]。彼はまた、当時のイギリスの労組運動、社会政策に関する唯一の研究者であり、一八七一年、七二年に『イギリス労働組合論』、『イギリス労働組合批判』[6]を刊行していたブレンターノの学風をうけつぐイギリス派でもあった。そのことは、神戸大学図書館に収納されていたルートヴィヒの著書、ルートヴィヒ執筆の社会政策学会双書を通じ、既に一九五四年ごろに判明していたことであった。図書館の奥まった重い空気の沈殿する収納部分のジメジメした雰囲気には、何かを訴えるものがあったと思う。冬にそこに入庫することは寒さとの闘いでもあった。修道院の学僧を連想しつつルートヴィヒの文献に当った古き良き時代が懐かしい。

ルートヴィヒは後に弟フーゴの学んだミュンヘン大学の私講師から弁護士に転じ、兄弟の生誕地であり両親のいたライン川畔の故都ヴォルムスの西方にある小都グリューンシュタットに居住していたのであった。ルートヴィヒとフーゴとの交わり、ブレンターノをはさんだルートヴィヒとフーゴとの学問上の接触については多くの疑問が残ることについては、ここではふれないことにしたい[7]。

前述したように一九七八年ごろからはじまったジンツハイマー評伝作業では、まず、オットー・カーンフロイントと当時ハーゲン大学教授であったティロ・ラムが共同編集者となって一九七六年に刊行されたジンツハイマー著作集『労働法と法社会学』上、下二巻の徹底的検証と、社会政策の実務雑誌として一八九九年一月に創刊され、一九四三

年一二月まで存続したゾチアーレ・プラクシス誌のこれまた徹底的検証に着手したのであった。ゾチアーレ・プラクシス誌は、一九〇一年一月に社会政策学会との間にいわば分業体制をとるために社会改良協会が設立され発足するとともに、同協会の機関誌となったが、労働問題の専門雑誌として現在にいたるまでこれと比肩しうる充実したものが発行されたことはないと断定してよい。ナチス体制化において多くの専門雑誌が廃刊されるなかで、前記のように四三年一二月まで存続したことも異例であった。(8)

右のジンツハイマー著作集は、『賃金と相殺』、『団体的労働規範契約』、『労働法原理――概説』、『労働法原理第二版』、『ドイツ法律学のユダヤ人の著名学者』といった単行著書を除く全作品を収録したものであるが、ジンツハイマー・シューレのカーンフロイントはともかく、ラムのジンツハイマーによせる想いには格段のものがあるといわねばならない。同書は、カーンフロイントとラムのジンツハイマーに対する里唄集であり、賛歌集であるともいえようか。

三　滝川幸辰のジンツハイマー記録と弁護士ジンツハイマー

ジンツハイマーという人間の一面について的確な記録を残しているワイマール時代留学日本人に滝川幸辰があることを、一九九五年一一月一〇日に明らかにしたのであった。同日には、『一九九五年ドイツ語版』の出版祝賀の集いが、オットー・ブレンナー財団主催のもとにフランクフルト大学のゲストハウスでもたれたのであった。そのさい行った「フーゴ・ジンツハイマーと日本の労働法学」というスピーチでそれを述べたことであったが、そのスピーチ原稿は、「ドイツ人ジンツハイマーに関する日本版からのいわば逆翻訳」という難事業をこなされたハーゲン大学マルチユケ助教授と同夫人のこれまた翻訳作業によるものであった。その間の経過については、『一九九八年補論版』一五八頁以下にゆずる。

滝川のジンツハイマー記録には、「弁護士の仕事も相当はやっていたのであろう。商業区域の中心ゲーテ通に事務所をもっていた[9]」とある。一九〇三年にフランクフルトの中心ゲーテ通二六番地の一に事務所を設けたジンツハイマーは、滝川が一九二二年一〇月にベルリンからフランクフルトに移った当時、既に著名な刑事弁護士として声望を高めていたのであった。従って経済的にもハイクラスの生活であった。現在、八八歳の高齢ながらニューヨークのセントラル・パーク・ウェストに弁護士事務所をもち、ユダヤ教正統派のイエシヴァ大学のカードーゾ・ロー・スクールへも出講している長女ガートルード・メーンザー女史から、九九年七月に膨大なトランスクリプトが送付されてきた。そのなかで一九二〇年代の「ティーンズ時代、ロー・ティーン時代は、父ジンツハイマーの輝ける活躍期であった。すばらしい少女時代であった」と語られているのである[10]。ワイマール共和制はまず破滅的インフレに直面する。大学人その他の知識階層、中産階層はそれによって受けた経済的打撃から共和制終焉にいたるまで逃れることはできなかった。ユダヤ人作家であり、三九年にアメリカに亡命したハインリヒ・ヤーコブ（一八八九－一九六七年）という人の『ジャクリーヌと日本人』（一九二八年）は、すさまじいインフレに圧倒された中産階層の苦しい生活をコミカルに描写した部分がプロローグとなっている[11]。このような知られざる小説の存在を知ったのも、ジンツハイマー研究の思いがけない産物の一つであろうか。わが国では、ワイマール・ドイツの歴史をまるで自分たちの歴史のようにとらえた「書きなぐり」に近いワイマール論が多いが、ワイマール時代はひどく流動的であり、綜合的把握の至難な時期だということを銘記すべきである。ドイツにおいても、いまだにスタンダード・ワークを欠いているのである。

四　カーンフロイントのジンツハイマー論、ジンツハイマーとポットホフ

ジンツハイマー・シューレの人びとの学問、思想、ナチス体制の成立を境としてたどらざるをえなかった運命軌道、

ジンツハイマーとの内面的結びつきについては、『一九八六年旧版』以降の自著において鋭利に切り込みつつ記述したつもりである。

そのうちでもジンツハイマーに学問的、思想的にもっとも近かったのは、オット・カーンフロイントであった。彼は、一九七五年一二月にフランクフルト大学付置労働学院において開催された講演「フーゴ・ジンツハイマー論」において、ジンツハイマー法理論の価値視点をなすものが「法律的人間学」（juristische Anthropologie）であったこと、それは、人間ジンツハイマーの精神構造を理解するキーポイントであることを明らかにし、あわせてジンツハイマーは「マルキシズムのすぐれた理解者」ではあったが、「非マルキスト」であったこと、多元論者であり、ナショナリストであり、現実を直視した人間的社会主義者であったことを強調したのであった。一九二七年の『労働法原理第二版』に主として傾斜しつつ展開せられてきたわが国の「通念的な」ジンツハイマー像がいかに「通俗的な」ものであったか。その安直さについてはいうべき言葉はない。

『二〇〇一年新版』の刊行直後にいわば郷愁をこめて書きとめたメモがある。それを、アト・ランダムに掲げておきたい。①評伝を書くとしても難解極まる人間がいるものである。フランツ・カフカとマックス・ウェーバーである。一九八四年以降刊行されているウェーバー全集の初版の三分の二が日本に輸入されているといわれるが、わが国のウェーバー論の多くは私にとっていまだに謎である。②ジンツハイマーは、その評伝を書くにはまことに相性のいい人であった。ジンツハイマーには安心してトコトンつき合って行けた。拒否され逃げられることもなかった。従って、追いつづけることができた。③書かずにいられないものを書いたというのが、ジンツハイマー論であった。④毎日が楽しみであり、苦しみはなかった。唯一の苦しみといえば、語学能力にあった。神戸大学の定年二年前ごろにはじめたオランダ語も物にはならなかった。⑤オランダに亡命後のドイツ関係の文献は一切無しに近い状況下でジンツハイマーのオランダ生活を追いつづけたのは、まことに愉快であった。⑥作業が進むにつれ、それは自分に課せられた運命だという気持になった。ジンツハイマーとの対話の日々であった。⑦ジンツハイマーは、周囲の人間には限りなく寛容であろうとする繊細な人であった。⑧ジンツハイマーの特定のイデオロギーをあげるとすればヒューマニズムであった。カーンフロイントは、それを人間主義と呼んだのであった。そのヒューマニズムとは、相手を傷つけることのやさしさであった。⑨他方ジンツハイマーは、時流と知的流行に絶対に左右されない強靱な精神の持主であった。⑩オランダ時代の後半のジンツハイマーは、人間の孤独を誇り高く気高く堅持していた。

一九一四年に相協力していち早く労働法理論雑誌アルバイツレヒトを刊行したハインツ・ポットホフは、わが労働法学においてもいまだに引用多き人であろう。しかしジンツハイマー論の過程においては、詳細に、ポットホフ偶像破壊論を展開した。[12] 極言ではない。結論的にいえば、文筆家、評論家として終始したポットホフは現実主義者（Tatsachenmensch）であり、美文家であった。

ポットホフが一九四五年五月七日のドイツ軍の無条件降伏の直前にベルリンにおいて死去した事実は、四五年以降労働行政官として西ドイツ労働立法史に大きな足跡を残したヴィルヘルム・ヘルシェルが語っていたところであるが、その後、ソ連軍兵士によって射殺された事実を明らかにしたのはティロ・ラムであった。

五　ジンツハイマーの写真とドイツ、オランダにおけるアドレス

死亡適齢期のなかで生活している者として、膨大な文献、資料の処分にはもちろん超然とすることはできない。システマチックに学問人生を過ごしてきた者としてある程度の整理計画をたててはいるが、ジンツハイマー研究の過程で奇跡的に入手したものを含めた資料をどのようにするか。いずれも整理好きの者として可能なかぎりまとめあげている。書簡集のセクションに分類している前掲のフランツ・メスティッツ、ガートルード・メーンザー女史の多くの

書簡、地誌類のセクションに入れているジンツハイマー終焉の地ブルーマンデールのインフォメーションといった類いのものも思い出は深いが、九九年六月一七日に届いたメーンザー女史直送のジンツハイマーの写真は、ジンツハイマー久保文庫の「資仙」ともいわれるべきものであろう。セピア色に染まった一九二〇年代のジンツハイマーであり、メーンザー女史がアルバムからはぎとった跡がそのまま残っていた。「父はユダヤ人特有の長い鼻の持ち主であった」とメーンザー女史がそのトランスクリプトで語っている[13]、そのままの写真であった。それをどうするか。前述もした死亡適齢期の完成が確実になっている現在、たえず脳裏を横切っていることである。

『一九九五年ドイツ語版』のとびらに掲げた常盤忠允教授提供の写真については、ドイツの数人の大学人から謝辞があった。そのことも含め、ジンツハイマーの写真と風貌については、『一九八六年旧版』、『二〇〇一年新版』において楽しく筆をすすめているつもりなので、適宜参照されることを切望したい。「余談になりますが、学者の顔つきとか、風貌とかいうことが彼を研究する上に大事だということをぼくは非常に感ずる」と大河内一男『社会政策四十年・追憶と意見』（一九七〇年）はいう。同感であるが、学者とか学説だけのことではない。写真からは、文字で伝えることが難しい「ある気配」のようなものが伝わってくる。

ジンツハイマーの生誕地ヴォルムスの両親宅のアドレスにはじまり、フランクフルトの三カ所の居宅、弁護士事務所、ドイツ軍の侵攻にいたるまでのアムステルダムの居宅、四二年八月以降いわば軟禁状態のもと潜伏生活に入ったブルーマンデールの居宅のそれぞれのアドレスをつぶさに知ることも、ジンツハイマー論作業に加えたのであった。そのうち、フランクフルトの事務所、居宅の各アドレスはドイツ法曹会議の各年次議事録から早い段階においてキャッチしていた。資料、文献については、必要に応じ、「隅っこ」から検討をはじめるという反定型的読み方をしているからこそできたことでもあった。一九七八年秋の食品労組、繊維労組の各マンハイム大会に参加したときに、そのアドレス跡を確認したことであった。半ばあきらめていたのは、ブルーマンデールの潜伏居宅であったが、同町の町役場を通じてそれを知ったのは九〇年のことであった。翌九一年六月三〇日には、『一九九五年ドイツ語版』の翻訳原稿をほぼ完成されていたハーゲン大学マルチュケ助教授への謝辞を主たる目的としてドイツへ出発した。七月二日のマルチュケ訪問の翌七月三日には、米津、大沼、大分大学鈴木の三教授の滞在されていたケルン大学のペーター・ハナウ教授インスティチュートをたずね、ハナウ教授からドイツ語版の出版について全面的に尽力しているという激励があった。「うれしくもあり、怖くもあった」という気持をいだいたまま、同日夜おそくアムステルダム近くの花の都、印刷業の町ハールレムに到着し、翌七月四日には、ハールレムに近接するブルーマンデールの南部地区オーバヴェーンにある居宅跡プリンス・マウリッツラーン一〇二番地を確認する。すさまじい酷暑の七月四日であったが、「やろうと思ったが、できなかった」とは、ジンツハイマー論の仕事では許されるべくもなかった。

六　ジンツハイマーの法社会学、立法学

オランダ亡命時代の代表的著作には、一九三五年の『法社会学の課題』、一九三八年の『ドイツ法律学のユダヤ人の著名学者』、一九四九年の『立法の理論——法における発展の理論』の三部作がある。最後の『立法の理論』は、亡命時代の心友となったアムステルダム大学の同僚教授が遺稿を整理し、『法社会学の課題』と同じく、ハールレムの出版社から刊行したものであった。

ここではエピローグとして、ジンツハイマー法社会学のエッセンスを掲げるにとどめておきたい。①ジンツハイマー法社会学の源流をなすものは、一九〇九年五月になされた報告「私法学における社会学的方法論」であり、それはエールリヒの『法社会学の基礎づけ』（一九一三年）に先立つこと四年前に発表されたものである。②ジンツハイマーは、エールリヒと異なって、生活の諸事実に優先権を認めたものではない。解釈学的方法それ自体にとって、社会学

的方法は有益な補完物となるという立場をとっている。③ある社会の法状態を認識するためには、現実に締結される契約とならんで、制定法、判例、法学説を知らなければならないとジンツハイマーはいう。④労働法の分野では、自由法的批判にのみとどまるべきではない。労働関係の当事者によって自律的に創造されてきた社会規範領域とそれが既存の法秩序の概念構造と矛盾することを何よりも認識すべきことをジンツハイマーは強調する。⑤その社会学的方法においては、開明的な裁判官とか、自由法論者のいう裁判官王にのみ期待をよせるべきではない。人間主義的な新たな法を立法によって創り出すことが重要であるという立場にジンツハイマーは到達する。自由法運動における裁判官中心主義には、拒否的態度を明確にしているのである。⑥従ってジンツハイマー法社会学においては、立法の諸問題の検討を法社会学の特別領域として位置づけたものと理解すべきである。即ち、労働立法論を媒介として、立法学を法社会学の不可欠の領域分野としてとらえ構成していくという方法をはじめてとったのが、ジンツハイマーであった。[14]

（1）本稿においては、ジンツハイマー研究に関する四冊の自著については、左記のように略称を使用する。
『ある法学者の人生　フーゴ・ジンツハイマー』（一九八六年・三省堂）＝**一九八六年旧版**
Keiji Kubo, Hugo Sinzheimer-Vater des deutschen Arbeitsrechts. Eine Biographie, hsrg. von Peter Hanau, Bund-Verlag, 1995＝**一九九五年ドイツ語版**
『フーゴ・ジンツハイマーとドイツ労働法』（一九九八年・信山社）＝**一九九八年補論版**
『新版・ある法学者の人生　フーゴ・ジンツハイマー』（二〇〇一年・信山社）＝**二〇〇一年新版**

（2）その研究集約が『労働協約法の研究』（一九九五年・有斐閣）であった。

（3）『一九九八年補論版』一三五頁以下。

（4）『一九九八年補論版』一〇頁参照。

（5）『二〇〇一年新版』五六頁。

（6）ブレンターノのこの一八七一年、七二年の作品については、島崎晴哉・西岡幸泰によるすぐれた訳業『現代労働組合論』（上巻一九八五年、下巻二〇〇一年・日本労働研究機構）がある。

（7）『一九八六年旧版』四九頁、『二〇〇一年新版』五八—六〇頁参照。

（8）『二〇〇一年新版』四九頁参照。

（9）『一九九八年補論版』一六八頁。

（10）『二〇〇一年新版』四〇六—四〇七頁。

（11）ユダヤ人作家ヤーコブの『ジャクリーヌと日本人』のオリジナル本は、ハーゲン大学マルチュケからカール大帝の開基したドームで知られるパーダーボーンの大学図書館に収納されていた旨の通知にあわせ、そのコピーの送付を受けたのであった。

（12）ポットホフについては、各所できびしい批判を行ったのであるが、とくに『二〇〇一年新版』一六三頁以下、『一九九八年補論版』一三九頁以下参照。

（13）『二〇〇一年新版』四一二頁。

（14）『二〇〇一年新版』三九二—三九三頁参照。

（くぼ　けいじ）

〈シンポジウム①〉　労働法における労使自治の機能と限界

総括　シンポジウムの趣旨と討論

労働者保護手段の体系的整序のための一考察

——労使自治の機能と立法・司法の介入の正当性——

労働法における労使自治の機能と限界

——立法・司法の介入の法的正当性——

総括　シンポジウムの趣旨と討論

西　谷　　敏
（大阪市立大学教授）

　労働法が、国家法によって労働条件の最低基準を定める労働者保護法と、団結権保障を前提とする集団的自治とを二本柱として成り立つことは、これまでの労働法学の常識であった。しかし、労働者保護法と集団的自治の関係、とりわけ、国家法はどの範囲において、何を根拠に集団的自治を制約しうるのかという問題について、十分立ち入った検討がなされてきたとはいえない。そのうえさらに、労働者の自己決定権や労働契約の重要な意義が強調されるようになり、国家法と個別契約や労働者個人の自己決定権との関係も、新たな問題として浮かび上がってきた。これらはいずれも、今後の労働法のあり方を考える場合に、ぜひとも検討しておくべき重要な総論的課題である。本シンポジウムは、こうした問題意識から、国家法と、個別的および集団的自治との関係の検討を意図したものであった。

　ところで、国家法による労使関係への介入の意義と根拠を問い直そうという問題提起そのものが、国家法の相対化を含意していることは否定しえない。しかし、国家法の「相対化」は、当然に国家法の「後退」を意味するものではない。むしろ、私のように、近年の規制緩和論の隆盛に深刻な危機感を抱き、国家法の果たすべき役割の再認識を主張する立場（西谷「労働法における規制緩和と弾力化」日本労働法学会誌九三号参照）からしても、労働法における国家法的介入の根拠と範囲を改めて問い直すことは避けて通れない重要な課題である。その意味で、問題設定それ自体は中立的なのである。

　とはいえ、二人の報告者の基本的スタンスは、従来の支配的傾向に比較して、労働者の集団的自治や私的自治を重視し、全体として国家法の役割を限定するところにあった。両者は、たとえば裁判官が労働条件決定に介入することには消極的であり、また労働者保護法の任意法規化にも積極的な態度をとっている。しかし、両者は、⑴国家法による実体法的規制をミニマムなものにとどめる（大内）のか、手続的規制と並んで実体法的規制もある程度重視する（土田）のか、⑵それと関連して、たとえばパートとフルタイムの均等扱いの法定に反対する（大内）のか、両者の「均衡」の法定を主張する（土田）のか、⑶労働組合への不加入を労働者自身の問題とみる（大内）のか、労働組合に加入しない者だからといって保護を否定すべきでないと考える（土田）のか、⑷就業規則等に関する組合決定が非組合員にも及ぶことを是認する（大内）のか、しない（土田）のか、などの点において異なっている。

　討論は多岐にわたったが、やはり国家法的介入と集団的・個別的な労使自治との関係が論議の焦点となった。すなわち、労働法においては自治が大原則であるとする立場と、国家法的介入の意義を強調する見解が対立した。そこでは、憲法二七条二項と二八条の規範的関係いかん、組織率や不当労働行為制度の機能などからみた労働組合の実態をこの脈絡でどのようにとらえるのか、労働関係における自己決定の意義をどうみるのか、など、諸々の問題がからんでいることが明らかにされた。

　私個人は、二人の報告者の立場には一定の共感を覚えつつ、立場の相違も感じざるをえなかった。まず、労働条件決定システムの全体像を、国家法的規制、集団的規制、個々人の自己決定・契約という三つのレベル相互の関係を明確にしつつ再構成しなければならないというのは、かねてから私自身指摘してきたところでもあった（西谷「日本的雇用慣行の変化と労働条件決定システム」民商法雑誌一一九巻四・五号四九五頁以下、同「21世紀の労働と法」『講座・21世紀の労働法第1巻』二〇頁以下）ので、出発点における課題意識は共有できる。しかし、二人の報告者に比べて、私は労働者保護法や裁判官による介入をより積極的に位置づけている。とくに、労働者保護法の任意法規化は、保護規定を無意味にしかねないので、賛成できない。また裁判官によるルール設定が必要な領域は少なくないと考えている。私見によれば、労働条件決定システムの問題は、原理的かつ現実的な問題であって、三つの制度相互の関係を設計するに際しては、現実の労働組合や個々の労働者意識を前提とせざるをえない。私も現在の労働組合の状況や労働者の権利意識は変革されるべきであり、労働法もそのことに寄与すべきだと思うが、そのことを意識するあまり、現実から生起する諸問題の適切な解決が等閑視されることがあってはならないと考えるのである。

　ともあれ、このミニ・シンポは、今後の検討に向けた問題提起としてはきわめて有意義であったと考えている。

（にしたに　さとし）

労働者保護手段の体系的整序のための一考察

——労使自治の機能と立法・司法の介入の正当性——

大内伸哉
（神戸大学教授）

一　問題の所在

労働契約においては、労働者と使用者との間に交渉力などの格差に起因する支配従属関係が存在するため、労働条件の決定を個別的な交渉にゆだねれば使用者が事実上、一方的な決定をしてしまう危険性がある。もちろん、形式的には、労働者は強制されて労働契約を締結しているわけではない。労働契約の「契約」たるゆえんは、それが労働者と使用者の意思の合致によって成立するというところにある。形式論理的には、労働契約は、「個人が自己の意思にしたがって自己の法律関係を形成する自由」という「私的自治」原理に反するものではない。

しかし、契約当事者間において、その経済的・社会的なバックグラウンドに違いがある場合には、このような形式論理を貫徹することは不当な結果を生むおそれがある。実際、市民法の形式論理だけが支配していた時代には、労働者階級の窮乏化という社会問題が生じることとなった。そのため、このような形式論理を修正する「実質」的な考慮が必要となる。実質的な考慮を加えると、労働者と使用者の意思の合致という面よりも、使用者が労働条件を「事実上」一方的に決定しているという面がクローズアップされることになり、そこでは「私的自治」原理が実質的には機能していない、という評価が可能となる。そのため、労働契約においても「私的自治」原理を実質的に妥当させるために、市民法と異なる独自の論理をもつ労働法が必要となるのである。

労働者が従属的状況におかれ、「私的自治」が実質的に損なわれている状況を克服するために、歴史的には、様々な手段や制度が登場してきた。たとえば、労働組合、労働者の利益を代弁する政党（たとえば、イギリスの労働党）、市民法的な解釈から逸脱し社会法的な解釈をする司法機関（たとえば、イタリアの労使審判所[1]）、労働者の権利を保障する憲法や法律がこれにあたる。

日本の現行労働法制も、このような歴史的な発展を受け継ぎ、その成果を吸収しながら構築されたものであり、現在では、多様な労働者保護手段が共存している。ただ、これらの様々な手段も、一つの法体系の下にある以上、最高法規である憲法の規範的要請をふまえたうえで、相互の役割分担を整序しておく必要がある。たとえば、現在の労働法学における最も重要な検討課題である、労働条件の決定・変更のプロセスについてみてみると、労働者の保護のために関与する主体（手段）として考えられるのは、国会（法律）、裁判所（判例）、労働組合（労働協約）、そして労働者個人（労働契約）である（間接的には、労働監督行政機関もこれに含まれる）。これらの手段には、「私的自治」を一定限度制限するもの（たとえば、強行法規）もあれば、「私的自治」の枠内に入るものもある。また同じ「私的自治」でも、労働組合と使用者（または、使用者団体）との間で展開される集団的労使自治もあれば、個々の労働者と使用者との間で展開される個別的契約自治もある（本稿では、この二つの自治を合わせて「労使自治」と呼ぶことにする）。従来の議論では、ややもすれば労働者保護という結果の妥当性に重点がおかれすぎており、システムとしての労働者保護手段の総合的な検討は十分に行われてこなかった。本稿は、様々な労働者保護手段のそれぞれの特性をふまえたうえで、それらを体系的に整序するための基礎的考察を行おうとするものである。

二　分析の視角

1　労働者個人の位置づけ

労働者保護手段の体系的整序を行ううえで、まず問題となるのは「労働者個人」をどのように位置づけるかである。本稿では、「労働者個人」をも、労働者保護を実現するための主体に含めている。つまり、労働者個人による「自助」も、労働者の保護のための手段となりうると考えているのである。

しかし、労働契約における労働者の従属性を考慮すると、労働者の自助はそもそも困難であり、これを労働者保護の手段の一つと位置づけることは妥当でないという考え方もあるであろう。このような考え方に立つと、他律的な保護こそが、労働者保護の主たる手段ということになる。おそらく、伝統的な労働法学は、このような考え方に立っていたと思われる[2]。要するに、「労働者の自律性」の尊重という「目的」にはコンセンサスがあるものの、いかにして、「労働者の自律性」を実現するかという「手段」の面において考え方の違いがあったのである。

しかし、「労働者の自律性」を貫徹させるならば、論理的に考えると、労働者は他者により保護されるのではなく、自力で自らを保護すべきということになる。ここでは、「自律」性を実現するために「他力」を活用するということのパラドクスに刮目したうえで議論をしていくことが必要である。「他力」がここでは立法や司法による保護を意味する以上、他力を活用した自律性とは、国家権力の手を借りてようやく支えられる個人の自律性を意味する。このような自律性を真の自律性とは呼ぶことは適切でないであろう。

ところで、労働条件が労働者と使用者との間で合意されれば、契約としての拘束力が発生する。そのような拘束力のある合意は、原則として、労働者の意思に反するものとなってはならない（私的自治の原則）。しかし、契約の内容に第三者が介入してくることは、当事者が合意していない契約内容を強制することにつながる。したがって、このような介入が正当化されるためには、私的自治の例外を根拠づけるための明確な法的根拠が必要である。ところで、労働契約における労働者の従属性を重視する立場においては、「労働者保護」という観点から立法や司法が介入することが求められるという考え方もある。このような介入があってこそ、労働者の従属性は克服でき、真の意味での自律性が確保されるということであろう。しかし、「労働者保護」は立法、司法の介入の法的根拠とするにはあまりにも抽象的である。しかも、そもそも労働者の自律性と立法や司法による他律的保護は原理的には相容れないものである[3]ということを考慮すると、立法や司法の介入の法的根拠については、より緻密な憲法論、法律論に依拠した正当化が必要であると思われる。

2　憲法の規範的要請

では、憲法論からすると、立法、司法の介入については、どのような正当化が可能なのであろうか。まず、確認すべきことは、個人の自律性を中心に据えたとしても、他律的保護がいっさい不要になるというわけではないという点である。労働契約においては、労働者の従属性ゆえ、契約自由にすべてをゆだねるべきではない以上、労働者保護のために何らかの他律的保護の手段を講じることはまさに必要とされるのである。とくに憲法二七条二項は勤労条件法定の要請を定めており、国に対して労働者の保護を政策的責務として課している。

ただし、このように憲法上、労働者に対する他律的保護の要請があるとはいえ、「個人」の自律性を損なうような過剰な介入がなされることが許容されるわけではない。個人の自律性は、憲法一三条を根拠に、二二条によっても根拠づけられるものである。さらに、労働契約内容に対する保護的介入は、使用者の経済活動の自由（憲法二九条）に対する制限にもなる。つまり、立法、司法による保護的介入は無制限に行われるべきものではなく、むしろ対立する憲法規範の存在をふまえて、必要最小限にとどまる必要があるのである。では、どのような場合に、立法、司法の介入が正当化されるのであろうか。たとえば、公序良俗に反するような事項の規制や労働者の生命・身体の安全性を守るための規制がその例となろう。より具体的には、強制労働の禁止、最長労働時間規制、最低賃金規制、労働安全衛生規制などがこれにあたる。このような事項は、規制が正当化されるというだけでなく、そもそも規制が必要とされている事項でもある。ただし、規制が求められる事項においても、いかなる手法で規制を行うのかという点については、後述のように別途に検討の必要がある。[4]

他方、同じく憲法規範は、二八条において、勤労者の団結権、団体交渉権、団体行動権を保障している。この規範は、勤労者に対して、その個人としての自律性を前提としたうえで、使用者との間の交渉の際の対等性の欠如を補うことができるような自助手段を与えたものと考えることができる。

以上の憲法規範を総合的に解釈すると、憲法の想定する労働者保護システムとは、法律が必要最小限の保護を設定し、それ以上の保護は、労働者が自己の選択に基づき、労働組合を通して実現するというものとなる。

3　司法の役割

では、このような労働者保護システムにおいて、裁判所の役割はどのように考えられるのであろうか。裁判所の本来の任務は、法の解釈、適用であり、さらに法の欠缺のある場合における補充的な法形成である。とくに、憲法上、立法介入の必要性があると解される領域であるにもかかわらず、法律が制定されていない場合には、司法がその欠缺を補充するために介入することは積極的に求められるといえるであろう。現に労働法の分野では、制定法の不十分さもあり、司法による補充的な法形成は積極的に行われてきた。

問題となるのは、裁判所が、厳格な意味での法の解釈、適用、補充的法形成にとどまらず、より積極的な介入を行っているとみられる場合があるという点である。このような積極的な介入の一つの重要例が、労働契約に対する司法の「内容規制」である。土田教授は、労務指揮権の内容規制について、自己決定・対等交渉の欠如という要件と公正な利益調整の欠如という要件が備われば、労務指揮権の内容を合理的な内容に修正するための司法による規制が認められるとする。そして、このような内容形成を通して実現される契約においては、対等決定を前提とする労働者の「仮定的自由意思」が保障されるのであり、これが労働法上の「自己決定」の理念に合致すると主張する。[5]

このような「仮定的自由意思」を自己決定の理念に含めることができるかどうかは、自己決定の定義の問題である。いずれにせよ、ここで確認しておくべきことは、内容規制を通して実現される仮定的な「自由意思」は、労働者が現実の契約において具体的に発現させてはいないものであり、したがって、内容規制は、そのような「意思」を第三者である裁判所が契約内容を修正して当事者に強制するという面があることである。このような強制性に着目すると、司法による内容規制は、契約内容に対する他律的介入と評価せざるをえないと思われる。[6]

もちろん、契約法の一般的な理論動向において（とりわけ約款論において）、契約に拘束力が認められるためには、当事者の意思だけでは不十分で、内容面での正当性が必要であるという見解も有力である。[7]しかし、少なくとも労働契約の領域においては、労働者個人の自律性を出発点とし、それをサポートする労働保護法と集団的自助が保障されていることを考慮に入れると、裁判所による他律的保護を、仮定的自由意思論や一次的・二次的自己決定論のような一般的な理論枠組みを用いながら原則的な正当化をすることには賛成しがたいのである。

もちろん、裁判所が個別的正義の実現の場である以上、個々のケースにおいて、信義則や権利濫用、公序良俗などの実定法上の一般条項を用いながら、労働者保護のために一般的契約ルールから逸脱する例外的な救済を行うべき場合があることは筆者も否定するものではない。ただ、裁判所にこのような例外的な介入が許容されるのは、それを根拠付ける法規定（民法一条や九〇条など）に基づいて行われる場合に限定するべきである。たしかに、裁判所は労働契約の領域において権利濫用法理を頻繁に活用しているが、そうであるからといって、裁判所が労働条件の決定過程に具体的な法的根拠をもたない内容規制などの手法を通して積極的に介入してよいということにはならないであろう。

三　集団的自助の機能と限界

1　労働者保護手段としての集団的自助

以上のように、個人の自律的決定、集団的自助、立法、司法の役割を位置づけたときに、とりわけ重要な役割を担うのは、労働者の集団的自助である。私見では、労働組合は、個人が従属性を克服するために選択した自助手段であり、したがって、労働組合の活用は、労働者個人による自助の一形態ということになる。このような集団的自助は、立法や司法による他律的保護とは原理的に相容れないものであり、集団的自助が機能しうる限り、他律的保護は後退すべきことになる。

もちろん、集団的自助という手段があるからといって、労働者が必ず保護されるわけではない。しかし、前述のように、労働者の自律性を貫徹するならば、結果として労働者が保護されたかどうかに重点が置かれるべきではないであろう。現行法では、「労働条件は、労働者と使用者が、対等の立場において決定すべきもの」とされ（労働基準法二条一項）、そのために、労働組合法は、「労働者が使用者との交渉において対等の立場に立つことを促進すること」が目的とされている（一条一項）。ここでは、労働条件の決定プロセスにおける対等性には言及されているものの、決定された内容については問わないという考え方が現れている。つまり、他律的保護は、最低基準としての設定だけで十分であるという発想である。このような発想に立てば、労働者にとって使用者と対等性を確保するための手段、具体的には集団的自助の手段を利用できる可能性がどこまであるかこそがポイントとなるはずである。

集団的自助の手段については、憲法、労働組合法において、行き届いた保障システムが構築されている。すなわち労働者個人が従属的な状況にあったとしても、労働者は団結することにより自らの権利や利益を守ることができる。もちろん、団結をせずに個人で自らの権利や利益を守ることを選択することもできる。このような選択は、労働者は本来、何の制約もなしにできるべきものであり、選択における自己決定の保障は、その選択の結果に対する労働者の自己責任を正当化するものともなる。そして、このような考察に基づいてこそ、労使自治をまさに、言葉の固有の意味での「自治」の理念、つまり国家機関の介入を排除する理念として位置づけることが可能となる。

2　労使自治と自己決定

ただし、このような議論はやや形式論に傾きすぎているかもしれない。実質的に考えたときには、労使自治を自己決定により正当化できるだけの前提が備わっているかどうかが問題となる。この点で、さしあたり、次の二つの点を指摘しておきたい。

第一に、日本の労働者の組合組織化の現状を考えると、パートタイム労働者などの、いわゆる非正社員は、少なくともこれまでは、日本で主流の組合形態である企業別組合に組み入れられてこなかった。他方、非正社員の労働条件は、かなりの部分が外部労働市場で決まるにもかかわらず、外部労働市場では非正社員の労働条件を保護するために活動する労働組合はなきに等しかった。このような状況をどのように考えるのかである。非正社員にとって集団的自助を期待できない構造的な要因が存在していることを重視するとすると、このようなカテゴリーの労働者への他律的保護は正当化されるかもしれない。もちろん、非正社員に対しても最低賃金法その他の労働保護法は適用される。問題は、さらに、正社員との待遇の均等性も求められるかどうかである。学説の中には、正社員とパートタイム労働者との間の同一労働同一賃金の原則を認めるための立法ないし司法の介入を要請する議論が強い[8]。しかし、自己決定という観点からは、非正社員としての雇用が強制されたものでない以上、非正社員と正社員との均衡を重視して労働条件を決めていくということは根拠がないと思われる[9]。非正社員は、そのような就労形態を使用者に強制されたわけではなく、そこには自己決定があると考えざるをえないのであり、正社員との間の労働条件の格差は、事前に情報提供を受けて納得していた以上、自己責任としてこれを受け入れざるをえないはずである。

また、非正社員にも集団的自助の可能性がまったくないわけではないことにも留意する必要がある。非正社員も、いったん雇用されると、当該企業内において団結し、使用者に交渉に応じるよう求めることが可能である。日本では、団体交渉適格について、外国法にみられるような法律上、事実上の制約がないという点が注目されるべきである（後述）。

もちろん、いわゆる疑似パートのようなケースでは、現存の賃金格差を自己決定の結果というのがはなはだしく酷といえる場合があることは否定しない。そのような場合に裁判所が不法行為法を通して一定の救済を認めることは、裁判所が個別的正義を実現する場であることからするとむしろ当然のことであろう[10]。ただ、これは、あくまでも例外的な救済である。原則はどこにあるのかというと、非正社員の低労働条件は、法律や裁判所の介入によって解決されるべき事柄ではないということである[11]。

労使自治と自己決定をめぐる第二の問題は、労働組合に組織化されている労働者であっても、その選択が本当に自己決定といえるのか、という点である。労働組合への加入に事実上であれ任意性が保障されていない状況がみとめられる場合には、労働者に自己責任を負わせることは妥当でない。したがって、たとえばユニオン・ショップ協定締結組合においては、労働組合の決定、とりわけ労働条件を不利益に変更するような労働協約の締結は組合員に対して、その拘束力について十分な正当性をもちえないことになる。その意味では、ユニオン・ショップ協定締結組合の決定は労働者の自己決定の範疇に入れることができなくなる。そして、そのような場合には、組合員を保護するため、例

外的に裁判所による特別な救済を正当化することができるであろう。(12)

他方、ユニオン・ショップによる組織強制がなく、脱退の自由が事実上も保障されている労働組合においては、組合員であるということが労働者の自己決定によるものと判断してもよいことになる。もちろん、現実には、組合員の多数派で代表される労働組合の立場と少数派の組合員の立場との間に対立が生じることはあり、労働組合の決定が少数反対派の組合員にとって自己決定といいにくい場合もあるかもしれない。たとえば、組合内部における少数派の高年組合員に対して不利益の程度が大きくなるような賃金の不利益変更が内部的に合意されて労働協約が締結されたというような場合が考えられる。しかしここでもポイントは、少数派組合員にとって、組合を脱退して集団的自助の権利を行使する可能性があったかどうかであり、脱退を選択しなかった以上、多数派の決定に服するという自己決定がなされたと判断されるのはやむをえないであろう。(13)

3　自己決定の前提条件と限界

かりに「集団的自助」が機能する基盤が整っている場合でも、労働者の選択（自己決定）にすべてゆだねてしまうのが妥当というわけではない。ここでは、とくに次の二つの点を指摘しておきたい。

第一に、労働者が団結をしないという自己決定をした場合においても、個々の労働者が使用者との労働条件交渉において当然に自己責任を負うべきといえるわけではない。労働条件交渉における自己決定においては、それを機能させるための前提条件が備わっている必要がある。すなわち、労働条件に関する情報は通常は使用者のほうが保有しているため、それについて労働者にきちんと説明をしたうえで、労働者の納得を得るよう試みることが必要である。たとえば、前述のような、非正社員がその雇用形態を選択したことが自己決定であるといえるためには、当該雇用形態における労働条件についての十分な情報提供と説明がなされていることが必要である。また、就業規則の不利益変更の場合に、雇用継続を選択した労働者に対する就業規則変更が正当化されるためには、少なくとも契約変更過程における情報提供・説明という手続的義務を使用者が果たしておく必要があると思われる。このような労働者の納得を得るための情報提供・説明義務は、労働者の自己決定の前提として要請されるだけでなく、労使間のコミュニケーションを促進し、紛争を防止するという機能も有している。これらの事項については立法介入が行われてよいし、立法介入がない現状では、司法による介入（使用者に労働契約上の信義則を根拠に情報提供義務を課すことなど）[14]も正当化できる。

第二に、契約の内容面でも、当然のことながら、公序良俗や強行法規に違反してはならないという制約がある。この点は、労働法上は一連の労働保護法により整備がなされている。ただ、労働保護法の伝統的な規制手法については見直しも必要と考える。すなわち、立法による介入それ自体には正当性があるとしても、その介入の手法については、必ずしも現行の労働基準法のような刑罰と私法上の強行性をともなうものである必要はなく、非刑罰化や任意法規化も考慮に入れる必要がある。現行の労働契約法理[15]についても、立法による成文化は可能であるが、原則として、任意法規化にとどめておくほうが望ましい。事項によっては、労働者の真の同意がある場合や過半数代表といった労働者集団の同意がある場合のコントラクトアウトを許容する半強行法規の導入も考えられるであろう。

なお、立法がない場合の司法の介入の可能性については、次の点に留意しておく必要がある。まず、客観的にみて保護規制の欠如があるといえる場合には、立法が行われるまでの間、暫定的に司法が補充的に法形成をすることは否定されるべきでない。たとえば、男女雇用機会均等法の制定以前の男女平等取扱法理（定年の男女間格差を公序違反とする法理など）は、このような補充的な法形成の一例とみることができる。これに対して、必ずしも保護規制の欠如があるとはいえないにもかかわらず、司法が一定の政策的立場に立って社会を誘導的に変えていくような介入をすることは許されないと解すべきである。裁判所は、そのような政策的決定をすることが期待されている機関ではないからである。[16]

四　日本的労使自治の特徴

これまで述べてきた内容を、さらに日本的労使自治の特徴という観点から説明すると、次のようになる。

まず、日本的労使自治の特徴は、労働側において企業別組合がその担い手である企業内労使自治であるという点にある。そのため、外国と比較すると、日本の労働組合は「従業員代表」的な性格をもつと言われている。しかし、少なくとも法制上は、日本の企業別組合は、「従業員代表」とは異なり、争議権があり、団体交渉権が認められている。このような団体交渉・争議のプロセスと協調的な労使協議とを組み合わせることにより、日本の労働組合は、企業内において強いコントロール力をもつことができた。ここでとくに重視すべきなのは、団体交渉権の存在である。外国では、労働組合が使用者による団体交渉の相手方と承認されるには、アメリカやイギリスのように代表主体としての承認の手続が必要であったり、フランスやイタリアのように代表的な労働組合であったりする必要がある。これに対して、日本では、当該企業に雇用される労働者が二人集まり、規約を作って団体としての基盤をそなえれば、団体交渉権を得ることができるのである。このような独特な団体交渉法制の存在を考慮すると、企業に雇用されている労働者については、少なくとも団体交渉による自助を期待してよいといえる客観的理由があると考えられている。それゆえ、企業内部に関わる問題は、基本的には労使自治にゆだねてよいと考えるべきなのである。

もっとも、企業別組合は使用者との関係では交渉力が弱いので、労使自治にゆだねるというのは、結局は使用者の一方的決定を放任することになるのではないか、という疑問もあるかもしれない。しかし、この懸念は、労働組合に十分な手段を与えないまま自治にゆだねるという場合にはあてはまるかもしれないが、交渉を有利に進めるための手段が十分に備わっている現行法の下では妥当しないと思われる。十分な手段があるにもかかわらず交渉結果が労働者に不利に終わるということを問題とするのは単なる結果論であろう。交渉力の弱さゆえに他律的保護を考えるというのならば、そもそも労働組合に団体交渉権や団体行動権を与えても意味がなく、裁判所が最初から積極的に介入して労働条件を決定したほうが効率的であるという議論にもなりかねない。しかし、このような議論は憲法（二八条）の枠を超えて初めて可能となるものであろう。

企業内労使自治の枠外にある外部労働市場に関係する事項は、企業の枠を超える労働組合の組織が不十分であり、組織化が現状では困難であることから、立法によるサポートが必要と思われる。たとえば、採用前における労働条件明示・情報開示は立法介入として正当化されるし、解雇後の労働者の不利益を軽減させるための失業者に対するサポート（職業紹介、職業訓練、失業給付など）も必要な法制度である。この後者は、憲法二七条一項の勤労権や二五条の生存権の保障という観点からも要請されるものである。

五　おわりに——立法、司法の介入の正当性

立法介入については、実体面では、労使自治による解決が原則であることから、公序、労働者の健康、安全、その他の基本的な人権や法益の尊重という側面に限定して認められるべきである。このような介入は、私的自治、自己決定の外在的制約として正当化されるものであろう。このような立法介入は、通常は強行法規により行われるが、このほかに任意法規を用いて、当事者が選択すべき情報を与え、指針設定を行うという介入もある。このようなソフトな介入は、自己決定をまさに実質化するものとして広く許容されるべきであろう。さらに、手続面に関しては、情報提供・協議などについての規制は正当化される。これは、まさに自己決定の前提として求められるものである。採用前、退職後における事項についても、日本の現状では労使自治に期待しがたいことから、立法介入は正当化される。

司法介入については、立法がある分野では、裁判所はその解釈、適用ということに自己の役割を限定すべきである。裁判所における個別的正義の実現も、法（一般条項など）の解釈・適用の枠内で行う必要がある。他方、法律の欠缺がある分野では、その欠缺補充のために必要な範囲でのみ規制が正当化される(17)。現在の日本の判例は、労働条件の決定過程において、実体的な規制に積極的な姿勢を示しているが、これを無条件に認めることは、労使自治をゆがめることになる。そもそも、裁判所が労使よりも合理的な契約形成ができるという保障はない。国家機関である裁判所は、労使でよく対処できる事柄については介入を控えるということが、結局は、労働者個人の自律性と尊厳を尊重することになるのである。

（1） 諏訪康雄「労働協約をめぐる初期判例法理の模索——イタリア初期労働協約法理の研究（一）——」社会労働研究二五巻二号（一九七八年）七九頁以下を参照。

（2） たとえば、現実をみると、労働者は個人として自立していないという理由から、労働法規制（他律的保護）の必要性を主張するものとして、脇田滋「雇用・労働分野における規制緩和推進論とその検討」萬井隆令・脇田滋・伍賀一道編『規制緩和と労働者・労働法制』（二〇〇一年、旬報社）一五四—一五六頁。

（3） 労働者の意思は労働契約論においては法的拘束力を正当化させるに不十分であるという主張は、結局は、労働者を一個の自律した主体とみることを否定することにつながる（籾井常喜「プロレイバー的労働法学に問われているもの」前田達男・萬井隆令・西谷敏編『労働法学の理論と課題』（一九八八年、有斐閣）八六—九〇頁も参照）。

（4） 以上の点については、詳細は、拙稿「労働保護法の展望——その規制の正当性に関する基礎的考察——」日本労働研究雑誌四七〇号（一九九九年）三二頁以下を参照。

（5） 土田道夫『労務指揮権の現代的展開——労働契約における一方的決定と合意決定との相克——』（一九九九年、信山社）四一七頁以下。

（6） 西谷教授の「一次的・二次的自己決定」論（西谷敏『労働法における個人と集団』（一九九二年、有斐閣）七七頁以下）についても、同様の指摘があてはまる。この点については、大内伸哉・和田肇・土田道夫「労働法における労働者像と労働組合の役割」法学教室二五六号（二〇〇二年）五三頁以下も参照。

（7）なお、一般の契約における司法の内容規制については、大村敦志『契約法から消費者法へ』（一九九九年、東京大学出版会）五三頁以下を参照。

（8）議論状況を端的にまとめたものとして、浅倉むつ子「社員・パートの賃金平等法理は『同一労働同一賃金原則』によるべきか？」日本労働研究雑誌四八九号（二〇〇一年）四二―四三頁を参照。

（9）土田教授は、短時間労働者法三条の「均衡の理念」を根拠に、賃金格差について不法行為による救済の可能性を認める（土田道夫「パートタイム労働と『均衡の理念』」民商法雑誌一一九巻四・五号（一九九九年）五四三頁以下）。

（10）丸子警報器事件・長野地上田支判平成八年三月一五日労判六九〇号三二頁を参照。

（11）なお、非正社員の組織率の低さは、これらの者の利益を代表する機関を法律で設置すべきであるという従業員代表法制化論の有力な論拠となっている。しかし、筆者は、従業員代表の法制化には反対の立場である（拙稿「労働者代表に関する立法政策上の課題」日本労働法学会誌九七号（二〇〇一年）二二〇―二二三頁を参照されたい）。

（12）拙稿・前掲注(11)論文二二六―二三〇頁を参照。さらに詳細は、拙稿「ユニオン・ショップ協定が労働団体法理論に及ぼした影響」神戸法学雑誌四九巻三号（二〇〇〇年）四六一頁以下を参照。

（13）当該労働協約を締結した使用者側の信頼も配慮しなければならない。なお、労働協約の内容に関して組合内部での対立が問題となった事例として、たとえば中根製作所事件・東京高判平成一二年七月二六日労判七八九号六頁がある。同事件に対する筆者の評釈（ジュリスト一二一六号（二〇〇二年）一三八頁以下）を参照。

（14）労働契約における情報提供義務については、たとえば、拙稿「労働法と消費者契約」ジュリスト一二〇〇号（二〇〇一年）九三頁を参照。

（15）採用内定、試用、競業避止、配転、出向、懲戒、休職、解雇、有期契約の雇止めなどの分野において、判例により、労働契約の内容を規律する法理が形成されてきている。

（16）裁判所が、たとえば、高齢者の雇用を推進させるために、六五歳定年制を年齢差別ゆえに公序良俗違反で無効と判断することは、現時点では許されないというべきであろう。なお、以上は、日本における労働法政策の形成がいかにして行われるべきかという観点から考察していく必要があるテーマでもある。このテーマの理論的分析として、たとえば、久米郁男「労働政策過程の成熟と変容」日本労働研究雑誌四七五号（二〇〇〇年）二頁以下を参照。

(17) なお、事項によっては、そもそも法律による画一的な規制よりも、司法による弾力的な規制のほうが望ましいものがあることにも注意を要する。私見では、解雇規制などの成文化は硬直化を招き望ましくないと考えている（「解雇ルールの法制化は必要か」ぱとろなとうきょう二九号（二〇〇二年）六―一〇頁）。さらに情報提供・協議の義務も、司法によるチェックのみでよいという考え方もありえよう。

（おおうち　しんや）

労働法における労使自治の機能と限界
——立法・司法の介入の法的正当性——

土田道夫
（同志社大学教授）

一　本稿の目的

労働法とは、労働者保護のために個別労使間の契約自治（私的自治）を規制する法の体系である——このオーソドックスな労働法の把握も、仔細に見ると、多くの問題点を内包している。特に、前近代であればともかく、憲法二八条が労働者の団結権を保障している今日では、労働者はこれを用いて労働条件を向上させることができるのだから、立法・司法の保護法的介入は最小限にとどまるべきだという主張が注目される（本号の大内論文参照）。一方における法的規制の当然視と、他方における消極視——本稿は、この両論をふまえつつ、「労働法における労使自治の機能と限界」という根元的かつ現代的な課題について検討することを目的とする。

本稿における私見のエッセンスは、以下の三点である。

①　労働法においては、労働契約の継続的性格・組織的性格と、それらに起因する労使の非対等性ゆえに、法的規制が必然的に要請される。その意味で、労使自治には内在的な限界がある。

② しかし、法的規制のあり方（手法）としては、労使自治否定型（強行法的・実体法的介入）から、労使自治促進型（任意法的・私法的規制）にシフトすべきである。その根拠は、労働条件対等決定原則（労基法二条一項）にある。

③ 労使自治に内在する論点としては、労働組合・使用者間の労使自治（集団的労使自治）と、個別労使間の契約自治（個別的契約自治）との関係という問題があり、集団的労使自治の重視が基本となるが、それにも限界がある。

なお、以下で「法的規制」という場合は、立法的規制・司法的規制の双方を含むものとして考える。また「労使自治」も多義的であるが、本稿では、右のように、集団的労使自治と個別的契約自治の双方を含む概念として用いる。さらに、同じ集団的労使自治でも、労働組合が形成する労使自治のほかに、組合に加入していない従業員層（例えば非正社員）と使用者間の集団的自治もある。これら「労使自治」の相互関係については後述する。

二　労働法的規制の正当性

1　法的規制の正当化根拠

(1)　労使自治に対して、労働法の規制（立法・司法）を正当化する根拠は何か。労働契約も「契約」である以上、本来そこには当事者自治（労使自治）が妥当するはずであるが、その機能が法的規制によって限界を画される所以はどこにあるのか。この点は、労働契約の法的性格に求められると考える（以下、土田［一九九九a］二七一頁、土田［二〇〇二］一一頁）。

まず、労働契約は典型的な継続的債権関係であり、契約の維持・存続という法的要請を生じさせる。労働法的観点からは「雇用保障の要請」となる。しかし同時に、この要請を満たすためには、労働契約の展開過程で生ずる事情の変更に対応して、契約内容（労働条件）を柔軟に変更・調整することが不可欠となる。それが困難となれば、事情の変化に応じた契約内容の変更が成就しない場合の解決策は労働契約の解約しかなく、それは契約の維持存続の要請（雇用保障の要請）に反すると同時に、解雇という形で労働者側に著しく不利に作用するからである。契約内容の柔軟な調整にも様々な方法があるが、労働契約における危険負担状況から見て、使用者に一定の裁量権を認めることが適切である。こうして、労働契約においては、使用者の裁量権が法的に正当化される。この点が、たとえば一回的売買のようなスポット契約と労働契約との違いである。

次に、労働契約は、ピラミッド型の指揮命令系統（法的には労務指揮権）を中軸に展開される組織的な契約である。もともと企業組織は、外部労働市場を用いた市場型規制（複雑な条件付き契約、短期契約の反復）を用いるより、指揮命令系統・長期雇用・内部昇進システムを用いる点で取引費用を削減でき、意思決定の面で効率的だという理由で発展してきたとされる。この経済学的説明に従えば、法的にも、企業組織を基盤に展開される労働契約は必然的に組織的性格を帯び、使用者の裁量権が正当化されることになる。

要するに、労働契約は、もともと使用者（企業）の広い裁量権を内在する契約であり、使用者の裁量権は法的にも尊重に値する。換言すれば、個別労使間の対等関係（個別労働者の自己決定）には限界があり、しかも、それは事実上の限界にとどまらず、法的にも完全な自己決定・対等決定はありえないと考えられる。これが労働契約の他人決定的性格である。

(2)　ところで、このような労働契約も、それが経済合理的に運営されれば、特に法的規制の必要性は生じない。しかし実際には、企業は決して経済合理的に行動する存在ではなく、目先の利益だけを見た行動（機会主義的行動）に走りやすく、限定合理性（bounded rationality）しか有していない。つまり、労働契約においては常に、企業（使用者）がその広い裁量権を濫用し、無用な紛争を発生させる危険がある。しかも、この裁量権の濫用は、労使間に存在する交渉力格差・情報格差によって増幅され、労働者の事実上の従属性（労使の非対等性）を発生させることになる。

労働法的規制の正当化根拠は、使用者によるこの裁量権の濫用を規制し、労使間の対等関係を実質的に保障するという点に求められる。労働契約の継続的・組織的性格によって、使用者の裁量権（一方的決定権）が契約内在的なものとして法的に正当化されるのであれば、その濫用を防ぎ、労働者の従属性を是正するための法的規制も契約内在的なものとして正当化されると考えるべきである。その法的根拠は、労働条件対等決定の原則（労基法二条一項）に求められよう。すなわち、この原則の意義は、労働契約の他人決定的性格を前提に、その他人決定の内容に労使が対等の立場で関与することを保障する点にあると解される。使用者の一方的決定権を承認しつつ、その内容形成に労働者が対等の契約当事者（自己決定の主体）として関与することを認める——このように解することが、「組織的・継続的」「契約」である労働契約にふさわしい解釈といえよう（土田［一九九九a］三二八頁）。

労働法的規制は、二つの領域に大別される。第一は、労働条件の決定に労働者が現実に関与することを保障する規制である。その中核に位置するのは、集団的労働法による集団的労使自治の促進であり、憲法上の労働基本権の保障（憲法二八条）に基礎を置く。第二は、労働者の関与が存在しない（または期待できない）場合に、国家機関（立法・司法）が労働契約内容に直接介入する実体的規制であり、「労使自治への介入」という性格を有する。憲法上は、労働条件法定主義（同二七条二項）が法的基礎となる。

2　法的規制のモデル

労働法のオーソドックスな規制モデルは、以上の領域のうち、集団的労使自治を重視しつつ、国家による実体的規制を最小限度にとどめるというものであった。労働組合の法認・団体交渉の助成を中心とする集団的労働法の整備と、労働条件の最低基準の保障がそれである。戦後スタートした日本の労働法も例外ではなく、労働組合法と、労働基準法などの最低基準立法を中心に展開してきた。今日でも、このモデルが基本形であることに変わりはない（以下「集団的労使自治」モデルという）。

しかし、戦後の労働法は、「集団的労使自治」モデルに満足せず、労働契約に関する実体法的規制を重視する方向に向かった。労働組合の組織率の低下や、個別労働契約紛争の増加を背景に、最低基準規制がカバーしない領域で労働者を保護するため、労働契約の実体的内容を規律するルール（規範）を設定するモデルである。その中心的役割を担ったのは判例法であり、多様な私法的労働契約法理が登場している（採用内定・試用期間、配転・出向、服務規律、就業規則法理、労働条件変更法理、安全配慮義務、懲戒権濫用法理、解雇権濫用法理など）。その意味で、実体法的規制において司法が果たす役割はきわめて大きい（以下「実体法的規制」モデルともいう）。

こうして、戦後労働法は、集団的労使自治の促進と、個別労働契約に関する実体法的規制をいわば車の両輪として展開してきた。しかし、これに対しては、「集団的労使自治」モデルの意義を再認識しつつ、国家法による実体法的規制を鋭く批判する前記見解が登場している。憲法二八条が労働者の団結権を保障し、その集団的自助をサポートする法的規制を確立している以上、国家による後見的介入を認めることは、かえって労働者個人の自律性を歪め、憲法を頂点とする現行法体系と相容れない結果を招くのではないか――これがこの見解のエッセンスである。その結果、労働保護法の規制を必要最小限の範囲（基本的に労働条件の最低基準規制）にとどめるべきことや、裁判所の役割を法の解釈・適用に限定し、政策的観点からの介入を抑制すべきこと等が説かれる。根元的な問題提起といえよう。ただしこの見解も、労働組合の組織率の低下や個別労働紛争の増加等の環境変化に鑑み、集団的労使自治とは別の規制として、個別労使間の交渉（個別的契約自治）をサポートするための手続法的な規制（説明義務・情報提供義務）を認めている（大内［一九九九b］三六頁も参照）。

三　労働法的規制のあり方

私は、集団的労使自治の重要性は十分認識しつつも、それと国家法による実体法的規制を組み合わせた多元的規制モデルが望ましいと考える。雇用社会の多様性・多元性を考えれば、法的規制を一律のモデルで割り切ることは危険だと考えるからである。以下、敷衍しよう。

1　「集団的労使自治」モデルの検討

(1)　集団的労使自治の意義

まず、労働法において集団的労使自治がきわめて重要な意味をもつことは明らかである。もともと契約法においては、私的自治の原則（Privatautonomie）が重要な意味をもつが、それは、契約当事者が対等の立場で自由に交渉することが最適な利益調整をもたらし、妥当な結論を導きうる（＝契約正義）と同時に、それが社会全体における公正かつ効率的な資源配分を可能とする（＝配分的正義）機能を営むからである。この点、労働契約の場合は、私的自治の前提となるべき「交渉力の対等性」を欠くため、私的自治の原則が形骸化し、労働契約の過度の他人決定性や労働者の従属性をもたらすことになる。

しかし、憲法二八条を頂点とする集団的労働法は、団結の力を背景とする対等交渉を可能とし、個人の私的自治・自己決定を復活させる意味を有する。そうだとすれば、労働組合が存在し、労働条件を規制している場合は、集団的労使自治尊重の要請が働き、国家法の介入が後退すべきことは当然である。労組法が同法の基本目的として、労働組合結成と団体交渉の助成を謳い（一条一項）、労働協約に規範的効力を認めている（一六条）のは、この要請を具体化したものにほかならない。労働条件を不利益に変更する労働協約についても、集団的労使自治尊重の観点から、規範的効力を広く肯定すべきである（朝日火災海上保険事件・最判平成九・三・二七判時一六〇七号一三一頁）。

(2) 集団的労使自治の限界

しかしながら、集団的労使自治の機能には一定の限界がある。

第一に、労働者個人の事情に応じて定まる労働条件の決定・変更については、当該労働者の意思・利益に配慮した実体法的規制（権利濫用等）が必要となるのであり、集団的労使自治によって労働条件がすべて確定されるわけではない（職種・勤務地の変更＝配転・出向が典型であるが、最近は賃金決定も個別化している）。また集団的労働条件についても、労働組合の意思（集団的労使自治）が直ちに個々の組合員や個別労働者の意思（個別的契約自治）に取って代わるわけではなく、それには一定の要件と限界がある（五）。基本的人権事項や雇用平等など、集団的労使自治によっても奪うことのできない個人の普遍的・基本的価値が存在することはいうまでもない。

第二に、集団的労使自治が実現したとしても、労働契約上のすべての事項の正当性が保障されるわけではない。労働組合の労働条件規制機能には一定の限界がある上、労働組合も企業も限定合理性を免れない以上、不合理な判断を行う可能性は否定できないからである。労働組合が存在しない企業のみならず、存在する企業においても、個別労働者（組合員・非組合員双方を含む）を当事者とする紛争が激増している現状は、労働組合が判断を誤る可能性があることを明確に示している。もちろんこの場合、労働組合の方針に従わない労働者が誤っていることがあるが、逆のケースもありうるのであり、ここに労働組合の能力の限界が示される。労働条件の不利益変更に関して、労働協約の内容規制が限定的な範囲とはいえ例外的に許容される（前掲朝日火災海上保険事件。荒木［二〇〇一］二七四頁参照）のはこのためである。それにもかかわらず、労働組合の存在を理由に、集団的労使自治の正当性保障機能を万能視し、法的規制の必要性を否定することは、集団的労働法に対する過大要求（期待）となると思われる。

第三に、雇用社会においては、そもそも労使自治に委ねても是正が期待できない問題が生じうる。たとえば、パートタイマーの処遇問題の場合、「パートタイム労働指針」（一九八九年）以来、約一五年、労使自治（社会的労使自治、企業内労使自治）によるパートタイマーの処遇の改善を誘導する政策がとられてきたが、正社員との賃金格差は縮小するどころか拡大している。その原因は、「労使自治」の主体である労働組合が正社員の利益代表であるため、非正社員であるパートタイマーの利益代表として機能しえないという構造にあろう。このような構造的問題については、一定の政策的介入が必要である。

(3) 「団結の可能性」論

もっとも、このうち第二、第三の議論に対しては、労働組合に不満を抱く労働者にせよ、労使自治による処遇改善が期待できないパートタイマーにせよ、自ら労働組合を結成して自助努力すればよいのであり、それをしない労働者に法的保護を与える必要はないという議論がありうる。労働組合を結成しないことを自己決定した以上、それに伴う不利益は自己責任だという議論である。

しかし、この議論にも疑問がある。まず、前記のとおり、集団的労使自治は労働条件に関して完全な正当性保障機能を有するわけではない。それにもかかわらず、労働組合結成の抽象的可能性を理由に法的規制の必要性を否定することは、労働組合が存在する場合以上に飛躍があると思われる。

次に、より根本的には、集団的労使自治の保障を過度に強調することへの疑問もある。憲法は、集団的労使自治を保障する（二八条）と同時に、労働条件法定主義を規定している（二七条二項）。この規定は、労基法等の最低基準規制を正当化する憲法規範と理解されがちであるが、雇用機会均等法（男女差別の禁止）や、労働契約承継法（会社分割に伴う労働契約承継時の雇用・労働条件の保護）といった最低基準規制を超える実体法的規制の憲法的基礎ともなると考えるべきである（土田［二〇〇〇b］一七七頁参照）。より広い視点で考えると、現行労働法は、労働組合に加入しない労働者についても、そこから生ずる不利益を自己責任として突き放すのではなく、立法的サポートを提供するという意味で、複線的な政策を採用していると考えるべきであろう。つまり現行法は、労働者に団結権（労働組合を結成する自己決定）を保障しているが、同時に、団結を強制しているわけではなく、「労働組合を結成しない自己決定」を認めた上、個別労働契約によって雇用関係を展開することをサポートする趣旨に立っていると考えるべきである。その憲法的基礎は、個人の尊重・幸福追求権を定めた憲法一三条にあるが、労働条件対等決定の原則（労基法二条一項）も、個別労働契約レベルでの労働条件の対等決定を保障する規範として根拠となろう。同条の趣旨は、労働者が個人として職業生活を営む自由を認め、サポートすることにあると考えるべきである。もちろん私も、労働者が団結し、他者と連帯して職業生活を営むことが望ましい姿であると思うが、同時に、それだけが労働法の想定する姿であるとも考えない（大内＝和田＝土田［二〇〇二］五九頁、七二頁（和田、土田）参照）。

2 「実体法的規制」モデルの正当性

(1) 労働契約の法的性格

以上が「集団的労使自治」モデルに対する外在的な批判だとすれば、「実体法的規制」モデルを正当化する内在的根拠は何か。前記のとおり、個別的契約自治に関する法的規制の手法としては手続法的規制もあり、これだと、労働契約の内容規制を抑制しつつ、労働条件明示義務（労基法一五条）の強化や説明義務・情報提供義務の設定によって、労使の対等交渉を促進する規制を重視するモデルとなる。では、この規制だけではなぜ不十分なのか。この点は結局、前述した労働契約の法的性格に求められると考える。

前記のとおり、企業において展開される労働契約は継続的・組織的性格を有しており、社会学的には、長期雇用保障下の組織型取引と表現できる。このことは、労働契約という契約においては、基本的に、雇用保障（労働契約の継続）を尊重しつつ、使用者の裁量権を前提に問題処理を行うことが適切だということを教えている。雇用保障の要請によって使用者が雇用責任を負う以上、それを実現するためには、使用者のイニシアティブによる労働条件の柔軟な調整を認めることが不可欠となるからである。労働契約に妥当する「継続性原理」を機能させるための「柔軟性原理」の要請にほかならない（内田［二〇〇〇］八九頁）。

したがって、労働契約については、使用者の権限（人事権・労務指揮権）を肯定した上、その行き過ぎ（濫用）を是正するための実体法的規制を認めることを基本とすべきである。人事異動にせよ、人事考課・賃金決定にせよ、使用者の裁量権（配転命令権、人事考課権）を認めつつ、内容規制や権利濫用（民法一条三項）によって実体的な規制を行うことが、雇用保障を前提とする法的規制のあり方として整合的である。特に、長期雇用制度の下で展開される包括的労働契約（内部労働市場型のホワイトカラー）が典型となる。

これに対して、「手続法的規制」モデルによれば、労働条件の決定・変更に関する十分な説明・情報提供を使用者に求めた上、労使間の個別交渉が破綻したときは、契約の解約を認める方向となる。しかし、労働契約は長期間継続し、複雑なメカニズムを有する契約であるため、労働条件に関する完全な情報を提供することは困難であるし、仮に提供したとしても、当事者がそのとおりに行動するとは限らない（限定合理性）。また、仮に完全な情報提供が行われたとしても、労使交渉が破綻してしまえば、労働契約の解約という帰結が生ずるが、これは労働契約の基本的要請である雇用保障原理と相容れない。要するに、「手続法的規制」モデルは、スポット契約的な交渉関係には適合しても、継続的・組織的関係である労働契約には適合しない。説明義務や情報提供義務が労働契約の交渉促進規範として機能する領域は少なくないが（特に人事考課についてはそうである）、同時に、それを過大視することも適切ではない（人事考課における制度・手続の整備や説明義務といった手続的規制の効果は、人事権濫用という実体法的規制にリンクさせるべきである。土田［一九九八］一〇頁）。この点、消費者契約法の規制が示唆的である。同法は、消費者契約に関して、事業者の情報提供（努力）義務等の交渉促進規範を設けつつ（三条以下）、契約内容に関する実体法的規制を設けている（八条〜一〇条）。労働契約についても、このような多元的規制モデルを考えるべきである。

(2)　実体法的規制の法的根拠

実体法的規制の法的根拠は、労働条件対等決定の原則（労基法二条一項）に求めることができる。前記のとおり、この原則の第一の意義は、労働条件決定プロセスへの労働者の現実の関与を保障する点にあり、労働契約法上は使用者の説明義務・情報提供義務の根拠となる。しかし同時に、上記のような労働契約法上の要請（雇用保障の要請、使用者の裁量権の尊重と法的規制の必要性）をふまえれば、それは、労働条件の決定が使用者の単独決定（裁量権）に委ねられる場合があることを前提に、その内容を労使の対等交渉による決定からかけ離れない内容となるよう規制（修正）する趣旨を含むと考えるべきである（西谷［一九九二］八四頁、土田［一九九九a］四一〇頁）。こうして、判例法上の労働契約法理や、その立法化を意味する実体的労働契約法制が正当化される。

これに対しては、「実体法的規制」は労働者に過剰な後見的保護を与え、その自律性を妨げるという批判が考えられる。しかし、労働者が個別労働契約によって職業生活を営む自由を認める以上、そこに登場する「労働者」は完全な自己決定の主体ではなく、「使用者の単独決定の下に置かれる人間」であり、しかも限定合理性を免れない人間である（二1）。したがって、そこでは、労働者の自己決定（自律性）を補う規制が必要となるのであり、それは労働契約の性格上、実体法的規制を含むものとなる。すなわち、実体法的規制は決して労働者の自律性を妨げるものではなく、逆に自律性をサポートする意味を有するのである。これをも後見的介入として否定する見解が想定する「労働者」は、「自立した強い労働者」であろう。しかし現実には、こうした労働者（市場において十分な取引能力を擁する労働者）は一部にとどまり、多くの労働者は、使用者との交渉力・情報量格差の下に置かれ、「使用者に従属しつつも、それを克服すべく主体的に努力する人間」と理解すべきものである（土田［二〇〇〇a］三〇頁）。この意味で、「労働者」は多元性・多様性を有しており、それに応じた多元的規制モデルが求められる。実体法的規制はその一つにほかならない。

四　実体法的規制と労使自治との関係

1　実体法的規制と「労使自治のサポート」

以上のように、実体法的規制は法的正当性を有するが、そのあり方（手法）に関しては、「労使自治（集団的労使自治、個別的契約自治）のサポート」を主旨とすべきである。

一般に、労働法的規制は、労使自治に限界を設定すると同時に、労使自治を基礎づけ、機能させるという二重の性格を有している。この点、集団的労働法の主眼が集団的労使自治の促進にあることはいうまでもない。しかし、労働契約に関する実体法的規制も、労使自治（契約自由）を制限しつつ、労働条件の対等交渉の基盤を整える役割を果たすという意味では、個別的労使自治を機能させ、サポートする側面を有している。労働条件の最低基準規制は、強行法的規制によって労使自治に介入しつつ、労使による労働条件の対等交渉の基盤を整える意味を有し、労働契約に関する実体法的規制は、労働契約当事者が労使自治によって契約関係を運営する場合に準拠しうる実体的ルールを提供する意味を有する（西谷［一九九七］二三八頁）。労使自治の積極的意義（三**1**）からも、労働者の自己決定（自律性）重視の見地からも、今後は、「労使自治のサポート」に重点を置いて実体法的規制のあり方を考えるべきであろう。その法的根拠は、やはり労働条件対等決定の原則（労基法二条一項）に求められる。

2 規制方法

(1) 私法的・任意法的規制

では、具体的にいかなる規制方法を考えるべきか（以下、土田［一九九四］六三頁）。一般に、労使自治との抵触度が最も強い実体法的規制としては、刑罰や行政監督をサンクションとする公法的規制があり、それは労使の意思（労働者の自己決定）にかかわらず、また、労働者による訴訟提起を待つことなく規制を実現する機能を営む。その次に位置するのが私法的強行法規であり、究極的には労働者による訴訟提起を要するものの、やはり労使の意思にかかわらず規制内容を実現する点で、労使自治との抵触度は高い。

今日においても、こうした強行法的規制を必要とする領域が存在することはいうまでもない。労働者の生命・身体や所得保障といった根元的価値の保護については、労働者の意思にかかわらず規制を実現できる公法的規制が有効である（労基法の多くの規定、最低賃金法、労働安全衛生法）。また、雇用平等などの普遍的・基本的価値の擁護を内容とする規制としては、私法的強行法規が適している（男女雇用機会均等法など）。さらに、勤労権（憲法二七条一項）に基づく外部労働市場の法規制（職業安定法上の求人・求職の規制、雇用保険法による失業給付等）も、労使自治の関与が困難な領域として強行法的規制の対象となる。判例法の領域でも、安全配慮義務や解雇権濫用法理については、その保護法益の重要性に鑑み、私法的強行法規範として理解すべきである。

しかしながら、労使自治による交渉に委ねるのに適した事項については、私法的・任意法的規制を基本に考えるべきである。労働契約の締結・展開・終了に関する多くの実体法的ルール（労働契約法）がここに属する。この点、従来の「法的規制」のイメージは、強行的労働保護法の介入による労使自治の否定というものであったが、これは固定観念にすぎず、現代型規制としては、労使自治重視型の柔軟な規制モデルを重視すべきである。そのメリットは、労働契約に関する私法的・基本的ルールを設定しつつ、労使自治による適切な利益調整や逸脱の余地を認めうる点にある。私法的・任意法的規制は、労使が労働契約の基本ルールからかけ離れない範囲内で、自らの手により適切な契約ルールを創出することを可能とする点で、「労使自治のサポート」に適合的なモデルということができる。実際、判例法上の労働契約法理の多くは、このような私法的・任意法的規制の性格を有している。たとえば、採用内定・試用期間に関して労働契約の成立を認める判例法は、当事者間の特約がない場合を律する原則規範であり、特約（個別的労使自治）があれば、それによる逸脱を認める性質のものである（大日本印刷事件・最判昭和五四・七・二〇民集三三巻五号五八二頁）。また、出向についても、労働者の同意を原則と解しつつ、出向中の労働条件・処遇や出向期間が労働協約・就業規則で制度化されれば、これを「同意」と見て出向命令の根拠と解する立場が確立されており、やはり労使自治（集団的労使自治）による逸脱を許容するルールといいうる（土田［一九九九a］五八五頁）。さらに、就業規則による労働条件の不利益変更に関しては、集団的労使自治に基づく労使間の利益調整の存否が「変更の合理性」という実体的判断を左右する重要な要素とされている（五）。加えて私見では、労働契約の実体法的規制の目的は労使自治・自己決定のサポート（労使の対等交渉の保障）に置かれるため、労働契約の具体的内容や手続法的規制によって対等交渉の基盤が整った場合は、実体法的規制は後退することになる。たとえば配転について、労働者が職種・勤務地の包括性に関して十分な説明・情報提供を受けたときは、配転命令に関する実体法的規制（内容規制、権利濫用規制）は後退しうる（土田［一九九九a］四一九頁）。

今後は、このように、労使自治（集団的労使自治、個別的契約自治）の多面的機能を適切に組み入れた実体法的規制を基本に考えるべきであろう。判例法をベースとする労働契約法制の立法構想に関しても、同じ態度が要請される（土田［一九九七］三四一頁、三四六頁）。

(2)　労使自治委任型法規制——現代型雇用政策に関して

次に、実体法的規制を「労使自治のサポート」と考えることは、日本型雇用システムの変化に対応する政策の展開という視点にも合致する。現在、正社員を中心とする従来の雇用システムが変化し、その多元化（多様で柔軟な働き方を選択できるシステム）が求められている。しかし、ここで重要なことは、雇用システム全体のバランスを考慮しながら政策を進める必要があるということである。雇用システムの多元化を促すためには、たとえば成果主義人事によって能力・成果を評価軸とする処遇システムを導入したり、パートタイマー等の非正社員の処遇改善を進める必要があるが、その際、強行法的均等待遇原則の導入などのドラスティックな政策を採用することは、解雇規制の大幅な緩和や、非正社員自身の雇用機会の減少をもたらす危険が高い（厚生労働省［二〇〇二］）。そうした手法よりは、労使の納得を得ながら、ソフトランディング的な改革を着実に実行することが望ましい。この点からも、労使自治重視型の実体法的規制が重要となる。

具体的には、実体法的規制の効果を単に私法化・任意法規化するだけでなく、規制内容それ自体を労使自治に委ねる手法が考えられる（労使自治委任型法規制）。労働立法にしばしば登場する努力義務規制はその一種であるが（改正前の雇用機会均等法、現行高年齢者雇用安定法四条の二）、これは行政指導の根拠規定にとどまるため、十分な規制とはいえない。そこで、たとえば「配慮義務」という規制が考えられる。

パートタイマーに関する「均衡配慮義務立法」の構想（厚生労働省［二〇〇二］）を例にとると、これは、パートタイマーと正社員との均衡処遇の配慮を義務づけつつ、労使自治の尊重という観点から「配慮義務」という緩やかな基本原則の宣言にとどめ、その具体化を労使自治に委ねる規制である。まず「均衡」とは、均等待遇原則と異なり、同一労働であっても、責任・拘束性・将来予定される仕事の範囲が異なれば賃金格差が生ずることを認めつつ、その格差が正社員との間で均衡（バランス）のとれたものであることを求めるルールである。一方、「配慮」とは、「均衡」という結果の達成ではなく、結果達成のために必要な行為（手段）を講ずることを求めるルールであり、「手段債務」的性格を有する。「配慮＝手段」の具体化を労使（厳密には使用者）に義務づけつつ、それを促すためのガイドラインを整備することが国の役割となる。その結果、使用者が何らの配慮もせず、著しい賃金格差を放置しているときは、均衡配慮義務が構成する公序違反として不法行為責任が発生しうる（民法七〇九条）。現代型雇用政策としては、このようなソフトランディング的な実体法的規制の導入について検討する価値があろう（土田［一九九九b］五四三頁、土田［二〇〇二］）。

ただし、ここでは「労使自治」の主体について再考する必要がある。「労使自治」の第一の主体となるのは、企業と企業内の労働組合であるが、前記のとおり、正社員で組織される労働組合は、パートタイマーの利益代表としての正統性を欠く面がある。したがって、ここでは、パートタイマーの意見・利益を労働条件決定に反映させるための制度について検討することが課題となる（パートタイマーの代表をメンバーとする労使協議機関の設置など）。

また、「均衡」と「均等」は決して相容れない概念ではなく、後者は前者の延長線上にあり、賃金格差を正当化する合理的理由が失われたときは、「均衡」は「均等」と同義に帰することになる（土田［一九九九b］五七二頁）。したがって、正社員とパートタイマーの職務が同一で、賃金格差の合理的理由も存在しない場合は、均衡配慮義務ではなく、均等待遇原則の適用を認め、両者の処遇決定方式を合わせることを求めるべきである（厚生労働省［二〇〇二］）。

五　集団的労使自治と個別的契約自治との関係

労使自治に内在する論点としては、集団的労使自治と個別的契約自治との関係が問題となる。この点については、労働協約・就業規則による労働条件の不利益変更が問題となるが、紙幅の関係上、後者に絞って検討する。

1　裁判例・学説

就業規則による労働条件の不利益変更に関しては、これを原則として否定しつつ、変更内容の合理性を要件に例外的に変更を認める判例法が確立されている（秋北バス事件・最大判昭和四三・一二・二五民集二二巻一三号三四五九頁）。労働条件変更の合理性は、変更の必要性と労働者の不利益の内容・程度との衡量を基本としつつ、経過措置・代償措置・関連労働条件の改善状況、変更内容の相当性等を総合して判断されるが、近年には、多数組合との合意（集団的労使自治）を判断要素として重視する傾向が強まっている。

すなわち判例は、従業員の九〇％を組織する組合との交渉・合意を経て行われた就業規則の変更につき、「労使間の利益調整がされた結果としての合理的なものと一応推測」できると述べ、合理性を肯定する根拠の一つとしている（第四銀行事件・最判平成九・二・二八民集五一巻二号七〇五頁）。学説では、これを進めて、労使交渉・多数組合との合意を経て行われた変更に関する司法審査の範囲を、変更プロセスに関する審査（手続的審査）に限定し、集団的労使自治の位置づけを強化する見解が見られる（菅野［一九九七］九頁等）。さらに、判例法を批判して、就業規則による労働条件変更に個別労働者の同意を要件と解しつつ、過半数組合が合意した労働条件変更に正当性を認め、それを拒絶した労働者の解雇を肯定する議論も生じている（集団的変更解約告知説＝大内［一九九九a］二六七頁以下、大内［二〇〇〇］七四頁）。集団的労使自治重視の姿勢を徹底させた見解といえる。

2　考　察

(1)　私は、労働条件変更の合理性に関して、集団的労使自治を重視すること自体には賛成である。企業の賃金資源をどのように分配するかは、基本的に労使自治の役割であり、多数従業員が支持する労働組合と使用者の任務である。憲法二八条に基づく労使自治の原則は、就業規則論においても軽視されるべきではないし、労使自治重視型の実体法的規制のあり方としても同じことがいえる（四2）。この点、判例が説く「合理性の一応の推測」論は、このような集団的労使自治の重要性をふまえた考え方として支持できる。

(2) しかし、ここでも集団的労使自治には限界がある。すなわち、多数組合に加入していない少数者（少数組合員、管理職等の非組合員）との関係では、集団的労使自治といえども、個別労働者の意思（自己決定）に直ちに代替しうるものではないことを認識する必要がある。

思うに、労働組合が形成した労働条件が個別労働者を拘束するといえるためには、当該労働者が労働組合による労働条件形成（集団的意思形成）に関与する機会を有することが大前提となる。私的自治の原則によれば、契約の拘束力の根拠は、契約当事者が当該契約内容の形成に関与できることにあり、この点は労働法においても変わりはないからである。したがって、労働協約の規範的効力（労組法一六条）については、組合員が労働組合の意思形成に関与でき、組合によって利益を代表される地位にあることが前提となる（朝日火災海上保険事件・最判平成八・三・二六民集五〇巻四号一〇〇八頁参照）。就業規則による労働条件変更の場合も、多数組合の組合員は同じ地位を有するため、右の前提が満たされ、判例が説く「合理性の一応の推測」が妥当することになる。

これに対して、非多数組合員の場合はこの前提が欠けている。これら労働者は、多数組合の意思形成に関与する立場になく、多数組合によって利益を代表される地位にもなく、自らの労働条件形成への主体的関与（自己決定）という私的自治の要素が存在しない。したがって、これら労働者について、集団的労使自治の機能を無制限に認めることはできない。判例のように、多数組合の合意に「合理性の一応の推測」機能を認めるだけならともかく、学説のように、労働条件変更に関する実体的判断を消極視したり、さらには、多数組合が合意した労働条件変更を拒絶した労働者の解雇をストレートに認める議論は行き過ぎであろう。それは結局、非多数組合員が関与しないまま形成された労働条件に拘束されることを認め、それら労働者の個別的契約自治（私的自治）を軽視する結果をもたらすからである。

むしろ、非多数組合員については、労働条件変更の合理性に関する実体的司法審査を綿密に行うべきである。それは、個別的契約自治の欠如を補うための規制であり、個別労働者の自己決定（自律）を否定するものではなく、それをサポートする規制を意味する。この点、最近の判例は、労働条件変更の合理性判断に関して、非組合員の被る不利益の大きさに鑑み、多数組合の合意を「大きな考慮要素と評価することは適切でない」と述べ、集団的労使自治の機能に歯止めをかける判断を下しており、妥当と考える（みちのく銀行事件・最判平成一二・九・七民集五四巻七号二〇七五頁）。集団的変更解約告知説に立つ場合も、労働条件変更を拒絶した労働者の解雇の効力について、多数組合の合意を「合理性の一応の推測」にとどめ、判例の合理性判断を準用した実体的審査を行うべきである（土田［一九九六］五九頁、大内＝和田＝土田［二〇〇二］六五頁〔土田〕）。

＊本稿では、紙幅の関係上、注はすべて省略し、裁判例・文献も本文中に掲げた。これを含めた参考文献は以下のとおりである。

荒木［二〇〇一］　荒木尚志『雇用システムと労働条件変更法理』有斐閣
内田［二〇〇〇］　内田貴『契約の時代』岩波書店
大内［一九九九ａ］　大内伸哉『労働条件変更法理の再構成』有斐閣
大内［一九九九ｂ］　大内伸哉「労働保護法の展望」日本労働研究雑誌四七〇号
大内［二〇〇〇］　大内伸哉「変更解約告知」講座二一世紀の労働法3『労働条件の決定と変更』有斐閣
大内＝和田＝土田［二〇〇二］　大内伸哉＝和田肇＝土田道夫「労働法における労働者像と労働組合の役割」法学教室二五六号
厚生労働省［二〇〇二］　厚生労働省『パート労働の課題と対応の方向性（パートタイム労働研究会最終報告）』
菅野［一九九七］　菅野和夫「就業規則変更と労使交渉——判例法理の発展のために」労働判例七一八号
土田［一九九四］　土田道夫「労働保護法と自己決定」法律時報六六巻九号
土田［一九九六］　土田道夫「変更解約告知と労働者の自己決定・下」法律時報六八巻三号
土田［一九九七］　土田道夫「労働契約法制の課題」獨協法学四四号

土田〔一九九八〕　土田道夫「能力主義賃金と労働契約」季刊労働法一八五号

土田〔一九九九ａ〕　土田道夫『労務指揮権の現代的展開』信山社

土田〔一九九九ｂ〕　土田道夫「パートタイム労働と「均衡の理念」」民商法雑誌一一九巻四・五号

土田〔二〇〇〇ａ〕　土田道夫「日本型雇用制度の変化と法」講座二一世紀の労働法1『二一世紀労働法の展望』有斐閣

土田〔二〇〇〇ｂ〕　土田道夫「労働基準法とは何だったのか？——労基法の変遷・方向性をその制定過程から考える」日本労働法学会誌九五号

土田〔二〇〇一〕　土田道夫「解雇権濫用法理の法的正当性——「解雇には合理的理由が必要」に合理的理由はあるか？」日本労働研究雑誌四九一号

土田〔二〇〇二〕　土田道夫「解雇・労働条件の変更・ワークシェアリング」同志社法学二八八号（予定）

西谷〔一九九二〕　西谷敏『労働法における個人と集団』有斐閣

西谷〔一九九七〕　西谷敏「労働者保護法における自己決定とその限界」松本博之＝西谷敏編『現代社会と自己決定権』信山社

水町〔二〇〇一〕　水町勇一郎『労働社会の変容と再生』有斐閣

和田〔二〇〇〇〕　和田肇「労働契約論の現代的課題・試論」季刊・労働者の権利二三三号

（つちだ　みちお）

〈シンポジウム②〉　女性賃金差別の法的救済

女性賃金差別の法的救済——総括

男女賃金差別裁判における理論的課題

労働基準法第四条の法解釈と法的救済

女性賃金差別の法的救済——総括

林　弘子
（福岡大学教授）

　浅倉むつ子、山田省三両理事が中心になって企画された第一〇三回日本労働法学会ミニ・シンポジウム「女性賃金差別の法的救済」の司会をお引き受けしたのは、労働法の学問的理論と法廷での実務的理論の間にかなり大きな乖離があることをいつも痛感させられていたからである。現に係争中の男女賃金差別事件の担当弁護士と原告が多数出席し、研究者と弁護士が理論と実務の交錯と拮抗について裁判の当事者を前に議論を交わしたというシンポジウムは日本労働法学会でも極めて珍しいことであり、これほど多数の女性が傍聴者として参加したシンポジウムもこれまでになかったといってよい。さらに、特記すべきことは、一九六六年に歴史的な住友セメント事件（東京地判昭四一・一二・二〇労民集一七巻六号一四〇七頁）で結婚退職制無効判決を出された沖野威元裁判長が、終始熱心に会場で耳を傾けてくださっていたことである。ところが、ミニ・シンポの悲しさ、これだけの役者が揃いながら、議論が本格化しそうなところで時間切れとなってしまった。しかし、研究者と実務家の間で議論を行い、学際的研究および裁判実務に耐える労働法研究の必要性を再確認できた点は大きな収穫であった。

　戦後四〇年間、男女差別に関する実定法としては、労基法四条しかなかったが、一九六〇年から七〇年代にかけて憲法一四条、民法一条ノ二、民法九〇条などの解釈によって男女平等取扱いの法理が判例上確立され、結婚退職制、妊娠・出産退職制、女性若年定年制、男女差別定年制が相次いで無効とされた。一九六七年にわが国はＩＬＯ一〇〇号条約を批准し、一九八五年には、男女雇用機会均等法が制定され、同年に日本政府は女子差別撤廃条約を批准した。一九九七年には均等法が改正され、雇用の全ステージにおける女性差別が禁止された。にもかかわらず、わが国における男女の賃金格差はほとんど縮小しなかった。

　現在、賃金・昇格差別に関する裁判が全国で二〇件以上係争中であるが、圧倒的多数の原告らが、旧均等法の制定・施行以前に採用され、今日まで二〇~三〇年以上継続勤務してきたという特色がある。この時期に「女性賃金差別の法的救済」がミニ・シンポのテーマとして取り上げられる直接の契機になったのは、二〇〇〇年七月三一日に大阪地裁で出された住友電工事件判決（労判七九二号四八頁）である。高卒男性は全社採用、高卒女性は事業所採用と採用区分し、職種も男性は幹部候補要員、女性は定型的補助的業務に区分した事件である。昭和四〇年代に入社した女性社員二名が同期入社・同学歴の男性との提訴前一〇年間の差額賃金と慰謝料を求めて一九九五年に提訴したが、同社の男女コース別制は、憲法一四条の趣旨に反し、今日では違法であるが、企業の採用の自由（憲法二二条・二九条）と男女平等（憲法一四条）を調整し、原告らが採用された当時の社会意識、女性の平均勤続年数などを根拠に公序良俗には違反しないとして、原告らの請求は法的安定性を害するという理由で退けられた事件である。改めて、三菱樹脂事件最高裁判決の企業採用の自由と日本鉄鋼連盟事件地裁判決の時代制約をいかに理論的に乗り越えるかが検討課題となったが、今年の二月二〇日に東京地裁で野村證券事件判決（労判八二二号一三頁）が出され、少なくとも改正均等法施行以降については違法性が認められ、住友電工判決とは異なる解釈が示された。均等法施行前から継続する差別の是正義務の発生時期と是正義務の内容の検討も当シンポの狙いの一つであった。

先ず、労基法四条を中心にした神尾真知子教授（尚美学園大学）の「女性賃金差別の法的救済」、次いで、住友電工事件判決を中心にした宮地光子弁護士（女性共同法律事務所）の「男女賃金差別裁判における理論的課題」の報告が行われ、会場からは、意欲的な質問が多数出された。神尾報告をめぐっては、同一労働と同一価値労働の関係、価値の評価方法、男女別コース別制の採用区分・処遇差別に対する労基法四条の適用の可能性などが問題になり、司法判断と新たな立法に解決を求めようとする神尾報告の結論に対しては、現行法の枠組みでの法的解決を示して欲しいという指摘が複数あった。宮地報告をめぐっては、均等法と公序の関係、住友電工事件の採用区分と三菱樹脂事件の採用の差別は法的に異なるのではないかという問題提起、男女コース別雇用制の下での差別是正の基準・具体的内容に関する質問、損害賠償だけではなく地位確認請求が必要という指摘、住友電工、住友化学事件判決（大阪地判平一三・三・二八労判八〇七号一〇頁）を契機に、社会通念が大きな問題となっているが、女性であることを理由とする差別的取扱い禁止に関する昭和二〇年代の労基法四条に関する通達は社会通念を理由とする個々の女性労働者の差別を明確に禁止しており、原点に戻って再検討が必要等のコメントがあった。

当日の質疑・応答を以下にまとめてみた。質問に対して、➡

以下が回答で、末尾の（　）内に、回答者の名前を入れた（発言内容を的確に要約できていない場合もあると思われるが、ご海容いただきたい）。

中内哲会員（北九市大）　①公序は変化するのか、変化することが前提だとすれば、日本鉄鋼連盟事件のような判決が出ても誤りとはいえないのではないか⬇公序が変わることはありうるが、住友電工事件についていえば、昭和四〇年代から公序は変わっていない（**宮地**）。②採用区分は労働条件なのか、労働条件であれば公序違反で無効になるが、事実行為であれば無効とはいえなくなる⬇採用は労働条件ではないと解釈されているが、日産自動車事件最高裁判決では、男女平等取扱い原則の適用を労働条件に限定していない（**宮地**）。③コース別と賃金について、仕事に基づいて給与の違いを認めるか否か⬇コース別と賃金について、現実に紛争になっている事件では、明確に仕事に応じた賃金設定ではなく、年功に応じた賃金運用がほとんどである（**宮地**）。④均等法の遡及効を認めるのか否か⬇求めているのは法の遡及的適用ではなく、現在残っている差別への法の適用である（**宮地**）。⑤男女の不利益な取扱い禁止規定から平等取扱い義務を設定できるか。平等取扱い義務であれば、具体的措置を求める訴訟も可能になる⬇不利益取扱い禁止と平等取扱いは、抽象的には裏腹と考えてよいのではないか（**宮地**）。⑥同一価値労働と同一労働は同じか。違うとすれば、価値を計る基準を示して欲しい⬇日本の場合、職務が明確ではなく、一般的な職務評価はない。ＩＬＯも締約国に委ねるといっている（**神尾**）。京ガス事件では、カナダのオンタリオ州の価値評価システムを適用して、知識・技能、責任、精神的・身体的負荷、労働環境の四要素ごとに点数化した（**宮地**）。

中島通子会員（弁護士）　京ガス事件では職務価値の厳密な比較をやっているが、イギリスの裁判例を見てももっと柔軟に判定している。必ずしも完全な職務評価がなくてもよいのではないか。神尾会員は、日ソ図書事件は、同一価値労働を認めた判決ではないと解釈しているのではないか⬇同一価値労働の場合には、男女の異なる職務について価値を比較している。日ソ図書の場合は、同一労働であって同一価値労働ではないと理解している（**神尾**）。②神尾会員は論文（「男女賃金差別の法理～法解釈の限界と立法論」日本労働法学会・講座二一世紀の労働法第六巻所収）では、三陽物産事件は間接差別ではないとされている。間接差別か否かを差別的意図の存否で判断するとの解釈のようだが、間接差別と差別的意図は関係ないはず⬇間接性差別については労基法四条の合理性判断でカバーできると考える（**神尾**）。③均等法の努力義務と公序の関係について、日産自動車事件最高裁判決で合理的な理由のないすべての差別が禁止されたが、努力義務規定と禁止規定に分けることによって、努力義務の部分が弱くなるのではないかという懸念に対して、政府は、迅速な救済を図るための行政指導のための法律であって、民法上の公序とは何ら関係ないと答弁している⬇一審では、赤松良子『詳説男女雇用機会均等法及び改正労働基準法』その他の文献を根拠に主張していくので、今後、当時の国会審議も加えて補強していく（宮地）。④労働事件担当裁判官による協議結果（平成一〇年一〇月二七日）の「実定法上、同一労働同一賃金の原則を定めた規定も見当たらない」という表現は、男女差別を禁止した労基法四条は除いているはず⬇必ずしもそうはいえないのではないか。ここで問題になっている正社員と臨時社員の差別は、男女の間接性差別に当たる可能性があるにもかかわらず、協議では労基法四条違反の可能性はまったく問題にしていない（宮地）。

高木早知子会員（**岡大院**）　住友電工判決の現場への影響はどうなのか、改正均等法以前の差別は一生是正されないのか、改正均等法以降は男性と同じように働いている女性は平等の主張ができるのか⬇住友電工判決に拘束される必要はない（宮地）。

井上幸夫会員（**弁護士**）　野村證券事件の場合、男女平等取扱いの法理は公序として確立していることを認めながら、男女コース別雇用管理は憲法一四条の趣旨に反するが、当時の公序には違反していないと判決しているが、住友電工の場合と同じか⬇同じである（宮地）。②公序違反を否定する根拠になっているのは、採用の自由である。個別的な採用の自由と男女コース別雇用管理のように仕事を異にすることを前提する場合の採用の自由は異なるのではないか⬇異なると解する。後天的かつ個人的な思想・信条に関する三菱樹脂事件最高裁判決を先天的条件である性、しかも集団としての女性に対する差別にまで拡大適用するのは論理の飛躍があり、日産自動車事件最高裁判決の趣旨にも反する（林）。③採用差別が公序違反と判断された場合、労基法四条違反として請求可能か。それとも不法行為として損害賠償請求か⬇採用は労働条件ではないので、労基法四条による救済は困難、損害賠償による救済は可能（神尾）。男女コース別制の採用区分は、単なる採用の自由の問題ではなく、採用時の差別が、採用後もずっと継続するから、労働条件の差別とセットになっている（宮地）。

浅倉むつ子会員（**都立大**）　①賃金の性質によって合理的理由に差があるという意味について⬇各企業毎に賃金体系を決めており、賃金の性質によって支給基準も異なっているから（神尾）。②男女の賃金格差一〇〇対六〇が縮小しない原因として、勤続年数や職位が理由とされるが、経済学者は査定の影響を指摘している。格差を縮小していくためには、賃金の支払方法をどうすればよいのか、遠藤公嗣先生のコメントをいただきたい。

遠藤公嗣教授（**明治大**）　必要条件としては、仕事または仕事能力以外のものを評価しないことが重要。性も思想も仕事能力に関係しない限り評価しない。日本では、性や思想を仕事能力とする傾向があるが、これでは、公正の必要条件は満たされない。コース別採用は市場原理主義的考えを背景として広まった。採用する側は応募者の仕事能力が分かっていないが、応募者は自分の能力が分かっている。情報の非対称だから、契約の自由を基として応募者に選択させればよい。六〇年代には、日本の企業はＯＪＴで仕事能力を養成することを基本にしてきたため、仕事能力は採用後に養成されるとすると、採用前に応募者は自分の仕事能力が分かっているという前提が崩れる。六〇年代、七〇年代の日本では、コース別採用が正当化される経済学的前提がなかった。

中内哲会員　「女性賃金差別の法的救済」というシンポの表題に対して、神尾報告については、不法行為しかないという結論なのか。どのような救済が可能なのか。損害賠償あるいは差額賃金請求の基準となるのは、同学歴・同期入社の男性ということになると思うが、目標はどこか、平均か、高いところまでいけるのか、低めでなければならないのか。さらに、女性労働者の能力評価に対する会社側への反証には、どのような立証が必要か。

今野久子会員（弁護士）　労基法四条については、昭和二二年に社会通念をもとにして個別の女性を差別することは労基法四条違反であるという進んだ通達（昭二二・九・一三発基一七号）が出ている。労基法制定にかかわられた松岡三郎先生の本にも、社会通念や当該事業場において女子労働者が一般的にこうだという理由で差別することは違法だと書かれている。労働省が行政指導して、昭和三六年からキャンペーンをはって、昭和四二年にＩＬＯ一〇〇号条約を批准した。昭和三六年の労働省のパンフレットには、合理性の判断基準として、将来の期待度、他の仕事ができる可能性ではなく、現実の仕事が同等かどうかが問題と書かれている。原点に戻って、当該女性が女であるという理由で受けている差別こそが差別であるという発想が必要ではないか。

坂本福子会員（弁護士）　芝信用金庫の場合には、就業規則があったから地位確認が認められたという神尾会員の報告であるが、就業規則がなくても労基法三条、四条、一三条の解釈で地位確認は可能である。芝信金事件では、人格を有する男女を平等に取り扱う使用者の労働契約上の義務を賃金に結びつけて労基法四条を適用し、一三条を適用している。立法論に依拠せず、現在ある法律でどう理論構成するかが重要ではないか。芝信金高裁判決も認めているが、不法行為による救済では、差別が継続し、退職金や年金の格差も救済できない。地位確認が認められたのは、昇格させないということが作為であるとした西谷敏教授の鑑定意見書の功績である。差額賃金請求について、芝信金では男性の最低賃金を基準としたが、男性の八割の基準を求められないか。

中内会員・坂本会員の質問に対して➡労基法一三条で差額賃金を請求できると法律構成すべき、この法律で定める基準がない場合に、類推適用で基準を設定できるのではないか。一三条の類推解釈による基準は、標準的な男性の基準と考える（**神尾**）。➡男女コース別雇用管理が違法とされた場合に、どれだけの金額の請求が可能なのか、差別がなければ当該女性がどこまで到達できたのか、シュミレーションが困難。差別なかりせば平均的な男性が到達できたところまでは行けたはず、しかし、資料はなく、標準的であるという立証が困難。現実的には芝信金のように男性の最下位は下らないという戦略しかとれない。しかし、住友電工事件の場合、損害賠償請求以前に男女コース別制の違法性そのものが否定されており、損害賠償の算定に至る前の問題が解決できていない（**宮地**）。

（はやし　ひろこ）

男女賃金差別裁判における理論的課題

宮地光子
（弁護士）

はじめに

現在、全国で二〇件近くの男女賃金差別裁判が争われている。男女賃金差別事件が最初に争われたのは、男女で異なる賃金表を適用していた秋田相互銀行事件であるが、その違法性が判決（秋田地判昭和五〇年四月一〇日・判例時報七七八号二七頁）で明らかにされたことから、その後は採用区分・雇用形態による男女別雇用管理と、昇進・昇格の運用における男女別の取扱いが、企業の雇用管理の中心となっていった。

そして現在の男女賃金差別事件は、この採用区分・雇用形態による男女別雇用管理と、昇進・昇格の運用における男女差別の双方あるいはいずれかを争点としている。

これらの男女賃金差別事件を原告側代理人として担当していて直面するのが、労働法の領域における実定法で解決をはかることのできない理論的課題である。それらはいわば労働法の不備あるいは空白を補う形での憲法や民法の解釈論、そして国際人権法との関わりが問題となってくる。また限られた証拠で訴訟を提起せざるを得ない原告にとって、立証責任の分配は、理論的課題に劣らぬ重要な問題であり、民事訴訟法の領域にもかかわる。しかしながら、これらの各領域の研究は、横断的にその成果が十分に共有されているとは言い難い。たとえば民法学の領域で、公序良俗概念の再構成の試みがなされている(1)。しかし、まだ労働の領域での具体的な問題に則して、その再構成の試みが論じられるところまでには至っていない(2)。また国際人権法の領域では、差別禁止にかかわる条約の自動執行力（裁判規範性）を肯定するのが通説的な解釈ともなっているが、労働法学の領域で、かかる条約の裁判規範性が意識されて議論がなされているとは言い難い(3)。

男女賃金差別事件における理論的課題を解決していくためには、各法学の領域を超えた横断的な検討が必要とされている。この報告においては、男女賃金差別裁判において直面しているそのような理論的課題の特徴を述べたい。

一　公序良俗概念について

憲法の私人間への直接適用が否定され、労働基準法三条に性別が含まれず、労基法四条の労働条件には、募集・採用が含まれないとする枠組みの中では、民法九〇条の公序良俗概念は、雇用における男女差別裁判の理論的なキーワードともいうべき概念である。しかしその概念の中に盛り込まれるものは、昭和四〇年代から五〇年代における結婚・出産退職制、若年定年制をめぐる判決と、近時の判決とは大きく異なっている。

昭和四〇年代の結婚・出産退職制に始まる定年制をめぐる裁判の成果は、その後「差別定年制」の日産自動車事件で仮処分段階での敗訴という困難に直面しながらも、本案訴訟では地裁・高裁と原告側の勝訴となり、その結論は最高裁（最三小判昭和五六年三月二四日労判三六〇号二三頁）でも維持された。この日産自動車事件の高裁判決（東京高判昭和五四年三月一二日・労判三一五号一八頁）において、公序良俗の内容は次のように説明されている。

「全ての国民が法の下に平等で性による差別を受けないことを定めた憲法一四条の趣旨を受けて私法の一般法であ

る民法はその冒頭の一条の二において『本法は個人の尊厳と両性の本質的平等を旨として解釈すべし』と規定している。かくして性による不合理な差別を禁止するという男女平等の原理は国家と国民、国民相互の関係の別なく全ての法律関係を通じた基本原理とされたのであって、この原理が民法九〇条の公序良俗の内容をなすことは明らかである。」ここでは公序良俗概念は、民法一条の二を通じて、憲法一四条の規範を民法秩序に取り込むための概念として機能している。

しかし例えば、一昨年大阪地裁で判決のあった住友電工事件（大阪地判平成一二年七月三一日・労判七九二号四八頁）では、昭和四〇年代に始まる男女別採用とその後の男女別処遇が争点となったが、判決は、幹部候補要員である全社採用から高卒女子を締め出したことを憲法一四条の趣旨に反するとしたものの、公序良俗違反であることを否定した。その判断の過程は「憲法一四条の趣旨は民法一条一項の公共福祉や同法九〇条の公序良俗の判断を通じて私人間でも尊重されるべきである」として、企業の採用の自由（憲法二二条・憲法二九条）と平等権（憲法一四条）の調和が図られなければならないとし、その調和をはかるという場面で、昭和四〇年代ごろの性別役割分担意識の強さを社会通念として持ち出すものであった。そして判決は「被告会社としてはその当時の社会意識や女子の一般的な勤務年数を前提にして最も効率のよい労務管理を行わざるをえないのであるから、高卒女子を定型的補助的業務にのみ従事する社員として位置付けたことをもって公序良俗違反であるとすることはできない」と結論づける。また判決は、旧均等法が募集・採用の平等を事業主の努力義務としてきたことを、かかる社会意識の存在に配慮したものとして引用している。判決によれば、改正均等法施行前の法秩序の基準は社会通念であり、憲法一四条の趣旨に反すると前置きされながら、その後は憲法不在の論理となっている。このように公序良俗概念は憲法規範ではなく社会通念を労働契約の有効無効の判断基準にとりこむ役割を果たしているのである。

そして先ごろ判決のあった野村證券事件も、住友電工事件と同様、男女別採用に始まる男女別労務管理が争点となったものであるが、判決（東京地判平成一四年二月二〇日・労働判例八二二号一三頁）は、改正均等法以後の企業の是正義務を認めるという点においては、住友電工判決と結論を異にしたものの、その論理は結局のところ、改正均等法によって初めて男女別雇用管理が公序違反になるというものである。ここでも改正均等法施行前の民法秩序において、憲法規範はとり込まれていない。野村證券事件判決においては、住友電工判決のような社会意識の強調は行っておらず、公序良俗の判断基準の中に盛り込まれる要素に違いはあるが、公序良俗概念が、労働契約の有効無効の判断基準に憲法規範を取り込む役割を果たしていない点は同じである。

二　格差の合理的理由と社会通念

以上のような公序良俗概念の中に、社会通念を安易に取り込む判決の論理は、格差の合理的理由の判断のところでも影響を与えていると思われる。差別は、社会通念によって支えられたステレオタイプ化によって生み出されるものである[4]から、社会通念を差別の合理的理由としていては、差別は人々の意識が変わるまで違法とされることはない。このような論理を司法が採用すれば、差別からの救済についての、司法の役割放棄というほかない。ところが判決の枠組みには、社会通念に基づく差別は一定の許容範囲内にあると考えることによって成り立っていると思われるものがある。

判決のなかで用いられている「意図的差別」の概念はそのような役割を果たしている。たとえば芝信用金庫事件判決（東京高判平成一二年一二月二二日・労判七九六号五頁）では、昇進・昇格の男女差別だけでなく、仕事配置の差別についても原告側は慰謝料の根拠として主張していた。しかし判決は、金庫が女性を得意先係や融資受付のような金融機関における基幹的業務に配置してこなかったことについて、「女性職員の勤務期間・勤務場所・女性労働及び主婦としての役割分担に関する考え方の時代的制約のなかで判断されるべき問題」として「意図的差別」にあたらないとしている。

また近時の男女賃金差別裁判の判決においては、女性が一〇〇パーセント排除されている場合でなければ、あるいは男女差別の意図がすべてであることを立証できなければ男女差別を認定できないという枠組みも見られる。たとえば住友化学事件は、住友電工事件と同様な男女別採用に始まる男女別労務管理の違法性が争点となったケースであるが、コース間の転換制度が設けられていたため、転換審査の運用における男女差別も争点となった。それに対して判決（大阪地判平成一三年三月二八日・労判八〇七号一〇頁）は、転換審査の合格者について圧倒的な男女間格差を認定しながら、女子の受験者数が少なかったことや、女子も少数ながら合格していることを理由に、「転換審査が高卒男子のみを念頭においたものとは認めることができない」として差別にあたらないとしている。

また前述の住友電工判決においても、判決理由の中で、全社採用の事務職と事業所採用の事務職について、「両者間には、単に男女の違いというのみならず、社員としての位置付けによる採用区分、職種の違いが存するのであるから、これを直ちに男女差別の労務管理の結果ということはできない」と判示している箇所がある。住友電工においては、事務職の女性のみならず作業職の男性が事業所採用として位置付けられていることを会社が主張したために、全社採用と事業所採用の区分が「社員としての位置付け」の違いを示す職種区分として、その合理性が安易に認定されている。しかしこの「男女の違いというのみならず、社員としての位置付けによる採用区分、職種の違いが存するのであるから、これを直ちに男女差別の労務管理の結果ということはできない」とする判決の論理は、全社採用と事業所採用という採用区分設定の意図について、すべて男女差別の意図であることが立証できない限り、男女差別とは認定しないというのと同じである。そして女性と同じ事業所採用に、作業職の男性が存在すれば、裁判所の論理によれば、女性のみが差別されているわけでないから、男女差別とは言えないということになるのであろう。

差別の認定については、比較対象者をどのように選定するかが極めて重要であると言われているが、事務職の女性に対する差別の判断過程において、作業職の男性の処遇を考慮するのは、比較対象者の選定を誤っていると言わざるをえない。事務職と作業職とは、職務の類似性もなく、雇用管理の方針も異なるからである。

にもかかわらず作業職の男性の存在を考慮して、男女間格差が男女別雇用管理の結果であることを否定した判決の枠組みの根底には、女性が最底辺で差別されていない限り、男女差別とは認めがたいという考え方が存在しているように思われてならない。

三　立証責任について

労働組合の支援も得られず、限られた資料の中で提訴に踏み切る原告の女性にとっては、男女差別の立証責任をどこまで課せられるのかは、訴訟の勝敗に直接影響を及ぼす重要な論点である[5]。

ところがこの立証責任の分配のところでも、社会通念が原告の女性の側に重しとなっている。シャープエレクトロニクスマーケティング事件の判決（大阪地判平成一二年二月二三日・労判七八三号七一頁）は、労働組合の統計資料から昇格や賃金実態における男女間格差を認定しながら、そのような傾向は、わが国の多くの企業にみられるところであるとし、その原因のひとつとして「女性労働者の側においても、役割分担意識を否定せず、働くのは結婚又は子供ができるまでと考えて、長期間就労することを希望せず、将来の昇進、昇格には関心を持たず、企業内の教育訓練に消極的で労働に対する意欲の低いものも多くあることは否定できない」とし、男女間格差の存在から男女差別の存在を推認することを否定している。原告は、結婚もせず、定年まで会社のために働き続けた女性であるが、平等を求めようとすれば、訴訟の中においても社会通念が壁となり、男性が差別事件の原告となる時以上の困難を強いられることになる。

さらに判決には、成績主義による枠組みの中で、原告の女性の側に比較対象の男性の平均的能力や業績についてまで立証責任を課し、しかもその立証を容易には認めないものがある。

たとえば商工中金事件は、総合職の女性が男女差別を争ったケースであるが、判決（大阪地判平成一二年一一月二〇日・労判七九七号一五頁）は、原告の立証をもってしても、原告（総合八級）が総合六級の者が多数いる同期同学歴（高卒）の男性職員の平均的な能力を有しているとまではいえないとした。そのうえで原告の業績に対する人事考課が、違法に低いものであるとはいえても、原告と同じぐらいの業績を有する者（男性職員）との比較については、何ら主張・立証がなく、当時の原告に対する人事考課が昇格条件を充たすものであったか否かについては判断できないとして昇格差別を否定している。原告の側は、商工中金の定める自己啓発（銀行業務検定試験等外部資格の取得と通信教育の受講）で総合六級の昇格に必要な目標累計ポイントを充たしていることを根拠のひとつとして、原告が同期同学歴の男性総合職の平均的能力以上の能力を有していることを立証した。ところが被告は同期同学歴の男性総合職の目標累計ポイント数の平均すら明らかにしないで、原告が合格した銀行業務検定試験に総合九級の若手総合職男性が多数合格していることなどから、原告は同期同学歴の男性総合職の平均的能力を有しているとは言えないと主張し、裁判所はこの被告の主張をそのまま採用したのである。もしも原告が同期同学歴の男性総合職の平均的能力を有していることが認定されておれば、業績についても同期同学歴の男性総合職と同等の業績をあげていたであろうことが推定されるべきであったと考えられるが、この出発点の平均的能力についての立証の壁が、男女差別の認定を極めて限られたものとしてしまったのである。

また京ガス事件において判決（京都地判平成一三年九月二〇日）は、事務職である原告の女性と比較対象者の監督職の男性との職務の価値を比較し、その価値に差異のないことをひとつの理由として、男女差別を認定した。ところが、その損害額の算定にあたっては、賃金の決定要素は職務の価値だけではなく、その個人の能力、勤務成績等諸般の事象も考慮されるものであるところ、全証拠によっても、その点の両名に関する事情が十分に明らかにされているとはいえないとした。そして損害の立証責任は原告にあるので、その損害は控えめに算出すべきであるとして、比較対象の男性の給与総額の八割五分を基準としている。判決は、原告と比較対象の男性の職務の価値を同一と判断しているのであるから、原告がそのような同価値の職務を遂行している場合には、能力や勤務成績についても比較対象の男性と同等と推定されるべきであり、使用者が原告の能力や勤務成績について賃金格差を合理化しうるほどの事情を主張立証した時に初めて、賃金格差が正当化されるはずと考えられる。ところが判決は、使用者側が、何ら原告の能力や勤務成績について賃金格差を合理化しうるほどの事情を主張立証していないにもかかわらず、原告の損害は男性の賃金の八割五分を基準とするというのである。

このような判決の立証責任の枠組みには、男女の賃金格差をある程度まではやむを得ないものとする考え方が、その根底に潜んでいるのではないかと思われる。

四　同一労働同一賃金原則および同一価値労働同一賃金原則について

以上のような女性に対する差別的取扱いに寛容な裁判所の姿勢には、裁判官自身のジェンダーバイアスが存在すると考えられるが、我が国におけるより困難な状況は、ジェンダーバイアスの原因が、裁判官の個人的資質のみに解消できる問題ではないということである。

裁判所が前述のような女性労働者に厳しい判決の枠組みを採用する背景には、平成一〇年一〇月二七日に、最高裁の統括のもとに行われた労働事件担当裁判官による協議結果が影響していると考えられる。

この協議の概要においては、「正社員と臨時労働者との間において、勤務年数、労働内容、労働時間等に差がない場合でも、賃金格差を設けることが許されるか」との設問について検討結果が報告されている。すなわち雇用形態による格差についての検討を行っているのであるが、わが国の現状において、パート、臨時社員、契約社員といった非正規社員に占める割合は女性労働者が圧倒的に高く、従って雇用形態による格差は、結果的に「間接差別」に該当するものである。ところがこの協議の概要において、最高裁は、「実定法上、同一労働同一賃金の原則を定めた規定も見当たらない」ことから、正社員とそれ以外の臨時労働者等との賃金格差も、公序良俗に反する場合でない限り有効と解すべきであるとし、正社員と臨時労働者との賃金格差は、「勤続年数、労働内容、労働時間等に差異がないことに加えて、採用時の基準や提供すべき労務に対する要求水準、使用者側からの期待度等において差異がないといった極めて例外的な場合であって、極端な賃金差別が長年にわたって放置されてきた結果、使用者が雇用区分を存置することについての合理性がもはや失われたものとみられるときには、正義の観念に反するものとして、公序違反となりうる」と協議の結果をまとめている。結論は「公序違反になりうる」としてもそれは「極めて例外的な場合であって、極端な賃金差別が長年にわたって放置されてきた」場合に限りというものであるから、これも「意図的差別」のみを違法な差別とする枠組みと共通のものといえる。

またこの協議の概要から特徴的なことは、裁判官が国際条約の裁判規範性についての認識を欠落させているということである。[6]

我が国は、これまでに同一労働同一賃金原則（同一価値労働同一賃金原則）を定めた国際条約を批准してきている。すなわち男女間の同一価値労働同一賃金原則については、一九六七年にＩＬＯ一〇〇号条約（同一価値の労働についての男女労働者に対する同一報酬に関する条約）を批准し、さらに一九八五年には、女性差別撤廃条約を批准し、同条約一一条一項ｄ項は「同一価値の労働についての同一報酬（手当を含む）及び同一待遇についての権利並びに労働の質の評価に関する取扱いの平等についての権利」を定めている。以上は男女間の同一価値労働同一賃金原則であるが、一九七九年に日本が批准した社会権規約七条においては「公正な賃金及びいかなる差別もない同一価値労働についての同一報酬」として、男女間に限定しない、同一労働同一賃金原則（同一価値労働同一賃金原則）が定められている。

そして日本政府は、ＩＬＯ一〇〇号条約の批准にあたって、その趣旨とするところは、労基法四条に規定されていると説明し、女性差別撤廃条約の批准に際しても、政府は労基法四条が存在するから賃金に関する新たな立法措置は不要という立場をとってきた。[7] 条約批准の前提となった国内法を解釈するにあたって、その条約の求めるところを具体化するべく解釈されるべきは、条約の裁判規範性を持ち出すまでもなく法解釈のあり方として当然のことである。従って、労基法四条が「男女同一（価値）労働同一賃金原則」を含むものでないという解釈は成り立ち得ないはずである。

他方、男女間のみならず一般的な「同一（価値）労働同一賃金原則」を定めた社会権規約七条について、社会権規約の批准にもかかわらずそれに対応する国内法は制定されていない。しかし条約の中には、国内立法の必要なく、もっぱら条約のみを根拠として裁判を行うことが可能な、いわゆる「自動執行力」を有するものが存在することは、近時、国際人権法の分野においてひろく承認されているところである。

従って、協議内容の「実定法上、同一労働同一賃金の原則を定めた規定も見当たらない」とのまとめが意味するものが、「実定法上、男女同一（価値）労働同一賃金原則を定めた規定が存在しない」という内容を含むものであるならば、それは労基法四条の解釈を誤っているといわざるをえない。またその意味するものが、「実定法上、一般的な同一（価値）労働同一賃金原則を定めた規定が存在しない」という内容を意味するものであるならば、それは社会権規約七条の裁判規範性を否定するものである。

五　地位確認について

昇進・昇格差別事件において、差額賃金の支払いが認められるだけでなく昇格したものとして扱われる地位の確認が認められるか否かは、差別に対する根本的な救済が実現するか否かに関わる重要な争点である。

この地位確認について、芝信用金庫控訴審判決（東京高判平成一二年一二月二二日・労判七九六号五頁）は、「使用者は労働契約において、人格を有する男女を能力に応じ処遇面において平等に扱うことの義務をも負担しているものというべき」とし、その根拠として、労基法三条をあげ、さらに労基法四条、一三条、九三条および就業規則の規定を根拠として使用者が性別により賃金差別をした場合には、差別の原因となる法律行為は無効であると解すべきであり、その場合には差別がないとした場合の条件の下において形成されるべきであった基準が労働契約の内容になるとして地位確認を根拠づけている。

ところが、先ごろ判決のあった野村證券事件（東京地判平成一四年二月二〇日・労働判例八二二号一三頁）においては、労働契約は使用者と労働者の個別の契約であり、原告らと会社の労働契約の内容からすれば、各原告らが会社と締結した労働契約において、労働契約上の具体的な法的義務として使用者である会社に男女を平等に扱う義務がその内容になっていたと解するのは困難であるとして労働契約上の男女平等取扱い義務を否定している。この判決の論理も、先の公序良俗概念においてみたとおり、改正均等法施行前の民法秩序において、公序良俗概念が、憲法規範を民法秩序へ取り込む役割を果たさず、法の下の平等の憲法規範が不問に付された結果導き出されたものとみることができる。

以上のとおり、改正均等法施行前の民法秩序に憲法規範を取り込まない判決の枠組みは、差別の合理性を判断するのに社会通念を持ち出すことを許し、差別救済のあらゆる場面において、原告側の女性にとって重い負担を課している。

そして改正均等法施行前の男女別処遇が違法と判断されないことは、それまでの男女別処遇に基づく一定の格差が、司法判断によって合理的なものとしてお墨付きを与えられる結果をもたらしている。

しかしこのような司法判断は、旧均等法上の事業主の努力義務の存在をも否定するに等しいものである。旧均等法一条は、「この法律は、法の下の平等を保障する日本国憲法の理念にのっとり雇用の分野における男女の均等な機会及び待遇が確保されること」を目的のひとつとしていることを定めている。旧均等法下においても法の下の平等の憲法規範を不問に付するような解釈を司法が行うことは許されないはずである。

さらに、前述の日産自動車事件の高裁判決の論理と、住友電工判決の論理との対比から明らかなとおり、住友電工判決は、民法一条の二を引用することなく、民法一条一項の公共の福祉を持ち出すことによって、社会通念による判断に逃げ込んでいる。そして林弘子教授による住友電工事件の控訴審における鑑定意見書(8)によれば、民法一条の二を引用しない判決の論理構成は、住友電工判決のみならず、日本鉄鋼連盟事件判決（東京地判昭和六一年一二月四日・労判四八六号二八頁）、住友化学事件判決、野村證券事件判決に共通のものであることが指摘されている。そして憲法学の樋口陽一教授も、住友電工判決が、一九四七年以来実定法であった民法一条の二を引用しないことによって判決の結論が導かれていることを指摘しておられる(9)。

以上見てきたところによれば、住友電工事件判決や野村證券事件判決などの近時の男女別雇用管理につての判決は、公序良俗概念の内容において問題をはらむのみならず、明らかな実定法の無視ともいうべき判決の構成によってもたらされたものと言える。このような判決が、その誤りを控訴審において明らかにされることを期待するとともに、各法学の領域を越えて、男女賃金差別事件の理論的課題をめぐる研究がさらに進められることを期待したい。

（1） 山本敬三『公序良俗論の再構成』有斐閣など。

（2） 笹沼朋子「第一二章・募集・採用差別」（講座・二一世紀の労働法・第六巻二一三頁以下）では、憲法一四条の私人間への直接適用を肯定して、憲法一四条は私人間関係を規律する公序を構成していると指摘されている。このように憲法一四条の私人間への直接適用が肯定されれば、公序良俗概念も不要となり問題は解決する。しかし間接適用説に立つ判例のもとにおいても男女別雇用管理の違法性を論じるためには、公序良俗概念をどのように把握していくかが重要である。

（3） 例えば神尾真知子「第一一章・男女賃金差別の法理――法解釈の限界と立法論」（講座・二一世紀の労働法・第六巻二〇五頁以下）において、雇用形態の相違に基づく男女賃金格差に労基法四条は適用されるかとの点に関し、「契約の自由があり、横断的な賃金制度が成立していない日本では、その労働に対し等しく報われなければならないという均等待遇の理念を公序として設定することは困難」として、労基法四条は、雇用形態による男女賃金格差および女性間の賃金格差に対しては適用できないとの結論が導き出されている。しかし私見によれば、この見解は、ＩＬＯ一〇〇号条約の批准経過や社会権規約七条の自動執行力との関係において疑問がある。詳細は注(6)記載の拙稿「裁判官協議会における協議内容の批判的検討」労働法律旬報一五二七号四〇頁以下参照。

（4） 差別の定義について論じたものに笹沼朋子「第一二章・募集・採用差別」（講座・二一世紀の労働法・第六巻二一〇頁以下）がある。

（5） 賃金・昇進・昇格等の労働条件における性差別訴訟における立証責任にかかわる問題点については今野久子「第一四章・差別の立証方法」（講座・二一世紀の労働法・第六巻二五四頁以下）参照。

（6） 詳しくは拙稿「裁判官協議会における協議内容の批判的検討」労働法律旬報一五二七号三八頁。

（7） 中島通子ほか著『男女同一賃金』有斐閣選書三四頁以下。

（8） 労働法律旬報一五二九号（平成一四年六月上旬号）掲載。

（9） 樋口陽一「憲法・民法九〇条『社会意識』」栗城壽夫教授古希記念論文集（信山社、二〇〇二年発刊予定）。

（みやち　みつこ）

労働基準法第四条の法解釈と法的救済

神尾真知子
（尚美学園大学教授）

一　はじめに

労働基準法第四条の私法的効力をめぐっては、次のような点が問題となる。第一に、労働基準法第四条は、私法的効力の点からどのように法解釈するべきかということである。第二に、労働基準法第四条の適用の射程である。特に、最近裁判において男女差別的な処遇の結果としての賃金差別が問題となっている。男女賃金格差を生み出している処遇のうち、昇格、昇進、人事考課、採用区分における男女差別は労働基準法第四条の射程に入るのかということである。第三に、労働基準法第四条違反に対して、どのように法的救済をするのかということである。不法行為構成によると事後的な救済しか得られない。損害が発生しないと救済されないことになるし、将来的な差別をもたらしてしまうことになる。現在や将来の差別是正のために、昇格請求権を認めるべき必要があり、その法的構成を考えなくてはならない。

二　労働基準法第四条の法解釈

1　労働準法第四条の私法的解釈

労働基準法第四条の私法的解釈は、罪刑法定主義から拡張解釈はできないとされている公法的解釈の影響を受けてきた。公法的解釈とは異なり、合目的的な解釈が許されるであろうし、その必要性が高い[1]。憲法や国際条約の法理念を内包する、より豊かな法解釈が可能ではないかと考える。

しかし、やはり、労働基準法第四条の私法的解釈も、罪刑法定主義の観点から公法的解釈から余りはずれることは出来ないと解するならば、労働基準法第四条と国際条約の法理念が男女同一賃金原則に関する公序を形成していると解することも出来る。

(1)　労働基準法第四条の法理念

労働基準法第四条は、法の根本原理である憲法第一四条第一項の法の下の平等の規定を労働関係において具体化したものである。憲法の法の下の平等が法的人格の男女平等を理念としているように、労働基準法第四条には、賃金における労働価値の男女平等の理念がある。すなわち、労働価値の評価において性別による差別的取扱いを禁止している。

ＩＬＯにおいて、一〇〇号条約の「同一価値」をめぐる総会討議において、「同一価値」とは、男女が同一の仕事をすることによって使用者に同一価値の利益を与えうるか否かということだとする使用者委員は、女性の労働価値は低いこと（生産原価が高いこと）を主張した。使用者委員が女性の低賃金を正当化する理由として挙げたのは、欠勤率の高さ、勤続年数の短さ、体力が劣り重労働や交替制労働につけないこと、熟練度の低さ、母性保護の必要性からくる費用負担などであった。総会では、いずれの理由も生産原価に与える影響を量的に正確にはかることはできないし、一般論として実際に当てはまらないことも多く一概に言えないこと、原因が女性の家事負担や男性と平等な就職や職業訓練などの機会が与えられていないことから生じていることなどからしりぞけられたといういきさつがある。[2]

ＩＬＯ一〇〇号条約は、労働基準法施行後に日本政府が批准したものであるが、国会に提案された条約批准の趣旨説明で政府は、ＩＬＯ条約の趣旨は国内法（すなわち労働基準法第四条）において既に規定されているとした。[3] 以上の条約批准の経緯から指摘できるように、労働基準法第四条は、労働価値の男女平等を法理念としていると解される。

(2)「差別的取扱い」の法解釈

労働基準法第四条の「差別的取扱い」の私法的解釈は、女性であることを理由とする不利な取扱いを意味する。このように解する理由は、労働基準法第四条の立法趣旨、労働基準法第四条の文言が均等法同様片面的な規定の仕方になっていること、労働基準法第三条の均等待遇原則に差別禁止理由として性別が規定されなかった理由と立法的に矛盾しないことが挙げられる。

労働基準法第四条をこのように解することにより、労働基準法第一三条によって無効になるのは労働契約における女性に不利な差別的な賃金の部分になる。したがって、男性と女性の賃金のうちどちらの賃金を無効とするのかという法的問題を解決することができる。[4]

(3)「女性であることを理由として」の法解釈

「女性であることを理由とする」賃金差別とは、女性であることを賃金差別理由とし、それ以外に合理的理由のないことと解される。[5] ここで、差別意思が必要かという問題がある。しかし、芝信用金庫事件高裁判決（東京高裁平一二・一二・二二労判七九六号五頁）が、「事柄の性質上、男女差別の意図等を直接証拠によって立証することは殆ど不可能に近く、格差の存在という結果から推認する方法によらざるを得ない」と指摘するように、必ずしも直接的な男女差別意図の立証は必要ではなく、立証の公平の観点から、女性労働者側が男女賃金格差の立証をすれば不合理な差別であることが推認され、それに対して使用者側が合理的理由の立証を行うべきであると考える。[6]

使用者の差別的意図がうかがえる女性賃金差別は当然含まれる。たとえば、女性賃金差別事件のうち、秋田相互銀行事件（秋田地裁昭五〇・四・一〇労民集二六巻二号三八八頁）の男女別賃金表、岩手銀行事件（盛岡地裁昭六〇・三・二八労民集三六巻二号一七三頁、仙台高裁平四・一・一〇労判六〇五号九八頁）の家族手当支給における女性を差別する支給規定、日本鉄鋼連盟事件（東京地裁昭六一・一二・四労判四八六号二八頁）の基本給や一時金の男女別賃金率に見られる性別の明示は、使用者の差別的意図を推認させるものとなる。そのような性別を基準や規定を定めた合理的理由を使用者が反証できなければ、労働基準法第四条違反と解される。これらの場合、使用者からの反証はほとんど不可能であろう。

この反証においては、女性に対する偏見や社会通念は合理的理由とされない。労働基準法第四条の行政解釈（昭二二・九・一三発基一七号）においてもそのように解されている。岩手銀行高裁判決が、「社会通念、社会的許容性、公序良俗という概念は、……発展的動態において捉えねばならない。そうでないと、旧態は旧態のままで社会の進歩発展は望み得ないことになるからである」と述べて、社会通念に則った規定であり社会的許容性の範囲内にあるとして公序良俗に反するものではないという控訴人銀行の主張を退けていることは妥当である。また、岩手銀行高裁判決が、「男女平等の理念は、……理念ではあっても達成可能な理念である」と指摘していることは重要である。

一見性中立的な賃金基準であっても、三陽物産事件（東京地裁平六・六・一六労判六五一号一五頁）のように使用者の差別的な認識がうかがえる場合もある。

賃金の支給基準等の合理性判断において、賃金の支給目的は、重要な意味を有する。使用者は、どのような賃金制度を設けるのかについて裁量があるが、設けられた賃金制度において、賃金の支給基準や支給方法は支給目的からの制約を受ける。支給目的からみて合理性が認められない支給基準や支給方法は、「女性であることを理由」とするものと解されることになる。

日本鉄鋼連盟事件では、基本給の引き上げや一時金（成績評価に関する部分は除く）は、「一般に物価の上昇に対する補償や一時金支給対象期間中の労働に対する賃金の後払いや報償としての性格を有するものであることからして、従事する職務の内容によって差異を設けられることは少なく」として、職務内容や職種の差異を理由とするという使用者の主張を退け、文言通り男女を差別したものと判断している。

また、三陽物産事件判決（東京地裁平六・六・一六労判六五一号一五頁）では、実年齢に応じた本人給における支給基準である「世帯主・非世帯主」と「勤務地限定・無限定」という性中立的な基準が問題となった。世帯主基準が女性に不利であることを被告会社が認識していたことを認め、「そもそも、本件給与規定における本人給は、本来、各人の生活実態に見合った基準により最低生活費の保障を主たる目的に支給されるべきものであることに鑑みると、単に世帯主か否かをもって本人給に差をつける基準とすることは、右趣旨に合致しないものというべきである」としている。

また、勤務地基準については、一般論として「それなりの合理性」を認めているが、被告会社は男性従業員は営業につく可能性があり広域配転が不可欠という理由を挙げているが、営業社員が負担する物心等の負担は営業手当により一応の配慮がなされているとみることができるとして、女性従業員の本人給を二六歳相当の本人給に据え置くという差を設ける根拠は少ないとみている。そして、「勤務地限定・非限定の基準が最低生活費の保障を主たる目的とする本人給を二六歳の額で据え置くことの合理的理由を十分に説明できないまま、……被告の本件給与規定による取扱いを正当化するため、……女性従業員は勤務地域を限定しているとの前提のもとに、勤務地限定・非限定の基準の適用の結果生じる効果が女性従業員に一方的に著しい不利益となることを容認し、右基準を新たに制定したもの」と推認している。

一方、家族手当支給基準に合理性が認められたものとして、日産自動車事件がある。判決は、会社の家族手当支給方式から分離支給を認めないことに合理性を認め、さらに「家族手当の目的及び法的性質から……家族数の増加によって生ずる生計費等の不足を補うための生活補助費的性質が強い事実に鑑」みて、「家族手当を実質世帯主に支給する運用を強ち不合理なものとはいい得ない」とし、夫婦のうち収入の多い方とする運用を不合理なものとはいい難いとしている。

確かに会社が設けた家族手当支給方式からは、夫婦の所得の多い方に支給するということの合理性が引き出されてしまうが、現実に夫より妻の方の所得が低いのが一般的であるので、家族手当支給基準設定自体の合理性判断において、他により女性差別的でない支給基準の選択ができなかったかということの検討がなされるべきである。

(4) 同一価値労働男女同一報酬の原則と労働基準法第四条

男女賃金格差における合理性の判断では、使用者が男女賃金格差の合理的理由を立証したとき、それに対して、女性が比較対象男性と同一または同一価値といえる労働についていることは、合理的理由に対する反証となる。同一労働または同一価値労働が立証されれば、女性であること以外の合理的理由を使用者が再反証しなければ、女性であることを理由とする賃金差別と推認されることになる。

ここで、労働基準法第四条と同一価値労働男女同一報酬原則との関係を考えてみよう。労働基準法第四条の立法過程では、同一価値労働を同一労働の同一能率を意味するものととらえていた。ＩＬＯ自体も同一労働同一報酬原則と同一価値労働同一報酬の原則とを明確に区別していなかった。[7]

しかし、労働基準法第四条は、ＩＬＯ一〇〇号条約（一九六七年）、社会権規約（一九七九年）、女性差別撤廃条約（一九八五年）の批准により、[8] 現在概念化されているところの、雇用における男女平等理念が組み込まれた同一価値労働男女同一報酬の原則を内包するに至ったと解される。すなわち、同一或いは同等の労働のみならず、異なる職業間の同一価値労働に対しても男女同一報酬原則が適用される。

労働法におけるＩＬＯ条約の法源性については、批准しそれに呼応する立法がなされていることが必要という見解、[9]あるいは、ＩＬＯ条約自体に法源性を認める見解がある。[10]いずれの説にしても、労働基準法第四条が存在するので、ＩＬＯ一〇〇号条約は、法源性を有する。ＩＬＯ一〇〇号条約の基準は、労働基準法第四条を通して裁判規範性がある。

同一価値労働男女同一報酬原則では、異なる職業の価値を比較するためには性別に左右されない職務評価制度が必要となるが、いずれの国際条約も客観的な職務評価を行うこと自体は締約国に義務づけていない。また、コンパラブルワースの方法によることに限定していない。[11]

なお、この原則は、性差別として、同一価値労働同一報酬を拒むことを禁止しており、男女間の賃金差別にのみ適用される。一般的に同一価値労働同一報酬の原則が労働基準法第四条を通して日本において確立していると見ることはできない。同一価値労働であっても、すべての労働者間で、たとえば女性労働者間または男性労働者間でこの原則を確保することを条約は要請していない。[12]

また、性別、国籍、信条、社会的身分（労働基準法第三条・第四条）や不当労働行為を理由とする以外の理由の賃金格差（たとえば年齢や勤続年数）は、公序に反しない限り契約の自由の範囲になる。ただし、年齢や勤続年数を賃金基準とするときは、女性に対しても男性と同じように年齢や勤続年数を基準とした賃金処遇が求められる。

女性賃金差別事件において、同一労働同一賃金が問題となる場合と、同一価値労働同一賃金が問題となる場合は分けて考えられなければならない。同一労働同一賃金が問題となるのは、労働契約において、使用者が職務や仕事に関して比較対象男性と同じように、業務命令や配転命令を、問題となっている女性に対しても行うことができる場合である。たとえば、同じ学歴で同じ条件で採用された正社員事務職の場合である。しかし、同じ事務職でも、全く同一の仕事をしていることは少ないのであるが、同期入社であれば、通常は同等の仕事をしているはずであるから、そこでの同一労働の比較は、同等ではあるが一見異なる職務や仕事の価値の評価によって行うことになるので、同一価値労働の判断を行っているように見える。

同一価値労働同一賃金が問題となるのは、労働契約において、使用者が比較対象男性と問題となっている女性とは異なる条件を定めている場合であり、前述のように、同じような業務命令や配転命令を行うことが予定されていない場合である。たとえば、営業職として採用された男性と事務職として採用された女性や、男性医師と女性看護師などが考えられる。

日本の裁判では、これまで五件の裁判が同一労働の判断をしている。いずれも、比較対象男性とは、同じ労働契約を結んでいる。しかし、現在就いている仕事や職務が異なっているのである。なお、同一価値労働の判決はまだ出ていない。

同一労働の評価において、日ソ図書事件では、職務内容、技能、責任等、石崎本店事件では、従事している作業内容、入社前の経験や資格が初任給決定に考慮されていなかったこと、塩野義製薬事件では担当職務、職務の遂行状況が、判断要素となっている。内山工業事件では、同一労働とは、「形式的に職務内容及び職責を同じくする労働のみならず、職務内容、職責などに関して職務評価等を通じて同価値と評価される職務をいうと解すべきである」と述べており、同一労働を実質的に判断するべきであるとしている。内山工業事件では、具体的に職務分析を行っていないが、京ガス事件（京都地裁平一三・六・一五、「京ガスの男女賃金差別裁判・京都地裁判決および森ます美教授鑑定書」きりの会発行）では、初めてペイエクィティによる詳細な職務分析を行った鑑定書が提出された。鑑定書は、比較対象男性と女性労働者の各職務内容を、知識・技能、責任、精神的・肉体的な負担と疲労度、労働環境を主な項目として綿密に比較し、総合的に各職務の価値を判断し、具体的な数字によって両者の職務価値の同一性を証明している。京都地裁判決が、知識・技能、責任、精神的な負担と疲労度という鑑定書とほとんど同じ比較項目を挙げて検討して、「各職務の価値に格別の差はないものと認めるのが相当である」と結論づけているのは、提出された鑑定書の職務の価値の比較の結果を受け入れたものと見ることができる。

ところで、同一労働の検討では、比較対象男性をどのように選定するかが問題となる。日ソ図書事件は、賃金体系のない会社での年齢と強い相関関係のある基本給について同じような業務をしている勤続年数・年齢が比較的近い男性四名の職務を比較している。石崎本店事件では、中途採用の従業員の初任給（基本給）について年齢と入社が近い男性三名の入社時の資格の有無と担当作業とを比較している。塩野義製薬事件事件では、年功的運用がなされていた能力給について同学歴で同期入社の男性五名の職務内容と職務遂行能力とを比較している。京ガス事件では、同期入社で同じ事務職員である男性一名の職務の価値とを比較している（基本給）。内山工業事件では、基本給について勤続年数や年齢を同じくする男性の職務価値とを比較している。

これまで同じ会社の同じ勤続年数や年齢（場合により同じ学歴）の男性との年功的な（基本給）の男女賃金格差が問題となっていたので、同一労働の比較において同じ勤続年数や年齢の男性を比較対象とすることについては、使用者側も特に反論していない。この点が日本的な賃金制度における同一労働男女同一報酬原則の適用の仕方であるといえる。

芝信用金庫事件地裁判決は、男女賃金格差の比較対象男性について検討している初めての判決といってよいだろう。格差存否の比較対象は、第一次的には、原告等と同期同給与年齢の男性職員とし、可能な限りで男性職員全体となるべきとしている。なお、不当労働行為との関連で従業員労働組合（少数組合）の男性は原則除外している。そして、原告等が主張する、昇進・昇格の比較基準としての同期同給与年齢には、性別以外の要因（学歴差、入職年齢差など）

があり正確性に欠けるとしながら「他にこれに代わるべきより良い基準を見出すこともできないので」としながら、同期同年齢給与を比較基準とした。

比較対象男性は、女性であることを理由にしなければ同じ又は同等の賃金が支給され、あるいは昇格が行われると考えられる男性が選ばれる（同じ労働契約を結んでいるといえる）。多くの場合、入社時期、勤続年数、学歴を基準として選択される。

三　労働基準法第四条の適用の射程

女性賃金差別は、募集、採用に始まる様々な女性に対する処遇上の差別的取扱いの結果であることが多い。これまでは、女性賃金差別を生み出す様々な要因に対して立法上の取組みが充分でなかった。やっと、一九九九年の均等法改正によって募集、採用、配置、昇進（昇格を含む）、教育訓練、福利厚生、定年、退職にわたる女性差別が禁止された。

賃金差別を生み出す要因のうち、昇格・昇進（人事考課を含む）と採用区分における女性差別に対して労働基準法第四条はどこまで適用できるのだろうか。

1　昇格・昇進・人事考課と労働基準法第四条

これまでの学説や判例の多くは、昇格と昇進の差別は、均等法の問題であり、労働基準法第四条は適用されないとしてきた。社会保険診療報酬支払基金事件（東京地裁平二・七・四労旬一二四四号五四頁）がいうように、賃金差別は、昇格差別とは「別個の問題」という捉え方であった。

それでは、昇格・昇進の性差別には、労働基準法第四条は全く適用されないのだろうか。昇進については、労働者の管理能力の評価によって職位（ポスト）が上昇するものであり、昇給を伴うが、目的は職位の上昇にある。そこでの使用者の人事考課は裁量の問題となるが、賃金差別の問題とはいえない。

一方、昇格のうち、現在の日本の企業が多く採用している職能資格制度付きの職能給は、もともとポスト不足から考えられた賃金制度であり、資格は賃金処遇のランクを示すものである。一定の資格等級のなかからポストにつく人が決められるが、ポストにつかなくても資格が同じなら職能給については同じ賃金ということになる。このようにして管理序列と処遇序列の矛盾の解消をしたのである[13]。形式的には性中立的な賃金制度であるが、男性社員は基幹社員として位置づけられ年功的に上位等級に昇っていく。このような昇格制度においては、降格は原則ありえないことになる[14]。

昇格のうち、このように職位の上昇に伴う昇格ではなく、賃金の処遇上行っている昇格に関しては労働基準法第四条が適用される。すなわち、昇格は昇給と考えられる。

賃金の処遇上行っている昇格は、上位の資格に格付ける使用者の形成権である[15]と同時に、労働契約の賃金部分の契約更改である。昇格はこのように使用者の形成権であるので、使用者の発意、昇格辞令が必要となる。ところで、昇格時に昇格のない労働者に対しては、昇格がなされないのであるが、定期的に昇格が行われている時は、「昇格させない」という不作為ではなく、「資格を維持する」という積極的な決定と解される[16]。不作為は無効とすることができないので、このように解することで法的救済の道が開かれる。芝信用金庫事件高裁判決も、女性に対する昇格差別を「従前の主事資格に据え置かれたというその後の行為」ととらえ、労働基準法第一三条の規定により無効としている。

芝信用金庫事件で問題となった昇格は、まさに日本的な職能給における賃金の処遇としての昇格である。第一審判決の事実認定によると、昇格は職位と区別され、資格と定例給与とは対応関係にあった。定例給与のうち資格給は、昇格基準に基づき取得した職務資格等級に対して支給される。資格付けの目的は、職位付与の基準とはなっていても、主にいかなる職員にいかなる給与を支給するかということにあった。昇格するか否かは、定例給与に直接影響を及ぼしている。このようなことから、第一審判決は、資格を「労働条件のうちで最も基本的な部分と密接不可分の関係」にあるとしている。ここでの「労働条件のうちで最も基本的な部分」とは、すなわち、賃金である。旧人事制度の下では与えられていた職位に対する責任加給を新人事制度の下では段階的に廃止し、同一資格同一労働にした。昇給は昇格によって行われている。

芝信用金庫事件の昇格の運用は、従業員労働組合以外の男性職員は、全員あるいはほとんど年功的に昇格させている。年功的な昇格の運用から女性であることを理由に女性職員を除外していることは、昇給における女性差別である。

第一審判決が、特に副参事までの昇格に関して「年功的要素を加味した副参事昇格を実施したことは否定できない」とし、昇格試験制度の下にありながら男性職員について年功的要素を加味しほぼ全員を副参事に昇格させた人事政策を労使慣行として認め（制度的保障）、その適用を同期同給与年齢の女性職員に対して適用しなかったことを、就業規則三条と現行法秩序から到底許されるものではないとしている。

芝信用金庫事件の控訴審は、昇格差別を生み出した昇格試験における女性差別を認定した。昇格試験の判定要素の五〇％を占める人事考課（能力考課四〇％、業績評価一〇％）に女性職員に対する年功加味的運用差別があったと判断している。

昇格に関して人事考課が行われる場合、学説が主張する労働契約の付随義務としての公正査定義務が使用者にあると解するとどうなるのだろうか。性差別的な賃金査定は、公正査定義務違反となり、使用者に対して評価のやり直し、すなわち、昇給や本来あるべき地位の確認がなされ、昇格を求めることが可能となる。[17]

2　採用区分と労働基準法第四条

日本の企業は採用区分を設け、性別を基準とする採用と配置を行ってきた。このような基幹的業務と補助的・定型的業務という漠然とした採用区分により、企業内人材育成がなされてきた。少なくない企業において、採用区分により男女を区別し、男女別の処遇が行われ、結果的に男女間に賃金格差が生じている。その場合には、そのような男女賃金格差は、女性賃金差別の問題として労働基準法第四条が適用されるのだろうか。

まず、採用区分と労働契約の関係を考えてみると、採用区分が労働条件や処遇の相違を内容とする労働契約の相違をもたらしているかが問題となる。

日本鉄鋼連盟事件判決が指摘しているように、担当させる職務上は同一の資格や能力を要求しているのに、採用基準及び採用手続きを異にすることが専ら女性を男性と差別するためにのみ行われ、それを理由に労働条件を差別するという特段の事情のある場合は、採用基準や採用手続きを異にすることは女性を差別する口実にすぎないから、同一の労働条件の取扱いが強制されるとしている。このような場合は、労働基準法第四条が適用される。

それでは、採用区分が労働契約の内容の相違をもたらしている場合はどうだろうか。男女間の労働契約が異なっても、もし、同一価値労働が証明できれば、労働基準法第四条の射程に入る。

採用区分の男女差別に関して、労働基準法第四条の射程に入らなくても、募集・採用、配置、昇進などの男女差別として、公序論や均等法の射程に入る。その場合、差別された女性労働者は、企業に、性差別的な労務管理を是正する義務を放置したことによる不法行為責任を問うことになる。いつから企業に格差是正義務があるのかという問題がある。

住友化学事件も住友電工事件も、均等法施行以前は、私人間に適用される実定法上の男女間の採用差別禁止規定がないこと、企業の採用の自由との調和、旧均等法で採用差別は努力義務規定になったこと、そして昭和四〇年代頃の社会意識から、採用後の処遇を含めて公序違反ではないとしている。

問題は、旧均等法が募集・採用、配置、昇進を事業主の努力義務とし、それだけでは法的効力を持っていないことにある。

ここで考えられなければならないことは、第一に旧均等法制定以前には、実定法はないものの、既に公序論から合理的理由のない労働条件に関する性差別は公序に反し、違法・無効ということが判例において認められていることである。募集と採用は労働条件ではないので（異論はあるが）、公序論でも対象とならないとしても配置や昇進は対象になる。したがって、採用自体には使用者の採用の自由が認められ性別を基準とする採用が法的に問題とされないとしても、採用後の配置や昇進に関する男女差別は、それまで形成された公序論からも配置や昇進に関しては是正義務が使用者に生じていたと解される。

また、社会権規約や女性差別撤廃条約の批准は、その条約自体が自動執行力を有しなくても、公序を形成すると考えられる。そして、条約制定以前から継続している性差別に対しても批准時点で適用になり[18]、採用を含めて公序論から是正義務が使用者に生ずる。したがって、旧均等法が努力義務としていても、公序論を通して使用者には是正義務があると考える。

四　労働基準法第四条と法的救済

1　労働契約の平等取扱い義務

信義則から労働契約の付随義務として、使用者は平等取扱い義務を負うという学説[19]が認められれば、女性賃金差別の法的救済において、立証責任が転換し、使用者が平等取扱い義務を果たしたことを立証しなければならなくなる。

また、昇格請求権も認められやすい。時効も一〇年に延長される。法的救済の点から魅力的な考え方である。

しかし、労働契約上具体的な性別によらない平等取扱い義務を使用者に課しているとすることに対する批判が判決に見られる。例えば、野村證券事件判決（東京地裁平一四・二・二八労判八二二号一三頁）は、「具体的な法的義務として使用者である会社に男女を平等に取り扱う義務がその内容になっていたとするのは困難」であるとしている。

2　差額賃金請求と不法行為による損害賠償請求

労働基準法第四条違反の女性賃金差別において、差別を受けた女性の差額賃金はどうなるのかについて明確な規定がなく、法の欠けつがある。[20]

これまでの判例では、明確な基準のあったときには労働基準法第一三条、ないときには不法行為による差額賃金の損害賠償請求という傾向にあり、そのような法的救済の使い分けを支持する考え方もある。[21]

しかし、労働基準法第四条により賃金差別の法的救済を行うのであるから、差額賃金請求を認める法的救済が事件に最も適切であると考える。しかし、問題は明確な基準がない事件のときにどうすべきかの明確な基準を示した法規定がないことである。労働基準法第一三条は確かに女性賃金の差別部分の労働契約を無効とすることが出来るが、空白となった労働契約を補充するものとして、具体的な基準は労働基準法上ないということである。労働契約の補充解釈によることも可能であるが[22]、労働基準法第四条違反は、賃金という労働条件の差別の問題であるので、法的救済も均等法違反とは異なり、労働基準法のなかでの法律構成が必要ではないかと考える。

法の欠けつのある状態では、類推解釈が可能であり、労働基準法第一三条を類推して、「この法律で定める基準」を男性に適用される賃金体系、賃金基準、賃金率、昇給率、そのような基準のない場合は「比較対象男性に関する基準」と解する。労働基準法第四条が、男性との賃金の差別的取扱いを問題としていること、労働基準法第四条はＩＬ

〇一〇〇号条約により同一価値労働同一賃金原則を内包していることから、法的救済は男性との同一あるいは同等賃金である。

就業規則、労働協約の規定や労使慣行があれば、男性に関する規定や労使慣行が「この法律に定める基準」となる。賃金制度のないところでは、比較対象男性の平均的な賃金基準が基準となる。

労働基準法第四条違反となる昇格については、男性に適用された昇格基準が適用される。特に人事考課のほとんどない一律昇格は、それが昇格基準となり、女性労働者を昇格させる義務が使用者に発生する。

（1）西谷敏「労働基準法の二面性と解釈の方法」伊藤・保原・山口編『労働保護法の研究』有斐閣、一九九四年、二一頁。

（2）高崎愛子「ＩＬＯ条約第一〇〇号の採択過程と問題点」季労三七号、一四五頁以下。

（3）中島・山田・中下『男女同一賃金』有斐閣、一九九四年、三七頁。

（4）フランス男女同一報酬法は、賃金の性差別を禁止し、労働協約等の差別的な賃金条項を無効としているが、一方が受けるより高い報酬が差別された労働者に支払われると規定しているが、男女どちらの賃金を無効とするのかという法的問題を立法的に解決したものと考えられる。

（5）石橋洋「労働基準法第四条」金子・西谷編『労働基準法（基本法コンメンタール）』別冊法学セミナー、一九九九年、一七頁。

（6）奥山明良「男女の賃金格差と差別救済法理」季労一六号、中島・山田・中下・前掲書、二二―二三頁、石崎本店事件、内山工業事件。

（7）浜田冨士郎「労基法四条による男女差別の阻止可能性の展望」前田・萬井・西谷編『労働法学の理論と課題』三九二頁。

（8）宮崎繁樹編著『国際人権規約』日本評論社、一九九六年、四六―五六頁、国際女性の地位協会編『女子差別撤廃条約』尚学社、一九九二年、一八六―一九七頁。

（9）安枝・西村『労働法（第七版）』有斐閣、八頁。

（10）有泉亨『労働基準法』三二―三三頁。

(11) 松尾邦之「五〇周年を迎えた一〇〇号条約・九〇号勧告の意義とわが国の課題」労旬一五二〇号。
(12) 松尾邦之「国際条約〈ＩＬＯ一〇〇号条約・九〇号勧告〉にみる男女同一価値労働同一報酬原則」労旬一〇七四号。
(13) 木下武男『日本人の賃金』平凡社、一九九九年、三八—四三頁。
(14) 廣石忠司「日本企業における賃金・処遇制度の現状」学会誌労働法八九号、三一頁。
(15) 青野覚「男女昇格差別と賃金差額請求権」労判三四三号、一六頁。
(16) 西谷敏「賃金・昇格差別の救済法理」季労一九三号、一〇五頁。
(17) 毛塚勝利「賃金処遇の変化と労働法学の問題」学会誌労働法八九号、一二三頁、石井保雄「最近の賃金処遇の動向と人事考課をめぐる法的諸問題」学会誌労働法八九号一〇〇頁。
(18) 阿部浩己「住友電工事件鑑定意見書」。
(19) 和田肇『労働契約の法理』有斐閣、一九九〇年、二三七—二四〇頁。
(20) 奥山明良「女子の賃金差別」別冊ジュリスト増刊・労働法の争点、有斐閣、一九七九年、二七頁。
(21) 山川隆一『雇用関係法』新世社、一九九九年、四七頁。
(22) 西谷敏、前掲論文、季労一九三号、一一〇頁。

（かみお　まちこ）

〈シンポジウム③〉　労働事件の専門性と労働法教育

労働事件の専門性と労働法教育——趣旨と総括
労働法教育の課題と展望
法科大学院における労働法教育
司法修習教育及び継続教育と労働法

労働事件の専門性と労働法教育——趣旨と総括

中窪裕也（千葉大学教授）
山川隆一（筑波大学教授）

一　シンポジウムの目的

急速に進む司法制度改革の流れの中で、労働法の位置づけを考える場合に重要なキーワードとなるのは、労働事件の「専門性」である。平成一三年六月一二日に発表された司法制度改革審議会意見書は、「雇用・労使関係の制度や慣行等について、各職場・企業、あるいは各種産業の実情に基づき判断することが求められ、これを適正・迅速に処理するためには、そのような制度や慣行についての専門的知見が必要となる」と述べ、労働関係事件が特有の専門性を持つことを明言したうえで、その適正・迅速な処理のための方策を総合的に検討するよう求めている。このような観点から、昨年五月の労働法学会でも「司法制度改革と労働裁判」と題するシンポジウムが組織され、労働事件にふさわしい裁判システムの探究が行われた（学会誌九八号六六頁以下を参照）。

本シンポジウムは、労働事件の専門性に対する別の切り口として、労働法の「教育」に焦点を当てて討論を行うことを意図したものである。上記の審議会意見書でも、あるいは平成一四年三月一九日に閣議決定された司法制度改革推進計画においても、労働事件に対処するために「法曹の専門性」を強化すべきことが謳われているが、これを担保する労働法教育のあり方については、必ずしも十分な議論がなされていない。この問題は、司法制度改革の文脈でいえば、平成一六年度の発足に向けて具体化が進む法科大学院（ロースクール）において、労働法をいかに位置づけ、どのような授業を具体的に行うのか、という点に集約されよう。しかし、その前提として、司法試験科目から労働法が除外されている事実も含めて、労働法教育の現状に対する真摯な検証がなされるべきである。

以上のような趣旨から、本シンポジウムの力点は法曹養成過程に置かれているが、労働法教育という観点からいえば、学部学生や一般社会人に対する教育、あるいは法曹資格取得者に対する継続教育のあり方もそれに劣らず重要である。タイトルを「法曹教育」ではなく「労働法教育」としたのも、そのような問題の広がりを意識したものである。各対象者の特質に応じた労働法教育の意義を考えることを通じて、労働事件の「専門性」は具体的にいかなる内容を持つのか、それを「専門性」と表現することは果たして適切なのか、といった形で議論を深めることが期待されよう。

二　報告の概要

本シンポジウムにおいては、上記のような問題関心を踏まえて、(1)村中孝史会員（京都大学）の「労働法教育の課題と展望」、(2)塚原英治会員（弁護士）の「法科大学院における労働法教育」、(3)中山慈夫会員（弁護士）の「司法修習教育及び継続教育と労働法」という三つの報告が行われた。詳細は各会員の論稿に譲り、以下ではそれぞれの位置づけと骨子のみを簡単に紹介することとしたい。

まず、村中会員の報告は、本シンポジウムのいわば総論にあたる。雇用慣行の変化や個別紛争の増加などの近年の環境変化をふまえながら、労働法教育においてはいかなる能力を涵養すべきか、労働事件の専門性とはいかなるものか、専門家の養成はどのようにあるべきか、労働法教育の場としてはどのようなものが考えられるかといった問題について基礎的な考察を行ったうえで、大学学部での教育を中心に、労働法教育の現状を紹介するとともに、今後の課題を検討している。

次に、塚原会員の報告は、法科大学院における労働法教育に焦点を当てる。日弁連における法科大学院問題への取り組みの経験に基づいて、法科大学院構想の現状、そこにおける教育内容、入学者選抜や司法試験との関係等を確認したうえで、法曹に対する労働法教育の必要性を指摘し、来るべき法科大学院での労働法教育のあり方をめぐり、科目としての位置づけ、単位数、教材、教育方法、実務家教員の供給などの具体的な問題についての検討を行ったものである。

最後に、中山会員の報告においては、司法研修所および法曹資格取得後の継続教育が主たる対象として取りあげられた。そこでは、同会員の司法研修所における民事弁護教官としての経験をふまえて、現在の司法修習教育の内容およびその中での労働法の位置づけを明らかにし、さらに、裁判所や弁護士会等における法曹資格取得者に対する継続教育の状況についても紹介したうえで、実務法曹の立場から、労働法教育の位置づけと法科大学院設立後における展望を示している。

三　コメントの概要

本シンポジウムでは、検討に当たっての視野をより広げるために、報告後の質疑応答に先だって、二人の会員にコメントをお願いした。まず、永野秀雄会員（法政大学）からは、アメリカ合衆国のロースクールで教育を受けた経験を踏まえて、以下のようなコメントがなされた。アメリカにおいては、労働法は専門性のある科目として位置づけられており、弁護士の数が多いため専門性をもたないと不利になることから、人気のある科目となっている（契約法などは基礎的科目としての色彩が強く、他に専門分野を持つ教員も教育を担当することがある）。その一環として企業年金法もあげられるが、日本ではこの分野の研究が発達しておらず、特に税法との関連での検討が不十分である（以上の点については、後に重元啓史会員（中央大学院）からの質問を受けた補足説明がなされた）。教育面においては、ケースブック等の教材や、ソクラテスメソッドや模擬裁判などの教育方法に工夫がみられるが、日本においても、学生側も含めて、これらへの対応が重要となる。アメリカでも、労働法は選択科目として位置づけられているに留まるが、専門性の養成は、弁護士が弁護過誤訴訟にさらされるリスクを抱えているため、継続教育などを通じて研鑽せざるを得ないことにより、いわば市場において実現されることになる。

次に、山口卓男会員（弁護士）から、弁護士として実務に携わるとともに大学院で教育を受けている立場から、次のようなコメントがなされた。司法研修所では、裁判実務に重点を置いた要件事実等の基礎的な教育が中心となるため、労働法の教育は不足しており、税法や知的財産法についても同様のことを指摘できる。弁護士実務に就いていると、裁判所での事件は多くはないとしても、顧問先や一般市民等から人事労務問題について相談を受ける機会は多く、労働法の知識はきわめて重要なものである。しかし、現状では、司法研修所における労働法教育の機会は少なく、また、実務に就いてからも、多くの弁護士にとって専門性を高める機会は必ずしも多くない。そのため、弁護士が労働法に関する社会的ニーズに十分答えきれていない実情があるのではないかと危惧され、専門性を高めることは重要な課題であると思われる。

四　討論の概要

コメントに引き続いて、全体としての質疑応答や意見の提示がなされた。まず、桑原昌宏会員（愛知学院大学）から、カナダの大学での教育経験に照らして、法科大学院構想においては学生による教育評価をどのように位置づけているのか、教員の研修をどう考えるか、また、労働法教育に関しては、紛争調整に関する事例教材が必要ではないかとの質問がなされた。これに対して塚原会員からは、学生による評価は第三者評価の一環となることはありうるが、義務化されるかどうかは現時点では不分明であるとの認識が示され、また、教育方法についての研修は必要であるとの見解が述べられた。

次に、安西愈会員（弁護士）からは、司法研修所の後期労働法講座を担当した経験にもとづき、現状においては司法修習生の労働法に関する知識は必ずしも十分ではなく、法曹となった後のＯＪＴ、あるいは裁判所や弁護士会における研修等に頼らざるを得ないとの認識が示された。中山会員も、安西会員の指摘に同感である旨を述べ、継続教育や専門認定の重要性を指摘した。

さらに、廣石忠司会員（専修大学）からは、労働法の知識が十分でない弁護士による事件処理への懸念が示されたほか、労働事件における専門性を理解するためには、労使関係論の履修が必要ではないか（この点は桑原会員も触れられた）、また、労働紛争の解決という観点からは、個別労働紛争解決促進法のもとでの助言・指導担当官や紛争調整委員会委員など、ＡＤＲ（Alternative Dispute Resolution）に携わる人材の教育が重要な課題となるのではないかとの意見が述べられた。

村中会員もこの点について同様の認識を示し、調整的解決においても労働法のルールは重要な役割を果たすので、法的ルールを十分習得することが必要であると述べた。また、中山会員からは、法科大学院の設立により法曹の数が増えるので、ＡＤＲについても法曹有資格者が担うことが期待されるとの応答がなされた。弁護士の質の問題については、中山会員から弁護士倫理の強化により対応する方向が示され、また、塚原会員からは、労働法における判例法の重要性を知らないために問題が生じる事例が紹介された。

五　総　括

本ミニシンポジウムでは、労働事件の専門性を一つの柱としたが、労働事件が専門性を要求される分野であることについては報告者や発言者間においておおむね認識が共有されたと思われるものの、その専門性の内容や専門性を強調する意味については、必ずしも細部に至るまで共通の理解が得られたわけではない。まず、労働事件は、知的財産紛争や医療紛争のように自然科学的専門性が要求される分野ではないことに関しては、おおむね了解を得られると思われる。他方で、労働事件を専門とする法曹等にとって、当該分野における法令や判例についての十分な知識（労働法においては特に判例が重要な役割を果たす）が要求されることについても問題はないであろう（こうした意味での専門性は、法律上の専門性と呼ぶことができよう）。

このような専門性は、租税法や商法など他の法分野についても同様に必要となるものであるが、問題は、それとは異なる専門性が労働事件の処理において求められるかということである。先にみたように、司法制度改革審議会の意見書は、「雇用・労使関係の制度や慣行等についての専門的知見」を労働事件特有の専門性として位置づけている。労働事件における参審制やその他特別な制度・手続の導入の検討に当たってこうした専門性がいかなる意味をもつかは別途検討の対象となろうが、雇用・労使関係における制度や慣行に関する深い知識をもつ法曹等であれば、そうでない一般法曹に比べて労働事件を迅速かつ適切に処理できることを期待できることは明らかであろう。また、制度や慣行についての知識を超えた、労使関係に特有の経験則への理解や、それを踏まえた労働法における一般条項の適用の技能は、必ずしもその内容は解明されていないが、やはり労働事件処理における専門性を構成する要素といいうる（便宜上、以上のような専門性を経験則的専門性と呼ぶこととする）。

他方で、労働事件は、その対象となりうる労働者の数の多さや、労働法の適用が問題となる事象の多さから言って、むしろ一般性をもつ事件であることについても、共通の認識が得られたと思われる。それゆえ、法科大学院が設立された後の法学部の学生や、さらには一般社会人にとっても、労働法の基礎知識の教育は必要であり、また、労働事件を専門としない法曹としても、法律相談等で労働事件に接することがしばしば起こりうることを考えると、労働法の知識を持つことは重要であるといいうる。

そこで、こうした労働事件の位置づけを踏まえて、法科大学院設立後における労働法教育のあり方を考えると、教育の段階ないし場によってその目的や方法は異なるが、前述のように、法学部では、労働法に関する最低限の知識や労働関係の実態について基礎的な教育を広く行うことが求められよう。次に、法科大学院では、法曹となるために共通に要求される法的知識・技能や職業倫理等の教育に加えて、労働事件を専門とする法曹の養成のために、選択必修科目または選択科目として、より専門性の高い労働法教育を行うことが考えられる。ここでは、前述した法律上の専門性および経験則的専門性の習得が求められるが、それを効果的に実現するためには、シンポジウムでも触れられていたように、教育方法の工夫や教材（労使紛争の調整的解決を対象とするものを含む）の開発が重要となろう。

もっとも、現時点の法科大学院構想では、いわゆる法律基本科目に重点が置かれ、選択科目等にあてられる時間は必ずしも多くはなさそうである。また、司法研修所における労働法教育も、法科大学院設立後は一層縮小されることが予想される。そうすると、専門性の習得、また、その維持や発展については、法曹となった後のＯＪＴや継続教育の役割も重要となる（そうした観点からは、大学や弁護士会、裁判所等での研修の機会を充実させることが求められる）。

本ミニシンポジウムの討論では、労働事件についての専門性をもつ法曹を養成することの重要性や、法科大学院における教育のあり方、あるいは現在における専門性獲得の機会の少なさやその改善のための方策について活発な議論がなされたが、労働事件の専門性の具体的内容については、時間の制約もあり、必ずしも議論を深めるには至らなかった。この点は、労働紛争の解決のあり方一般につき重要な意味をもつので、今後さらに解明を進めることが求められよう。その際には、特に上記の経験則的専門性につき、一般的な考察のみならず、具体的問題に則した検討を行うことが重要になると考えられる。また、労働法教育においても、労働事件の専門性に照らした教育はいかにあるべきかを、より具体的に検討することが必要になると思われる。

（なかくぼ　ひろや）
（やまかわ　りゅういち）

労働法教育の課題と展望

村中孝史
（京都大学教授）

一　労働法教育をめぐる環境変化

終身雇用や年功処遇に象徴されるいわゆる日本的雇用慣行は、現在、急速にその妥当範囲を狭めている。我が国の企業はグローバリゼーションの影響下、アングロサクソン基準への対応を迫られ、あるいは迫られているとの脅迫観念を抱き、従業員やその家族の生活を丸抱えすることはもはやできないと判断しているようである。そこでは、労働者が自由競争の荒海の中を企業から企業へと「主体的に」渡って行く姿が宣伝される。平成一一年に設置された司法制度改革審議会はその意見書の中で、政治改革、行政改革、そして司法制度改革の底流には、「国民の一人ひとりが、統治客体意識から脱却し、自律的でかつ社会的責任を負った統治主体として、互いに協力しながら自由で公正な社会の構築に参画し、この国に豊かな創造性とエネルギーを取り戻そうとする志」が流れている、と述べているが[1]、雇用の分野では、労働者が企業の保護客体から「脱却」し、労働市場で「自由に」活動する主体へと変貌することが迫られているようである。こうした労働者像のリアリティーに疑問を抱く者は少なくないが、他方で、労働者の意識が変化していることも否定し難い。企業が労働者やその家族の生活を保障できないと言う以上、労働者も今までのように企業に忠誠を尽くすことはしないであろう。しかし、こうした変化は、今まで潜在していた紛争や、人間関係あるいは共同体関係の中で処理されてきた紛争が、企業外部に噴出することを意味している。近時、裁判所における労働事件数の増加や、労働相談件数の増加などが指摘され、これに対応して労働紛争の処理が議論されてきたが(2)、こうした背景に以上のような雇用慣行の変化があることは間違いない。

以上のような変化(3)が、労働法の知識の重要性を高めることは明らかである。労働者は、自らの権利や義務を知った上で判断し行動しなければ、自分とその家族の生活を守れない。労働法の知識は、労働者が労働市場を生き抜いて行く上での鎧甲と言える。他方、使用者にも従前以上に労働法の知識が求められる。労働関係上の紛争が、企業外部で処理される以上、使用者は法的解決に耐え得るだけの予防措置を講じる必要がある。さらに、企業外部に噴出した紛争を処理する必要が高まるが、これを支えるのは人間である。そして、後述するように、こうした人材に高度なレベルの労働法の知見が必要とされることは明らかであろう(4)。

以下においては、このようにニーズが増大すると考えられる労働法の知見に関し、その普及や習得過程において労働法教育がいかなる役割を果たすべきか、という問題を総論的見地から検討する。もっとも、労働法に関する情報量がわずかで、かつ、理解も容易であるなら、教育をあえて取り上げる必要はないかもしれない。しかし、法令集や専門書を見るまでもなく、その情報量が膨大で、理解が容易でない部分も少なくないことは明らかである。教育のあり方は労働法の知識の普及・習得にとって重要な意味をもつと言える。また、現在、司法制度改革論議の中で法曹養成制度の抜本的改革が図られようとしている。この改革が、労働法教育とりわけ労働事件処理を担う人材の養成に大きな変化をもたらすことを考えると、今の時点で労働法教育を問い直すことには十分な意義がある。もちろん、労働法の知識に対するニーズは多様であり、それに伴い教育ニーズも多様となる。ニーズによっては、それほど多くの知識が必要でなく、教育を語るほどのこともない場合もあろう。ただ、教育の課題としては、知識や技能の効率的習得の手助けだけでなく、啓蒙的効果も無視できない。以下においては、この点も含めて、労働法教育の問題点の析出を行いたいと考える。なお、本稿においては、法科大学院の設置という近未来の予測を前提にしたこともあり、問題点の具体的検討にまで踏み込めていない部分が多いことをあらかじめお断りしておく。また、アンバランスではあるが、他の報告との関係上、本稿では総論的見地からの検討に加え、今後の学部教育と大学院での研究者養成のあり方にも言及している。

二　労働法教育の現状

最初に、労働法に関する教育を行っている場を概観しておくことが有意義であろう。もちろん、労働法の知識が職務上必要である限り、職場での教育も重要な役割を果たしているが、以下では、それを踏まえつつ企業外での教育機関について検討しておく。

現在、労働法教育を担う中心的存在が大学であることは明らかである。専修学校が社会保険労務士をめざすコースで労基法などの授業をするケースもあるが、内容的に限定されている[5]。また、地方自治体やその外郭団体が行う一般向けのセミナーもあり、中には充実したものもあるが、全般的には講義回数や内容の点で、大学の労働法教育に比肩しうるものではない。なお、初等、中等教育に関して言えば、たとえば中学校の公民的分野の教科書においては、約二ページにわたり労働三権や労働三法が説明されており、高校の現代社会の教科書においては、もう少し詳しく、労働協約や労働契約の概念についての説明があるが、たとえば法定労働時間が四〇時間であるという具体的内容の説明については、これをしている教科書もあるが、していないものもある、という状況である。

大学における労働法教育は、学部レベルの教育と大学院レベルの教育に区別される。ほとんどの法学部は、カリキュラムの中に労働法を二単位ないし八単位の科目として位置づけている。四単位の場合がもっとも多いと思われる。労働法を必修科目としているところはほとんどないが、選択必修科目としての扱いは見られるところである。講義の他にゼミが行われる場合も多い。法学部以外で労働法関連の授業が開講されることもあるし、法学部以外の学生が法学部で提供される労働法の授業を履修できる大学も多い。この背景には、労働法の知識が学生の卒業後の生活に役立つという判断もあろうが、公務員試験などにおいて労働法の問題が出題されるという事情もある。さらに、法学概論や法学入門といった一般教養科目において労働法が扱われることも多い。

大学院は、従来、主として研究者養成を担ってきたが、学部において労働法教育を担う教員のほとんどが労働法研究者であることから、大学院は、事実上、労働法教育者の養成機関でもある。もっとも、教育という観点からする特別な指導が大学院において行われているわけではない。また、近時においては、専修コースといったプログラムを設けて、高度専門職業人教育を行うところもある。こうしたコースでは、研究者養成ではなく、より高度な専門知識を身につけた即戦力たり得る人材の養成が目標とされている。実際、こうしたプログラムの修了者のほとんどは研究者にならず、企業や官庁で働いている。

三　労働法教育に求められるニーズと現状評価

それでは、以上のような場で提供される労働法教育は、現在求められているニーズ、また、今後求められるであろうニーズに十分対応しているであろうか。前述したように、この検討を行うにあたっては、ニーズの多様性に配慮する必要がある。以下では、こうしたニーズの多様性に関し、大きく四つのグループを区別してみたいと考える。

(1) 労働者・使用者一般に求められる知識

上述したように、労働法の知識は、労働者にとっても使用者にとっても今以上に重要になると思われる。労使に求められる最低限の知識としては、最低労働条件を定める法律の存在、労働組合をめぐる権利の存在、紛争になった場合の対処方法、といったものが考えられる。したがって、国民の大半が雇用にかかわる以上、こうした知識はなるべく多くの国民に共有される必要がある。国民の大多数が受ける高校教育、あるいは義務教育において、かかる知識の教育が行われるべきであろう。こうした観点から現状を見ると、たしかに一定の教育はなされているが、中学では内容がいかにも乏しいし、高校段階ではそもそも選択しない生徒も多い。しかし、それ以上に、現在の教育内容が実践的意義に乏しい点が問題である。法律名や歴史も重要であるが、雇用の場での具体的問題や、疑問や紛争を生じた時の対応方法といった実践的情報の提供がより重要であろう。

(2) 労務管理・労働行政などに従事するための知見

企業の労務管理者や、外部で労務関係業務を請け負う人材の場合、その職務を行うためには、労働関係諸法規や諸手続に関する知識が必要である。また、基準監督や職安行政などにかかわる公務員の場合にも、それぞれの分野の詳細な知識が必要となる。しかし、これらの人間がその知識を十分に生かすためには、それを労働法全体の中に位置づけて理解しておくことも望まれる。また、労働委員会や労働局において紛争処理に従事する職員に関しては、紛争処理自体を担当しないとしても、労働法全般に関する基本的知識がなければ、資料作成や委員の補助はできないであろう。

こうした人材にとって職務上必要となる労働法の知識は、特定の分野に関する相当詳細なものであり、それに関する教育は多くの場合それぞれの職場で行われる。しかし、職場での教育は職務に必要なものに限定される傾向があり、労働法全体の体系的理解という点では、大学における労働法教育が基礎にならざるを得ない。もっとも、労働関係業務に就くことを考えずに就職した者に関しては、大学時代に労働法を履修していない場合も多く、その場合には自力で労働法を勉強せざるを得ない状況が生じる。こうした者が大学で労働法の教育を受ける可能性は存在するが、十分に利用されているとは言えないと思われる(6)。

(3)　労働事件の処理にあたるために必要となる知見

労働事件も法的紛争である以上、その解決は原則として法的思考を身につけた人間が行うべきである。いかに労働関係諸法規に詳しくとも、また、労使関係の実態を知っていても、法的な思考ができなければ、そもそも適切な法適用は望めない。しかし、労働事件の解決にあたる人間には、加えて労働法全般にわたる高いレベルの知見が必要である。適切な法適用のためには、関連する多種多様な規範に気づき、それを構成して事案に当てはめる必要があるし、それには判例が展開する一般条項の解釈基準を会得している必要もあろう。また、こうした人材には、労働法の知識の他に、多様な慣行などを踏まえて実態を洞察する能力も求められる。司法制度改革審議会の意見書も、「労働関係事件については、雇用・労使関係の制度や慣行等について、各職場、企業、あるいは各種産業の実情に基づき判断することが求められ、これを適正・迅速に処理するためには、科学・技術的専門的知見とは異なる意味で、そのような制度や慣行等についての専門的知見が必要となる」と述べるが(7)、そのとおりであろう(8)。

以上に述べたところは、裁判に携わる者だけでなく、労働委員会の公益委員や個別労働紛争の調整を行う紛争調整委員会委員などにも原則として妥当する。あっせん等の場合であっても、当事者は裁判所での判決を予測しつつ妥協を考えるのであり、法的判断を行わずに、両者の主張を足して二で割るような妥協案を提示しても、そもそも当事者はそういった調整を信頼しない(9)。不当労働行為の審査に関しても、労組法七条の解釈だけでも難しいが、他方、それさえ知っていればできるものでもない。使用者の行為を評価するには、個別労使間の権利・義務を含めて法的状況全般を正確に理解している必要があるし、また、そうでなければ、行政訴訟に耐える命令を書くことはできない。もっとも、一方において労働法や労働実態をめぐる情報量がきわめて大きく、他方で、日本の法曹概念がきわめて狭隘であることを考えると、現時点においてＡＤＲ委員に常に法曹資格が必要と言うことはできないであろう。大学などで法的思考の訓練を受け、あるいは、法律関係の実務に携わることで必要な法的思考の能力を身につけた人材が存在する以上、それで良しとすべきである。他方、労働法や労働実態をめぐる知見に関しては、これを欠く者に事案の適切な法的分析が期待できないことは明らかである。

以上のように、労使紛争処理にあたる人間には、一方で法的思考が、他方で労働法に関する高いレベルの知見が要求されるわけであるから、そのような人材を養成するためには、法曹養成教育の中で労働法に関する高いレベルの知見を修得できる環境が整備されている必要があろう。しかし、こうした観点から現状を見ると、大いに問題があることは明らかである。現在、法曹養成教育を担うべき大学教育から司法試験受験生の多くが離れているために、また、何よりも、司法試験の選択科目が廃止されたことにより[10]、法曹志望者のほとんどが労働法を履修していない。ほとんどの法学部で労働法の授業が提供されているが、それらは法曹養成教育の中に生かされているとは言えない状況である。設置が計画されている法科大学院においてはこうした問題点が克服されなければならない。

ところで、労働関係諸法規や労働実態をめぐる情報量が大きく、かつ、人間が通常対処しうる情報量に限界があることを考えると、労働事件を専門に扱う法曹（以下、労働専門法曹と呼ぶ）が必要となることは明らかである[11]。実際、そのような専門法曹も存在するが、その数はそれほど多いわけではない。労働事件を担当する裁判官にしても、前述したように労働法の十分な教育を受けているとは限らず[12]、このことは労働専門部や集中部の裁判官の場合にも妥当する。もちろん、専門部や集中部の裁判官の場合には、多くの事件を処理する中で労働法や労働実態に関する知識を身につけていくが、少なくとも配属当初専門性に疑問がある裁判官は存在するし、また、日常業務による知識の獲得は、体系性などの点で不足を生じることがある。また、地労委の公益委員や紛争調整委員会委員の場合にも、労働法の知識をもたない弁護士など、専門性に疑問を生じる者が少なからず見られる。

以上のような事態は、労働事件処理に専門家が有意でないことを示しているのではなく、むしろ、労働事件が企業外部で法的に処理されることが少なかったことを反映している。労働事件の適切な処理のために専門家が求められるとしても、事件の数が少ないのであれば、そのような専門家の存在は限られたマンパワーの利用の仕方として効率的ではない。従来、我が国の司法は労働事件の専門性を十分に反映した処理体制をとってこなかったと言えようが[13]、労働事件の数からすると、強く批判できない部分もある。また、ＡＤＲの委員に労働法の知識を欠く者がいる点も、委員が非常勤であることを考えると、少なくとも委員になるために労働法の知識を獲得するといったことは合理的選択とは言えない。しかし、逆に、今後、労働事件の数が増加するのであれば、労働専門法曹の養成は効率的なマンパワーの利用となる。これに関連して付言すると、労働事件数の増加に従い、自然と労働専門法曹の数も増えるか、という点には注意しておく必要がある。裁判所やＡＤＲ機関であれば、事件数に応じた処理体制をとるであろうが、弁護士の場合、紛争額が小さい割に事案が複雑な労働事件は経営的観点からすると必ずしも良い仕事ではないため、自然の成り行きにまかせると、十分に供給されない可能性が大きい。しかし、そのために労働者が自らの権利を主張できなくなるとすれば、それは「法の支配」にとってゆゆしき問題である。したがって、法律扶助制度や類似の制度の拡充、各種ＡＤＲにおける委員報酬の適正化、ＡＤＲ担当者の常勤化などにより、労働専門法曹へのインセンティヴを高めるとともに、労働法の専門家であることの資格証明なども検討することが必要であろう。

(4)　労働法教育や研究を担う人材に求められる知見

従来、労働法研究者の養成は主として大学院が担ってきたが、研究者養成を教育という観点から一般論として語ることは困難であろう。他方、教育者養成に関しては、良い研究者が良い教育者とは限らない、という大学教育一般に向けられる批判が、労働法教育にも妥当しよう。大学院においては、修了者が教育にあたることを考えた指導は一般に行われてこなかった。たしかに、研究と教育とを分離せよという見解もあり得ようが、少なくとも大学の学部レベル以上の教育を考えたとき、研究をまったく伴わない教育の質には自ずと限界がある。なお、労働法教育のニーズが多様な以上、その種類も多様であってよく、したがって、それを担う人材も多様であってよい。この観点からすれば、労働法教育を担当する人材がすべて研究をしている必要はない。ただ、どのようなレベルの教育であれ、少なくとも労働法全般についての知見を有していることは必要であろう。

四　大学における労働法教育の展望

法科大学院が設置されると、それに伴い法学部の姿も変化すると考えられるため、以下では、前述したところを踏まえて、大学における今後の労働法教育がいかにあるべきかを検討しておきたい。なお、法科大学院での教育に関しては別稿が用意されるので、本稿ではそれ以外について検討する。

1　学部教育

法科大学院の入学定員が五〇〇〇人前後になるとしても、現在の全法学部入学者数の一〇分の一程度であるため、法科大学院が法学部にとって代われるものではない。実際、法学部は法曹養成だけをしてきたわけではなく、むしろ、企業や官庁で就労する人材をより多く輩出してきた。この役割を他の学部が担うことは可能であろうが、企業や官庁における業務に法的知識や思考が有益であることを考えると、法学教育はこうしたジェネラリスト教育において今後も大きな役割を担うべきであろう。

もっとも法科大学院が法曹養成機関として位置づけられる以上、学部レベルの法学教育の目標から法曹養成が抜けることは不可避である。もちろん、法曹養成のための予備課程という位置づけはあり得ようが、その場合でも「予備」ということの積極的な意味が問われる。したがって、主として法曹にのみ求められる知識は、もはや学部教育の中で提供される必要はない。他方、ジェネラリスト養成という観点からすると、法学的観点からのみ人間や社会を考察するのではなく、別の視点から人間や社会を考察することも有意義である。そして、こうした教育は、将来法曹になろうとする者に、人間や社会に関する幅広い識見を与えることにもなり、まさに法曹養成の「予備課程」としてもふさわしい内容となろう。こうした事情は、学部自体の再編につながる可能性があるし、また、法学部を維持するとしても各科目の内容も含めたカリキュラムの再編を要請することになろう。

以上のような法学教育のあり方の変化を労働法について考えると、企業や官庁で組織管理を担う人間にとって労働法の知識は重要であるし、また、現代社会の重要なファクターである雇用をめぐる法律を理解することは、現代社会を理解する上でも有意義であるから、労働法教育はジェネラリスト教育にとって不可欠であり、場合によってはいっそう充実させる必要がある、ということになろう。もっとも、現代社会の理解のためには、法学的視点からの考察だけでなく、別の観点からの考察も意義深い。そのため、従来、労働法の授業の中で行われていた部分のうち、法曹にとっては重要であるが、それ以外の者にはそれほど重要でないものは省き[14]、労使関係や雇用の実態、できればそれらに関する経済学や社会学研究の成果などの紹介といったものを加えることが有意義だと思われる。

以上のような労働法教育は、三で述べた多様な教育ニーズのうち、主として(2)に応えるものと言える。しかし、(3)や(4)のニーズに関しても、本格的な教育課程に移行する前段階の教育として位置づけることが可能である。他方、(1)のニーズに関しては、大学が対応すべきものか疑問をもつ向きもあろうが、一般教育科目としてすべての学部の学生に受講機会が提供されるべきではなかろうか。具体的には、「雇用と法」といった科目を2単位程度で提供する、「法学概論」や「法学入門」の中で労働関係についても触れる、「日本の労働」といった科目の中で労働法についても講義をする、といった可能性が考えられる。

2　大学院での研究者養成教育

法科大学院設置後における実定法研究者の養成方法は明らかでない。一つの可能性は、法科大学院を卒業後、博士後期課程に進学するというものであるが、この場合、十分な外国法研究ができるのか、また、そもそも志望者を確保できるのか、といった不安がある。もっとも、法科大学院設置後は、実務家と研究者との交流がさかんとなり、実務家から大学教員が供給される可能性も大きくなろう。たしかに、実務と大学間の人事交流自体は有意義であるが、大学が実務的知識や技能を伝授するだけの場となってしまっては、大学の本来的意義が失われてしまう。アカデミズムに何らかの実践的効果が求められるとしても、それは人間や社会に対する理論的分析を通じたものでしかあり得ず、その点にこそ大学の意義がある。そして、そうした大学のあり方こそが、現状を冷静かつ批判的に分析することを可能にするのであって、前述したように、学部レベル以上の講義は、基本的には研究活動を背景にもつ教員によって進められる必要がある。

もっとも、大学院生に対して教育方法などの指導をすべきではないか、という議論は傾聴に値する。従来、この種の指導はほとんど行われていないが、法学教育一般の問題としてだけでなく、労働法教育特有の問題が存するかも検討する必要があろう。

なお、大学院レベルで行われている高度専門職業人教育と、近時議論されている公共政策系大学院に関しても労働法教育の問題が存するが、紙幅の関係から割愛する。

（1）『司法制度改革審議会意見書――21世紀の日本を支える司法制度――』（二〇〇一年六月一二日）三頁。

（2）最近の文献として、中嶋士元也「労働条件の決定・変更と紛争処理システム」日本労働法学会編『講座21世紀の労働法第3巻・労働条件の決定と変更』（二〇〇〇年五月）一六〇頁。

（3）雇用慣行の変化や紛争処理について検討する文献は多いが、労働法教育に関して論じたものは見あたらない。

（4）二〇〇一年の春期学会において「司法制度改革と労働裁判」というテーマでミニシンポジウムが行われている。日本労働法学会誌九八号参照。

（5）従前行われていた司法試験予備校での労働法の授業は現在存在しない。

（6）科目等履修生といった制度があるし、また、大学院での社会人教育もあり得る。

（7）前掲意見書二二頁。菅野和夫「司法制度改革と労働裁判」日本労働法学会誌九八号七八頁は、労働事件に関する特別の判断体制や手続等をめぐる議論が、専門性を認識してはじめて可能になると指摘する。

（8）もっとも労働事件の専門性は労働実態に関する専門的知見からだけでなく、労働法関連諸規範のボリュームや複雑さからも導かれると思われる。

（9）山川隆一「労働紛争の変化と紛争処理システムの課題」『岩波講座現代の法12・職業生活と法』（一九九八年二月）二三三頁以下参照。

（10）選択科目廃止を批判するものとして、拙稿「労使紛争処理と司法試験制度改革」ジュリスト一一三二号五三頁。

（11）自然科学的知見を得るには、確かに大きな労力と時間を必要とし、それを専門に勉強する必要がある。しかし、労働法や労働実態に関してもその点で相違があるわけではない。むしろ、両者の違いは、自分に十分な知見や能力があるかを認識できるか否か、という点にあると思われる。医学のことは医者でなければ通常はまったくわからないが、労働法や労使関係については、誰しも何らかの知識はもっていよう。専門家から見れば十分な知見・能力があるとは言えない場合でも、そのことを本人が自分で認識するのは難しいのかもしれない。なお、筆者が接してきた労働事件を専門にする弁護士の多くは、労使いずれの立場であっても、労働事件の専門性自体は肯定する。牛島勉「実務法曹からみた現状と改革の方向」日本労働法学会誌九八号一一三頁も専門性を肯定する。

（12）井上幸夫「事務家からみた労働裁判の現状と改革」日本労働法学会誌九八号九八頁は、裁判官に労働法や労使関係の基本的知識が欠如している場合があると批判する。

（13）菅野・前掲論文八五頁は、労働事件との関連でわが国の司法を「非専門的司法による少量精密処理の労働裁判システム」と性格づけている。

（14）　たとえば学説の紹介は問題を考えさせるために必要な範囲にとどめるべきであるし、また、団交拒否に対する司法救済や救済命令の司法審査といった問題などは詳しく扱う必要はなかろう。

（むらなか　たかし）

法科大学院における労働法教育

塚原英治
（弁護士）

はじめに

法科大学院は、二〇〇二年三月一九日の閣議決定により、二〇〇四年四月に開校する方針が確認されている。本稿では、法科大学院の仕組みを簡単に説明し、そこにおける労働法教育について検討すべき点を述べる。筆者は日弁連法科大学院設立運営協力センター副委員長の職にあるが、労働法教育について述べる点は個人の見解である。

二〇〇二年中に司法試験法及び学校教育法の改正が予定されているが、与党三党は法科大学院について制度の基本理念を定めた特別法を制定する方針である。法科大学院の設置基準については、八月五日に中央教育審議会の答申がされた[1]。アメリカと同様に第三者評価を行うことになっており、評価機関及び評価基準、新しい司法試験の在り方について、政府の司法制度改革推進本部におかれた法曹養成検討会で検討され、三月二八日に中間の取りまとめがされた（その後、第三者評価機関については六月二八日に、新司法試験については七月一九日に修文されている）[2]。認可手続が二〇〇三年の六月に始まり、一二月に認可を終えて、入試を二〇〇四年初めに行い、四月からスタートと綱渡りのようなスケジュールになる。設立を予定している大学などに属する会員にとっては、緊急の取り組みが求められている。

一　法科大学院の基本的な構想

1　法学部との関係

法学部は残る。法科大学院は「新しい時代の法律家養成に特化したプロフェッショナルスクール」、「一定水準の実務訓練を提供する学問[3]」である。法学部と同じことを教えるのではなく、対象も法学部卒業生に限られるわけではない。司法制度改革審議会で法科大学院が必要とされた理由は、法律家の質と量がこれまでの司法試験や司法修習ではカバーできないとされたからであり、これまでの大学教育の延長として考えたり、技能教育は司法修習でカバーすればよいと考えるのは誤りである。

2　入学者の選抜

入学者の選抜について、一番のキーワードは「多様性の確保」ということにある。経済が分かる、技術が分かる、医学が分かる法律家、多様な社会経験を持った法律家を育てることが目標である。そのために第三者評価基準では、「当分の間、非法学部出身者及び社会人の合計が三割以上となるよう努めるものと」するという解釈指針を掲げている（同3（注））。

アメリカのＬＳＡＴと同じような全国統一の論理試験の結果を参考に、各大学において独自の入試を行うこととされている（三年制においては法学試験は行わない）。日本版ＬＳＡＴについては、二〇〇二年に試行を行い、二〇〇三年に本試験を行う予定である[4]。

3　カリキュラムと授業方法

法科大学院は三年制が原則である。しかし「法学既修者」（法学部卒業生という意味ではなく、「法科大学院において必要とされる法律学の基礎的な学識を有すると認められる者」をいう。一年目をパスさせてもよいほどに能力の高い人）については二年制を許容することになっている。

カリキュラムは、必要総単位数は九三単位、必修は五九単位になっている。日弁連は必修が多すぎるという批判をしている。[5] カリキュラムについては田中成明教授を中心とするグループがまとめた「法科大学院の教育内容、方法等の在り方についての中間まとめ」（文科省ホームページの「審議会情報」中、中教審のページで見ることができる）に詳しい構想が書かれており参考になる（もっともこれは一つの「モデル案」にすぎず、これに拘束されるわけではない）。法科大学院は実務法曹を養成する機関であるので、技能教育を重視する方向が打ち出されている。法情報調査、法文書作成、面接交渉技術、法曹弁護士倫理などの科目（設置基準ではこれらを「実務基礎科目群」と呼んでいる）が予定され、当初五単位、七年後に追加四単位が必修化される予定である。[6] 法曹倫理は、アメリカでは司法試験科目になっているが、日本でも司法試験科目にするかどうかさらに検討する予定である。

少人数・双方向型の授業が考えられている。[7] ケースメソッド、プロブレムメソッドが典型である。学生に予習をさせ、授業では具体的な問題を学生に答えさせ、討論させるのが法科大学院で基本的に考えられている授業法である。[8] 基本的な科目、公法系、民事系、刑事系の科目あるいは法曹倫理等の課目については、一クラス五〇人（最大八〇人）を想定している。マスプロ授業は認められていない。

4　新司法試験

法律家の質をどこで担保するか。審議会の構想は、評価基準を定め第三者評価を厳密に行うことで質を担保する、プロセスによる養成を重視するものである。このため、試験を余り重いものにはせず、七～八割が合格できるような「質」の教育を法科大学院で行う構想になっていた。これは厳格な評価と実務教育が行われることが前提になっているので、法科大学院という名前の学校をつくれば必ず七～八割合格させるというようなことは全く想定されていない。

新司法試験は二〇〇六年から予定されており、法科大学院の修了者（「法務博士（専門職）」という新しい学位を授与する）に受験資格がある。新司法試験と並行して現行の司法試験を五年ぐらい継続させる予定であるが、それがなくなった段階では、経済的理由そのほかで法科大学院に行けなかった者に対しても予備試験を行い合格者に新司法試験の受験資格を認めるというバイパスを作る予定である。

試験の実施は法科大学院修了後＝卒業後である。試験科目は公法系、民事系、刑事系が必須科目として予定され、選択科目も設けることになっている。短答及び論文試験となる。短答中心で論文を加えるとアメリカの司法試験と同じになるが、日本では論文中心の方向になっている[9]。法務省が二〇〇二年二月に出した案には選択科目の例示に労働法が入っていたが、法曹養成検討会のまとめでは、より広い科目を選択科目とする方向が打ち出され、例示は落ちている。

5　新司法修習

司法試験合格後に司法修習を行う。中山会員が報告されるとおり、現行の修習制度はかなり充実したものであるが、それは人数が少ないから可能であったもので、三〇〇〇人となると、これまでと同じような質と量、マンツーマンによる司法修習は不可能である。二〇〇二年五月一〇日の法曹養成検討会で最高裁が新しい司法修習についての説明を行ったが、現在司法研修所で行っている前期修習は行わず直ちに実務修習に配属する構想である。卒業後にすぐに実務修習に入れる程度の能力を法科大学院でつけることが前提になる。

二　法科大学院における労働法教育の構想

1　選択必修科目とする必要性

日弁連が昨年発表したモデルカリキュラム案では労働法を選択必修とするプランにしていた[10]。その根拠があるかが問題になる。アメリカのロースクールでは必修科目は少なく選択科目の範囲が非常に広い。労働法を必修とするところはない。ドイツでは労働契約が民法の中に入っているので、その範囲では必修と言える。イタリアでは一九七三年の労働訴訟手続に関する民事訴訟法改正の際に司法試験科目に入れている[11]。労働事件の数によって決まってくる部分は大きい。しかし、雇用労働者は五四〇〇万人おり、企業活動を支える労働にかかわる不可欠な法分野であるから、単位数を減らしても受講させる方策を考える必要がある。法律家である以上、労働法についても基礎的概念と処理機関ぐらいは知っていて当然と考えるべきである。

現在の日本では労働法を専門とする法曹は少なく、一般の法曹には労働法の知識が欠けている。労基法九三条を知らない裁判官もいる。現在司法制度改革推進本部の労働検討会で審議されているが、個別的労使紛争は増加し、かつ内容も多様化している。これに対応するため、労働裁判所などの新しい紛争処理機関を創設しようとするのであれば、担い手の拡充は不可欠である。労委公益委員や労働局斡旋委員の常勤化の可能性を考えた場合、現在の行政マンでは、専門的知識が特定分野に限定されているので、法曹有資格者が各機関の手続きを担う必要性が高い。司法改革では弁護士数の大幅な増員が考えられているが、これはこれまでのような個人開業だけではなく、様々な組織の中に入っていくことを想定している。労働法を専攻した弁護士がこれらの任務を担うことが考えられる。また弁護士人口の増大に伴い、弁護士は基本科目の知識以外の専門能力を身につけることが求められるが、労働法はニーズの高い専門分野の一つとなろう。今後は、会社の顧問弁護士が労働法を知らずに企業を指導するといったような、能力が欠けているにもかかわらず事件を受任することは減少させなければならない。このためには、弁護士倫理教育を徹底することと、弁護過誤訴訟による統制が考えられる。

2　具体的なカリキュラム

法科大学院における「労働法」の教育は、労働法の基礎知識を理解させつつ、実際の紛争に則して、問題発見能力・紛争解決能力を修得させることを目的とする。選択必修として二ないし三単位、すなわち九〇分×一五週あるいは五〇分×三×一五週を想定する。勉学意欲が高い学部卒業生に対するプロブレムメソッドを用いた教育であるから、三単位でも教えられることは少なくないであろう。[12] ロールプレイ方式を用いたディベイトなども有用な方法である。

教育内容につき私が考えているところは、土田道夫会員が日弁連法科大学院設立運営協力センターカリキュラム部会で発表された以下の構想と同様であるので、同会員の的確な整理を引用させていただく[13]。

「労働法は、もともと労使紛争の解決という実践的目的を有する法領域である。また、実定法が必ずしも完備されておらず、判例法の機能が大きい。そこで、判例を教材に、ケースメソッド・プロブレムメソッドを多用し、それを通して正確な法技術を理解させる教育方法が効果的である。もちろん、判例法を鵜呑みにするだけではなく、それに対する批判的視点を養う必要があることはいうまでもない。

労働法は、雇用関係法（個別的労働関係法）、集団的労働法、労働市場法から成るが、個別的労使紛争の増加という状況の下では、雇用関係法を中心としつつ、他の二領域の基本的テーマを講義する方法が妥当である。個別紛争の大多数は、労働契約をめぐる民事紛争であるため、労働契約の成立・展開・終了という契約法の体系に即したカリキュラムが効果的であろう。また、法曹養成という目的上、労働裁判実務（特に要件事実論・立証責任論）への配慮が特に要請される。もっとも、雇用関係法と集団的労働法は隔絶した関係にあるのではなく、密接な関係にあり（たとえば、労働契約内容＝労働条件の決定・変更に関しては、労働組合が当事者となる労働協約の役割がきわめて大きい）、そうした関連性を意識させる教育も必要である。さらに、労働法という「規範」のみを教えるのではなく、それが舞台とする企業実務・雇用システム（さらにはそれらを背景とする判例法）との整合性や緊張関係にも目を配る教育が求められる。具体的には、テーマを厳選し、基本書を参照させつつ、判例・設例・設問・各種データを多用した実践的教育を行う必要がある。」

選択必修は雇用関係法を中心とするので、十分に触れられない部分については三単位程度の選択科目として開講する必要があろう。労働団体法、労働法原理と法政策、雇用差別、労働災害訴訟実務など、社会的な必要性についての見通しとそれぞれの大学の実情に応じたプランを立てればよい。隣接科目として、社会保障法、労使関係論なども開講することが望まれる。

3　実務教育とは

法科大学院では実務との架橋を行うとされている。講義の中に、組合役員、人事担当者、労政担当者、労働委員会委員による単発の講義を加えることは、学生に問題意識を持ってもらうのに有効であろう。同様に、実務教育として重要なものはリーガル・クリニックである。アメリカのクリニックは弁護士の指導の下に学生が法廷に立つことまであるが、日本ではそこまでは考えられていない。現実に可能なのは、法律相談や、訴訟の下準備をする形での実務との関わりである。[14] 法律相談により職場の実態そのほかを生の形で聞いて、勉強の意欲が沸くことが想定されるが、回答については教員が十分カバーする必要がある。エクスターンシップとして、労働組合事務所や企業の人事部、都道府県の労政課、労働委員会での研修も考えられるが、受け入れ先の協力を確保しなければならない。永野会員が提起されたように労働法学会で労働事件の模擬裁判のコンテストを行うということは、おもしろいアイディアであり、是非各大学で検討してほしい。

労働訴訟、労働委員会などにおける手続きやその法理の研究・教育も、実務教育の範疇に入るであろう。仮処分法理や要件事実・立証責任といったものが課題になろう[15]。

4　実務家の再教育の機能

法科大学院には、実務家の再教育の機能も期待されている[16]。この科目等履修生（大学設置基準三一条）としての単位取得と弁護士の専門認定を連動させることが考えられる。弁護士会の評価基準を満たした法科大学院の労働法のコースを履修し単位を修得すれば、労働法の専門と名乗ってよいという認定をする仕組みを作ることを検討したい。

三　法科大学院における教員

法科大学院における教員は、設置基準で、学生一五人に専任教員一名が必要とされている[17]。実務家教員の数は概ね二割以上とされる。しかし、実務家教員を専任で確保することが現在難しいことから、実務家教員の三分の一は常勤でなければならないが、残りは年間六単位以上の授業を担当してカリキュラム等にも責任を持つ者であれば、常勤でなくともよいとされる。

日弁連は全国に実務家教員を確保するべく、二〇〇二年四月に候補者名簿を作成した。これは本人の希望に基づいて提出された関与事件、経歴、論文、担当可能課目などを集約整理したものである。専任、非常勤含め全国で三〇〇人が登録をしており、各大学に資料を提供できる態勢を取っている[18]。

労働法を教える教員については、基本的には従来の大学教員が中心になり、教え方を工夫していく以外に選択肢はない。当面実務家教員と連携をしながら新しい教材作りを急ぐ必要がある。(19) 日弁連では大学教員用の研修プログラムも現在検討しており、近く提供したいと考えている。(20)

（1） http : //www. mext. go. jp/b_menu/shingi/index. htm に全文掲載。

（2） http : //www. kantei. go. jp/jp/shingi/sihou/kentoukai/09yousei. html の「配布資料」に全文掲載。

（3） トニ・M・ファイン（宮澤節生・大坂恵里訳）「アメリカの法学教育」比較法学三五巻一号九一頁。同論文はアメリカのロースクールを概観するのに格好の論文の一つである。

（4） LSATについては、日弁連法務研究財団編『法科大学院の入試のあり方』（商事法務研究会、二〇〇一年）を参照。日本版LSATはどこが実施するかまだ決まっていない。日弁連法務研究財団の模擬試験問題は、http : //www. jlf. or. jp/pre_mogi/sryou_4. shtml に、伊藤眞教授らのチームによる模擬試験問題は、ジュリスト一二一七号一一八頁以下に掲載されている。

（5） 必修が五九単位もあると、残る単位数は非常に少なくなり、独自性のあるカリキュラムが組めない。一単位とは、大学設置基準等では、四五時間の学習を前提としており、普通週一時間（五〇分）の講義で一単位にできるのは、二倍以上の予習・復習を行う建前になっているからである。アメリカのロースクールでは事前にケースブックを何十頁か読んでくるのは当たり前で、三倍以上の準備が必要である。昨年日弁連でカリキュラムを作ったときに一〇〇単位を超えるプランを出したため、アメリカのロースクールの教授たちから「これでは死んでしまう」と批判された。大教室での講義とは異なる充実した教育をしようとすれば総単位数はかなり絞らざるを得ない。

（6） 実務基礎科目のイメージにつき、塚原英治「法律家に必要な『話を聞く』技術」法学セミナー五七〇号三四頁参照。法律相談については、菅原郁夫・下山晴彦編『二一世紀の法律相談』現代のエスプリ四一五号参照。

（7） 設置基準では、「(5)教育内容・方法等」の項で、「教育方法については、少人数教育を基本として、事例研究、討論、調査、現場実習その他の適切な方法により授業を行うものとし、双方向的・多方向的で密度の濃いものとする。」とされている。第三者評価基準では、「6教育方法」の項で、「授業は、教員と学生との間及び学生相互の間での討論を通じるなどして、専門的な法知識を確実に修得させるとともに批判的検討能力、創造的思考力、事実に即して具体的な問題を解決していくために必要な法的分析能力及び法的議論の能力その他の法曹として非常な能力を育成するために適切な方法によることを基本としていること。」と規定されている。学生相互間の討論はアメリカでは重視されている。多様な知識や、社会経験を持っている学生が必要なのはこのためであり、それにより問題を多面的に考察することが可能となる。教員がすべてを教え込むわけではなく、学生間の討論から学ぶような授業を目指している。

（8）小林秀之「法科大学院における教育方法　上下」法学セミナー五五四号一〇三頁、五五五号五九頁。

（9）論文試験のイメージとしては、第九回法曹養成検討会で配布された「法科大学院における公法系教育のあり方について（中間まとめ）」が参考になる（前掲の首相官邸のホームページで見ることができる）。

（10）日本弁護士連合会『法科大学院　モデルカリキュラムの構想と実験』（日本弁護士連合会法科大学院設立運営協力センター、二〇〇一年）。

（11）イタリアにおいては、労働裁判の促進のために、一九七三年の法改正で、手続の合理化と併せ、裁判官三〇〇名の増員及び裁判所職員四五〇名の増員、司法官試験の科目に労働法を加えかつ担当裁判官を専門化する、裁判を無料化する等の改正がなされた。飯塚重男「イタリアにおける労働訴訟改正の動向」民商法雑誌六九巻二号（一九七三年）三二一頁。同「イタリアの新『労働訴訟』法」上智法学論集一七巻三号（一九七四年）九九頁。脇田滋「イタリアの労働裁判その一、その二」労働法律旬報一二一七号一八頁、一二二一号三三頁（一九八九年）など参照。

（12）ケースブック・プロブレムブックとしては、米倉明『法律学教材・法学入門』（東大出版会、一九七八年）と竹内昭夫・龍田節『法律学教材会社法　上下』（東大出版会、一九七二年）がモデルとなる。労働法に則していえば、野田進・中窪裕也『労働法ロールプレイング』（有斐閣、二〇〇〇年）のケースの部分をもう少し詳しくして設問を付け、解説の部分を落として参考に上げられている判例・論文を引用したイメージである。

（13）土田道夫会員が二〇〇一年二月に日弁連法科大学院設立運営協力センターカリキュラム部会に提出されたペーパー「法科大学院における労働法カリキュラム」による。三〇コマの構成は、次の通り。

1　労働法の体系、2　労働訴訟法・労働裁判法〈1〉、3　労働契約の意義・構造、4　労働契約における権利義務、5　権利義務の設定根拠、6　労働契約の成立——採用内定・試用期間・労働条件の明示、7　労働契約の展開——賃金〈1〉、8　労

働契約の展開――賃金〈2〉、9　労働契約の展開――労働時間、10　労働契約の展開――休憩・年次有給休暇、11　労働災害、12　労働契約の展開――人事、13　労働契約の展開――労働条件の変更〈1〉、14　労働契約の展開――労働条件の変更〈2〉、15　労働契約の展開――企業組織の変動、16　労働契約の展開――有期労働契約、17　労働契約の終了〈1〉、18　労働契約の終了〈2〉、19　雇用平等、20　国際的労働契約法、21　労働組合、22　団体交渉・労使協議、23　争議行為、24　組合活動、25　不当労働行為〈1〉、26　不当労働行為〈2〉、27　労働訴訟法・労働裁判法〈2〉、28　労働訴訟法・労働裁判法〈3〉、29　労働訴訟法・労働裁判法〈4〉、30　労働者派遣・職業紹介。

(14) 北海道大学では、民法で、具体的に訴訟に関わる形でのゼミナール活動を行っているケースがあると聞いている。

(15) 山川隆一「労働法における要件事実」筑波大学大学院企業法学専攻一〇周年記念論集『現代企業法学の研究』（信山社、二〇〇一年）六一三頁。

(16) 設置基準「⑸教育内容・方法等」の解説⑥において、「法科大学院においても社会人等に対する学習機会の確保のみならず、現に実務に携わる法曹に対し、先端的・現代的分野や、国際関連、学際的分野を学ぶ機会が与えられるよう、科目等履修生として単位を認めることが適当である。」とされている。

(17) 一学年五〇名であれば三学年で一五〇名となり、専任教員は一〇名で足りそうだが、科目数の関係から最低教員数は一二名となっている。大学と大学院との併任は当面（一〇年程度）に限りかつ三分の一までしか必要数に参入しない。

(18) 連絡先　日本弁護士連合会法制一課　okamorie@nichibenren. or. jp

(19) 教材は、どこかで公定のテキストを作るわけではない。桑原会員が提起されたように、未公刊のあっせん事例を集めたテキストができれば各地で喜んで使うことになろう。各会員が優れたプロブレムブックを作成し、競争していくことで、教材の改訂が進んでいくことが期待される。

(20) 教員の再教育は必要である。大学教員を法律事務所で短期研修させる弁護士会もある。弁護士法五条三号で、弁護士登録することも可能である。その場合は弁護士会費を支払い、新入会員としての研修を受けることになる。当番弁護士、国選弁護士も受任してもらう。

（つかはら　えいじ）

司法修習教育及び継続教育と労働法

中山慈夫
（弁護士）

一　はじめに

現在司法制度改革の中で、労働事件への対応強化が打ち出され[1]、労働調停等の創設が検討されているが、そこでは必然的に労働紛争を処理する法曹実務家の養成も問題となる。本稿では、この問題を検討する出発点として、現在法曹実務家（ここでは主に裁判官及び弁護士をさす）はどのように養成されているのか、そこでは労働法教育はどの程度意識されているのかについて、司法修習教育及び継続教育を中心に、その現状と問題点を概観する。

現在の法曹実務家の養成は、法学教育―司法修習教育―継続教育（法曹資格取得後の教育）という三つのプロセスから成っている。すなわち、法学教育は主に大学の法学部や大学院における教育で、法律・判例等の専門知識の教授を主眼としている。そして、司法試験が法曹実務家の登龍門であり、この合格者を対象に司法研修所において司法修習教育がなされ、その後、国家試験（司法修習生考試、いわゆる二回試験）に合格した者が法曹資格を得て（裁判所法六七条、四三条、弁護士法四条）法曹実務家となり、その後の継続教育というプロセスになっている。このうち、現在の法曹実務家養成の中核は、司法修習教育であり、司法研修所が実務家になるためのトレーニングセンターの役割を果たしている。

二　司法修習教育の現状と問題点

1　現在の司法研修所における司法修習教育[2]

(1)　司法修習制度の特徴

司法研修所は、最高裁判所に置かれ（裁判所法一四条）、そこで行われる司法修習教育の特徴として①統一修習②国費による修習（同法六七条二項）③修習内容（集合修習と実務修習の組合せ）の三点が挙げられる。

このうち統一修習に触れておくと、法曹実務家は法曹三者（裁判官、検察官、弁護士）に分かれるが、統一修習とは、三者いずれも同じ司法試験に合格し、司法研修所で同じ教育を経て、法曹資格を得るという制度のことで、要するに法曹三者が統一された法曹養成制度の中で生まれるというシステムである。戦前は、裁判官、検察官のいわゆる在朝法曹と在野法曹たる弁護士の修習制度は截然と区別され、修習制度においても在朝法曹優位となっていたが、昭和二二年の裁判所法施行で司法研修所による統一修習となった。法曹三者は司法作用の担い手であり、三者の分化は司法に寄与する場面の違いに過ぎず、いずれかが不十分でも司法の健全な機能は損なわれるという考え方に基づくもので、極めて重要な制度である。

(2)　司法修習教育の内容

①　集合教育と実務教育の組み合わせ　　司法修習所の教育期間は現在一年半である。このうち前半の三カ月（前期）と後半の三カ月（後期）は集合修習、その間の一年は実務修習となっている。

◆前期・後期の集合修習　　集合修習とは研修所に修習生を集めて行うものである。平成一四年現在、司法修習生は一期約一〇〇〇名で、これを一四クラスに分け、一クラス約七〇名となっている。基本科目は民事系が民事裁判と民事弁護、刑事系が刑事裁判、検察、刑事弁護の合計五教科で、各クラスに五教科五名の教官が担任となって教育を行っている。民事系では、民法、民事訴訟法を中心として、売買、賃貸借、金銭消費貸借等の基本類型に即した講義（法曹倫理も含む）、演習（立証活動、事実認定等）や具体的な題材に基づく訴状、答弁書、準備書面、要件事実に基づく争点整理、判決などの訴訟関係文書の起案とその添削・講評などを行っている[3]。

◆実務修習　実務修習とは全国各地の三庁会（裁判所、検察庁、弁護士会）に修習生が分かれて赴任し、そこで民事裁判、刑事裁判、検察、弁護（それぞれ約三カ月）について、法曹三者の指導担当者から、実際の事件処理に即した実践的な教育を受けるもので、ＯＪＴ教育に近いものである。司法修習の目的は、法曹実務家としての法律実務の基礎を修得させるところにあるので、実務修習がその中心となる。前期の集合修習は、大学レベルの理論教育から実務教育へ移行するための導入及び実務修習への橋渡し、後期の集合修習は、実務修習後の総仕上げと位置づけられている。

　このような司法研修所での教育は、民事系統でみれば、民法の実体法を実現する手続（民事保全、民事訴訟、民事執行法）の臨床的な実践であって、これが法曹実務の基本であり、専門分野もこの基本なくしては活用できないものといえる。

②　労働法の取扱い　労働法は、本科ではなく、行政法や破産法と並ぶ選択制講座（講師による講演）の一つである。ただ、平成一二年に司法試験科目から労働法を含む法律選択科目がなくなったため、司法研修所では平成一三年から前期の集合修習で、法律選択科目に関する講座が追加された。それでも、集合修習では次の通り労働法は数コマ（一コマは一〇〇分授業）だけである。

前期修習　基礎講座二コマ（労働法、行政法等の中から選択必修）

選択講座三コマ（使用者側、労働者側、裁判所の立場からの講演）

後期修習　選択講座一コマ

2　司法修習教育の問題点

(1)　司法修習教育の実状と今後

修習期間は、従前二年間であったが、平成一一年から一年半に短縮される一方で、司法修習生の増員（昭和五〇年始めには一期約五〇〇名→現在一〇〇〇名、なお平成一五年年度には一二〇〇名、平成一七年年度には一五〇〇名予定）がなされているので、どのように充実した教育を行うかが以前から検討されてきたところで、例えば集合修習では二年修習の質量を落とさないよう①コマ数の確保②科目の共通化・相互連携化による集中的かつ効率的な教育を図ろうとしている。ただ、実務修習の短縮（約四カ月）は、そのまま実務処理に携わる時間の短縮を意味するので、ＯＪＴ教育の観点からは集合修習の短縮よりも大きな問題であろう。そして、民事弁護科目を教えている私の経験からいえば、研修所では修習生に対して実務処理の基本を教えるだけでも手一杯な状況で、むしろ修習生の基礎知識の低下が懸念されるというのが実感である。

今般の司法制度改革により、将来司法修習生三〇〇〇名体制となるので、司法研修所の修習教育がどうなるのか問題である。この点は今後の検討に待つほかないが、仮に法科大学院で現在司法研修所で行われている前期修習をある程度取り込むとしても、司法研修所の教育期間はより短縮し、たとえば一年程度で、そのうち数カ月だけを集合教育とし、しかも現在の司法研修所の収容能力を考えれば、集合教育は交替制で行うことも考えられ、ますます実務のトレーニングセンターとしての役割は狭められたものとなるであろう。[(4)]

(2) 手薄な労働法教育

司法研修所における労働法教育は既に述べた通り選択制講座のみである。平成一三年の集合教育での労働法講座の受講者は次の通りである。

前期修習（五五期生）基礎講座（二コマ）：六三五名
選択講座　使用者側：一二五名
労働者側：一二〇名
裁判所側：八八名

後期修習（五四期生）選択講座：八九名

講師は、基礎講座は労働法専門の大学教授、選択講座は実務家（弁護士と裁判官）であり、いずれも講義形式の一コマ一〇〇分授業である。従って、修習生にとっては、労働法の簡便な導入と考えるべきもので、基本五教科で行う実践的な起案や演習とは異なり、時間的にみても極めて不十分である。

実務修習では配属庁及び弁護士会でカリキュラムが組まれるが、労働法に関しては弁護士会の講演で行われるとしても、知的財産権や破産など他の専門的分野の一つとして講義される程度である。今後設けられる法科大学院では、労働法は先端分野科目で選択履修する前提となるので、司法研修所でいま以上の労働法教育を行うことは考えられないであろう。

このように、現在の司法研修所における司法修習教育では、限られた時間の中で民事系では一般民事実務の基礎を教えることを目的としており、労働法などの専門分野については、修習生に関心を持たせるためのインセンティブを与えるにとどまっている。

三　継続教育の現状と問題点

1　裁判官研修と労働法

裁判官に対する継続教育は、大別すると裁判実務を通じて先輩裁判官等による実務指導（ＯＪＴ）と司法研修所における集合研修（ＯＦＦＪＴ）があり、いずれも計画的、組織的に行われている。[5] 前者については、裁判官任官当初から配属庁で実務指導がなされ、さらに五年間は判事補として単独で判決をすることができない（裁判所法二七条、判事補の職権の特例法）ので、おのずとＯＪＴが行われることになる。後者の集合研修は、任官当初の新任判事補集中特別研修をはじめ、二年目、三年目、六年目、一〇年目に行われ、この他にテーマ別研修（民事実務、行政実務等の研究会）などが行われている。労働法についてみれば、最近は新任判事補集中特別研修やテーマ別研修（特別研究会）で取り上げられている（平成一三年の特別研究会では四日間にわたり学者、実務家を講師とする「労働関係訴訟実務研究」が行われた）が、常設のテーマとはされていない。

2　弁護士研修と労働法

弁護士に対する継続教育は、日本弁護士連合会及び単位弁護士会による研修があるが、単発の講演が基本で、労働法関係についても継続的に取り上げられてはいない。[6] この他労働関係では、任意団体として主に経営側弁護士を中心とする経営法曹会議及び主に労働側弁護士を中心とする日本労働弁護団があり、それぞれ研究会等が行われている。[7] 弁護士の場合は、資格取得後、勤務した弁護士事務所において実務指導はなされるが、その内容、やり方は千差万別であり、労働事件でいえば、それを専門的に処理している事務所でなければほとんど実務指導の機会はないといってよい。

3　労働法教育の問題点

継続教育という点からみれば、労働法の実務研修の機会は極めて限られているというのが現状である。労働紛争とりわけ個別的紛争が増加し、労働法を専門としていない弁護士もその処理に関与しているのが実情であり、実務研修機関の必要性は大きいものといえよう。

四　最　後　に

1　以上みた通り、現在の司法修習教育の中で労働法教育を十分行う余裕はない。また、継続教育においても、その内容は、法曹実務家の自己研鑽（研修機関の活用を含む）及び労働紛争処理の経験（ＯＪＴ）を通じて得る実務的知識と技能の獲得に尽きるというのが現状である。

このような現状を踏まえて、労働法教育の充実を図るためには、今後設立される法科大学院でどの程度労働法の実務的な教育が行われるのかを注目しつつ、さらに労働法に関する研修機関の充実や専門認定資格制度、法曹実務化の交流制度などが考えられるが、その具体化のためには、労働法の専門性及び労働法教育の必要性についての理論的・実証的な分析と検討を要するところである。

2　労働法の専門性をどのように考えるかは、議論のあるところであるが、労働法、特に個別労働関係である労働契約法の分野は、およそ人を雇って職業活動をする場合には、雇主にとっても、雇用労働者にとっても必要不可欠なルールである。日本では就業人口約六五〇〇万人、そこに占める雇用労働者率は、現在八割を超えているので、労働契約法は決して特殊限定された領域に関するものではなく、むしろ民法と並ぶ一般民事法の分野と考えるべきではないか。この点では、企業社会の法として商法が今回の法科大学院の法律基本科目に入っているのに比べて、雇用社会の法である労働法に対する認識は不十分である。これまでの司法修習教育や継続教育において、また現在構想されている法科大学院においても、労働法がその専門性ゆえに特殊限定された分野として取り扱われているのであれば――少なくとも労働契約法の領域について――その一般市民法的な性格をもっと強調すべきではないか。これは、司法修習教育の一端に携わっている実務家としての率直な感想である。

（1）司法制度改革審議会意見書（平成一三年六月一二日）

（2）司法修習制度に関しては、最高裁判所「現在の司法修習制度について」（平成一四年五月一〇日、http://www.kantei.go.jp/jp/sihouseido/kentoukai/yousei/dai7/7siryou-s1.pdf）が全体を要約している。

（3）平成一三年の集合修習の日程、カリキュラムについては、司法研修所「研修所時報」一〇六号に紹介されている。

（4）今後の司法修習のあり方については、最高裁判所「新しい司法修習について」（平成一四年五月一〇日、http://www.kantei.go.jp/jp/sihouseido/kentoukai/yousei/dai7/7siryou-s2.pdf）が出されている。

（5）裁判官研修については、司法研修所「裁判官研修の現状と展望」司法研修所五〇年史七三頁、松山恒昭「司法研修所における裁判官の研修について」法の支配一二二号五頁。

（6）日弁連では、毎年夏期研修と巡回研修を開催しており、その内容は「自由と正義」の各号に数カ月単位で掲載されている。

（7）最近の活動内容は経営法曹会議につき「経営法曹」一三二号六六頁、日本労働弁護団につき「季刊労働者の権利」二四一号一六九頁。

（なかやま　しげお）

〈個別報告〉

人事考課に対する法的規制——アメリカ法からの示唆

アメリカにおける雇用差別禁止法理の再考察

フランス労働法制の歴史と理論
——労働法学の再生のための基礎的考察——

人事考課に対する法的規制
——アメリカ法からの示唆

永由裕美
（中央大学講師）

一　はじめに

わが国では能力・成果主義に基づく処遇決定の広まりに伴い人事考課の役割が一層大きくなり、これまで以上に人事考課結果が処遇決定に反映されるようになった。しかしこの人事考課について、多くの労働者はその結果だけでなく、制度の内容やその運用を十分に把握してきたとは言い難く、能力・成果主義の普及とともに人事考課の透明性・客観性、および公正な運用がより強く求められるようになっている。

一方で、従来労働者は処遇格差等を裁判で争う際に大量観察方式を用いたり、昇進・昇格の年功序列型運用を根拠に差別を主張・立証してきた。しかし、能力・成果主義の下での処遇決定の個別化に従ってこれらの利用が難しくなっている上に、人事考課資料等が訴訟過程においても十分に提供されないため、原告労働者の立証が一層困難になっている。また、今までは使用者の裁量として踏み込んだ考察が行われなかった人事考課の手法・運用についても、処遇決定における人事考課の重要性を背景に新たな視点での法的対応が求められるようになっている。

本稿では、日本企業がモデルとしてきた米国の人事考課制度について、どのような法的対応が求められているかを考察する。とりわけ日本で問題となっている人事考課の閲覧・開示と手法・運用の妥当性に焦点を当てる。[1]

二　人事考課に対する法的規制の背景

米国では七〇年代半ばには既に約九〇％の企業が人事考課制度を導入していたとの調査結果もあり、[2]その普及に伴いそれが様々な目的で利用されるようになった。人事考課の目的としては、賃金、教育・訓練、昇進、解雇・レイオフ、人的資源計画が上位を占めている。人事考課がこうした重要な雇用上の決定に利用されるようになればなるほど、それをめぐって個別の労使間に誤解や対立が生じることとなった。

他方、六〇年代から七〇年代にかけては多くの雇用差別禁止法が制定され、さらに七〇年代中頃になると州裁判所の中に解約自由の原則（at-will employment doctrine）の例外を認めるものも現れた。こうした立法や解約自由の原則への例外等を利用することで労働者が処遇決定を争う機会が広がり、雇用関連訴訟が増加した。現在では連邦地裁に提起される雇用差別訴訟は年間約二万件強、雇用機会均等委員会（EEOC）への救済申立も年間約八万件に及び[3]、その他にも州レベルで不当解雇訴訟等が多数提起されている。使用者にとって雇用関連訴訟は金銭的・精神的負担となり、社会的信用をも損ないかねない。そのため使用者は訴訟予防的観点から自らの決定を裏付ける資料として人事考課を利用するようになり、裁判においても考課資料が証拠として提出されるようになった。

以上のように人事考課が雇用上の決定に広く利用されることでそれが労使の対立の中心となったこと、そして雇用関連訴訟の増大により使用者が人事考課資料の整備を迫られたこと等を背景に、人事考課が法廷の場で争われるようになった。そして人事考課に関わる判例が蓄積されていくことで、人事考課制度やその運用について一定の法的規制が形作られるようになったのである。

三　人事考課に対する法的規制の概要

米国では解約自由の原則の下で、使用者は自由に労働条件を変更したり、労働者を降格あるいは解雇することができる。従って、人事考課についても制度の設計から運用に至るまで原則として使用者の自由に委ねられる。しかし現在では使用者のこうした権限は制定法やコモン・ロー上の不法行為法理等の規制を受けるようになっている。

まず人事考課の閲覧・開示をめぐっては、多くの州が制定法を通じ労働者に人事考課を含む人事記録の閲覧権を付与している。次の四では、これを含めて人事考課の閲覧・開示に関わる規制を取り上げる。

次に人事考課の手法や運用については、第一に一連の雇用差別禁止法が大きな影響をもたらしている。裁判所が人事考課について踏み込んだ判断を行うようになったきっかけは、雇用差別禁止法の制定とそれに基づき形成された立証のルールにあった。つまり使用者による決定が差別的であると主張される場合、裁判所はその決定の基となった人事考課をも詳細に検討せざるを得なくなったのである。連邦レベルで代表的な雇用差別禁止法としては、「男女同一賃金法（Equal Pay Act of 1963, 29

U. S. C. §206(d)」、「一九六四年公民権法第七篇（Title VII of the Civil Rights Act of 1964, 42 U. S. C. §§2000e-2000e(17))」[4]、「雇用における年齢差別禁止法（ADEA, 29 U. S. C. §§621-634)」、「障害を持つアメリカ人法（ADA, 42 U. S. C. §§12101-12213)」があり、州レベルでも様々な雇用差別禁止法が制定されている。これらを拠り所に、人事考課に基づく処遇決定が差別的であり違法であるといった主張が展開されることになる。

第二に人事考課は名誉毀損、精神的苦痛の付与、過失といった不法行為法理による規制も受ける。例えば人事考課情報の改竄により精神的苦痛を受けたとか、人事考課情報の第三者への伝達が名誉毀損にあたるといった主張が行われている。

このように人事考課の手法・運用については、雇用差別禁止法と不法行為法理による規制が問題となるので、**五**で詳しく考察する。

なお、人事考課については公務員制度改革法（The Civil Service Reform Act of 1978, 5 U. S. C. ch. 43）が連邦公務員を対象に包括的な規制を行っている。各州でも州公務員等を対象に正式な人事考課制度が導入されており、人事考課の規制に対し一定の役割を果たしていると評価できる。

以上のように、人事考課に対しては立法による包括的な規制は見られないものの、既存の各種立法等に紛争解決の拠り所を求めて原告労働者が訴訟を提起し、裁判所も人事考課の内容を詳細に検討しながら多くの判断を下してきた。それを踏まえ、実務家の間では人事考課の客観性や公正な運用に関する指針が作成され、一定のコンセンサスが得られている。以下では、前述した各問題領域ごとに人事考課についてどのような法的コントロールが及んでいるのかを検討する。

四　人事考課の開示に関わる規制

1　人事記録の閲覧権を付与する立法等

使用者は今では多種多様で膨大な量の被用者の記録を保有している。こうした記録は従業員記録とか人事ファイル等と呼ばれ、応募書類から、健康診断結果、人事考課、異動や昇進、懲戒処分、賃金、税金等の記録が含まれる。

コモン・ロー上は、雇用関係に関連し使用者が取得した被用者の情報は原則として使用者の財産とみなされ、この原則は被用者が自己の記録の閲覧を申請する場合にも適用される。[5]しかし、いくつかの州法と連邦プライバシー法は自己の記録を閲覧する被用者の権利を認めている。

まず連邦プライバシー法（The Privacy Act of 1974, 5 U. S. C. §552a）は、連邦政府機関による個人情報の収集、保管、利用および開示を包括的に規制するものだが、これに基づき連邦公務員等は、人事考課情報を含む自己に関する記録を閲覧・謄写し、記録の訂正を請求し、それが拒否された場合には不服申述書を提出することができる（§552a(d)）。

そして多くの州法（人事記録閲覧法）は、民間部門も含めて労働者に対し人事ファイルにアクセスする権利を与えている。その内容は州ごとに異なるが、一般的には労働者に対し、自己に関し保持されている人事ファイルを閲覧・謄写する権利、記録の誤りを訂正し異議を申し立てる権利を付与している。さらに、閲覧の際の手続や、閲覧を認めない使用者に対する裁判所による文書提出命令や罰則等が定められる傾向にある(6)。

立法以外に、労働協約や従業員ハンドブック等に人事記録へのアクセスを認める規定が定められる場合もあり、特に前者については労組代表のアクセス権に言及したものも見られる。

2　人事考課の透明性を促す訴訟手続
——連邦民事訴訟規則におけるディスカバリ

(1)　ディスカバリの意義

労働者が人事考課に基づく処遇決定を裁判で争う場合、人事記録閲覧法等の立法が適用されなければ労働協約や従業員ハンドブックに定めがない限り自己の人事考課情報すら入手できないことになる。しかし連邦民事訴訟規則はディスカバリという制度を設け、正式事実審理以前に訴訟当事者に対し一定の情報開示・収集を認めている。従って、労働者はこのディスカバリを通じ自己の考課情報だけでなく時として第三者の考課情報を含めた広範な情報を入手できる。

ディスカバリという制度自体が、使用者に人事考課の自主的な開示を促しているとまでは言い切れないが、訴訟件数の増大を背景に、使用者の中には訴訟予防的観点から人事考課の自主的開示を行う者がいたとしても不思議ではない。このようにディスカバリに代表される訴訟手続が、人事考課の透明性・客観性を促進している側面もあるのではなかろうか。

(2)　ディスカバリとは

連邦民事訴訟規則（Federal Rules of Civil Procedure）は、訴訟当事者がトライアル（正式事実審理）に先立ち事件に関連する情報を開示し、収集するディスカバリという手続を定めている（二六条～三七条）(7)。ディスカバリを通じ当事者は事前に事件に関連する事実や証拠を十分に把握できることから、トライアルにおける不意打ちが防止され、争点整理が行われやすくなる。またトライアルにおける結果の予測が把握しやすくなるため、和解が促進されることにもなる。

ディスカバリの方法は、当事者が相手方の請求を待たずに自主的に行うディスクロージャーと、当事者からの請求により相手方当事者や第三者が行う請求開示（ディスカバリ）とに大別される。前者は基本的情報の交換を促すために導入されたもので、初期ディスクロージャー、専門家証言のディスクロージャー、トライアル前のディスクロージャーがある。後者には、証言録取、質問書、文書等提出及び土地立入、身体的・精神的検査、自白の要求といった方法が定められている。

そして当事者は、いずれかの当事者の請求または抗弁に関連する、秘匿特権の対象でない、いずれの事項についてもディスカバリを求めることができる（二六条(b)項(1)）。従って、秘匿特権やワーク・プロダクトなどの例外に該当しない限り[8]、当事者の主張に関連するいかなる情報も入手できるのである。

このように訴訟当事者は、ディスカバリを通じて有利・不利を問わず情報を相手方に開示しなければならない義務を負う一方で、様々な方法により当事者だけでなく第三者からも情報を得ることができる。また正当な理由なく開示を拒否すれば裁判所による制裁が科されることになっているため、当事者等は開示を行わざるを得ないという事情もある。

以上のように、処遇決定を裁判で争う労働者は訴訟手続によってトライアル以前に自己の人事考課記録だけでなく、比較のために必要とされる同僚等の人事記録やメモ類など広範な情報を入手することが可能である。

3 調査結果に見る開示の程度

人事考課の開示状況に関しては、八七年の調査によれば九九％の労働者が考課結果を通知されており、そして八九％の企業が考課面接を実施し、五一％が労働者に考課の写しを提供していた[9]。九六年公表の調査でも約九二％の企業で考課・フィードバック面接が義務づけられていた[10]。

考課結果の開示は広く行われているわけだが、このことは人事記録閲覧法等の立法の存在や訴訟の増大だけではなく、人事考課の目的にも密接に関係していると思われる。米国では人事考課は賃金決定だけでなく、能力開発やコミュニケーションの促進、教育訓練等にも利用されている。考課結果を開示せずにこうした目的が達成できるとは考えられず、結果のフィードバックを通じ課題等を明らかにすることで労働者のモチベーションや納得性も高まると思われる。

いずれにせよ考課結果の開示の一般化が、制度の透明性・客観性をある程度促進しているといえよう。

五 人事考課の手法・運用に関わる規制

人事考課の手法・運用に関わるリーディングケースに、Rowe v. General Motors Corp. 事件（457 F. 2d 348（5th Cir. 1972））と Brito v. Zia Co. 事件（478 F. 2d 1200（10th Cir. 1973））がある。Rowe 事件では、異動・昇進を左右する職長による評価が主観的であること等を理由に、同社の異動・昇進手続が公民権法第七篇に違反し差別的であると判示された。Brito 事件では、人員削減のために利用された人事考課制度が問題となったが、裁判所はこの事件で選抜テストの妥当性を求めるＥＥＯＣのガイドラインが人事考課に適用されることを認めた。つまり裁判所は、人事考課を選抜テストの一種と捉え、同社に対しガイドラインに従ってその妥当性を示すよう求めたのである。ＥＥＯＣのガイドラインは後にこれを承継した「一九七八年従業員選抜手続に関する統一ガイドライン」となり、今日に至っている[11]。

こうした初期の事件をきっかけに、企業関係者の間では人事考課制度に客観性・職務関連性を持たせ、そしてガイドラインに従って妥当性を持たせる必要があるとの認識が高まった。

以下では、人事考課の手法・運用に関わる代表的な判例を取り上げ、さらに新たな課題については先進事例を交えながら、どのような法的対応が求められているのかを検討する。

1　制度・手続をめぐって

(1)　制度全般の主観性

人事考課制度の主観性が争点となったのは、前述したRowe事件であった。同社では、直属の職長の推薦に基づき経営開発委員会が異動・昇進決定を行っており、職長は「能力、実力と力量」に基づき労働者を評価していた。その結果アフリカ系アメリカ人は少数しか昇進できず、時間給職から月給職への異動も少なかった。連邦控訴裁は、推薦を行う職長が昇進に関し文書による指示を受けておらず、その評価基準も曖昧で主観的であること、そして差別的行為に対する予防措置がとられていないこと等を理由に、本件昇進・異動手続が第七篇に違反し差別的であると判示した。Nord v. U.S. Steel Corp. 事件（758 F. 2d 1462（11th Cir. 1985））でも同様の主観的昇進手続が差別的であると判示されており、制度・手続が文書化されておらず、評価基準が曖昧・主観的で、差別的行為に対する予防措置がないといった人事考課制度は違法と判断される可能性が高いといえよう[12]。

さらに、裁判所は高度の技能・知識を要する専門職や管理職の考課制度についてはある程度の主観性を許容し[13]、その代わりに制度の公正さを担保する手続を重視する傾向にある。例えばEEOC v. IBM Corp. 事件（583 F. Supp. 875（D. Md. 1984））では、アフリカ系アメリカ人の管理職と専門職の昇進・賃金・人事考課に関する差別的取扱いが問題となった。裁判所は、同社の評価制度における主観性を認めながらも、それが不可避であり、かつ評価を行う管理職に対する上司の監督や訓練、異議申立制度等により主観性が制御されているとして、結論として第七篇違反が立証されていないと判示した。

(2) 評価要素・基準の妥当性

次に制度を構成する評価要素・基準について検討する。

評価要素・基準については、曖昧で主観的、あるいは職務関連性のない評価要素・基準が評価者の恣意的判断を招く余地があるために、それに基づく決定が差別的であり第七篇等に違反するといった主張が展開されている。

前掲 Rowe 事件では「能力、実力と力量」に関し評価が行われており、こうした基準が曖昧で主観的であること等から第七篇違反が認められた。Wade 事件はアフリカ系アメリカ人の昇進差別等が争点となっており、連邦地裁は昇進決定に際し利用された人事考課における個人的特性（指導力、他人に対する態度、外見・身だしなみ、忠誠心等）といった評価要素が偏見や評価者の個人的好みに影響されやすいために主観的であること、使用者が考課制度と職務遂行度の関連を証明できなかったこと等から差別を認定した[14]。また、レイオフされた労働者の年齢差別の主張を争った Mistretta v. Sandia Corp. 事件判決（649 F. 2d 1383（10th Cir. 1981））では、考課制度が差別的であると判断された理由の中に人事考課が仕事の質と量に関する特定できる基準や詳細な職務遂行度に基づいていないことが挙げられていた。

ところで米国では、近年硬直的な職務給を見直し、労働者の職務内容に幅を持たせる柔軟な組織作りが行われている。このような組織では、労働者の対人関係技能やチーム指導力等が重視されることから、最近ではこの種の評価要素も裁判で争われている。例えば、Giacoletto v. Amax Zinc Co., Inc. 事件（954 F. 2d 424（7th Cir. 1992））の原告は管理職としての対人関係技能不良を理由に解雇されたが、裁判所は「対人関係技能」といった主観的判断が差別の口実に使われやすいので、これに基づき雇用上の決定を行うことには危険があると指摘し、結論として年齢差別を認めた連邦地裁判決を支持した。また Woodman v. Haemonetics Corp. 事件判決（51 F. 3d 1087（1st Cir. 1995））は、原告の解雇事由を裏付ける考課結果の虚偽性を示す証拠があるとして、原告の年齢差別の主張を却けた連邦地裁判決を取り消した。本件考課制度は「フレキシビリティ（多様な訓練や職責に敏感であること等）」「信頼性」「参加（業務効率改善に関する提案を行い、それに貢献する能力等）」等を特に重視するもので、これに基づく考課結果の虚偽性が示唆されたのである。今後こうした評価要素の利用が不可避だとしても、裁判所がこれまでと同様にその職務関連性・具体性等を慎重に考慮する姿勢に変わりはないと思われる[15]。

以上から評価要素・基準については、曖昧さや主観性を極力排除した明確な定義づけと客観性、そして職務関連性が求められている。

(3) 閲覧・通知

考課結果の閲覧・通知については、労働者に考課結果を通知しないままでの使用者によるその利用が違法な差別に当たる、あるいは管理職員間での考課情報の伝達が名誉毀損に当たるなどとして裁判で争われている。

まず前者についてはStoller v. Marsh 事件判決（682 F. 2d 971（D.C. Cir. 1982））で、労働者に人事考課の閲覧・訂正の合理的機会を与えずに、使用者が誤りを含んだ考課結果を利用すれば、第七篇違反が成立すると判示された。その理由として、人事ファイルに記載される労働者の不利な評価情報は将来の処遇決定の際に参照されるものなので、上司に偏見を持たせ得るし、労働者の昇進機会も狭めかねない。従って労働者に閲覧・訂正の機会を与えないうちにこうした事態が発生すれば、使用者は第七篇に基づく責任を免れ得ないとする。判決が指摘するように、企業の最終的な意思決定者は管理職等の判断に依拠し雇用上の決定を行わざるを得ない。その判断には誤りや偏見があるかもしれない。そのため使用者が第七篇に違反することなく考課情報を利用し雇用上の決定を行うためには、労働者に考課情報の閲覧、訂正、削除等の合理的機会を与えておく必要があろう。昇進や解雇に関わる裁判でも、考課結果の通知・協議や、それに基づく改善・指導の機会の提供が手続的公正さを確保するものとして裁判所により肯定的に評価される傾向にあるので、評価の誤りを防止するためにも労働者に閲覧・訂正の機会を与えるべきであろう。

次に人事考課に関わる名誉毀損訴訟の場合、原告労働者は①考課情報が事実に関する誤った、あるいは名誉毀損的主張を含んでいること、②それが第三者に公表されたこと、③それにより労働者の名誉・評判が侵害されたこと、を証明しなければならない。これに対し使用者は、原告の主張が公表の要件を満たしていない、あるいは「限定的免責特権」等を主張し抗弁を試みるのが一般的である。限定的免責特権（qualified privilege）は発表者と陳述を受ける者が陳述内容に共通の利害関係を有する場合等の名誉毀損的陳述について認められ、人事考課を行う使用者や管理職による陳述にもこの特権が適用されると判示されている。但し、特権の濫用が認められれば特権は失われる。

Bals v. Verduzco 事件（600 N.E. 2d 1353（Ind. 1992））では、原告の直属の上司は原告の考課結果をまとめた報告書を自分の上司に提出しており、原告はその中で示された直属上司の批判的論評が名誉毀損に当たる等と主張した。裁判では、社内の管理職員間での考課情報の伝達が第三者への公表に当たるかが大きな争点となったが、インディアナ州最高裁は第三者への公表に当たると判示した。その上で裁判所は、労働者の適格性に関する企業内の伝達が限定的免責特権により保護されるので、同特権を覆すためにはその濫用の証明が必要であるとし、結論としてこの点に関する原告の証明が不十分であると判示した。
このように企業内で伝達される考課情報も名誉毀損訴訟の対象となることから、評価者の害意や評価の誤りを防止するための体制作りが必要となる。

2　運用をめぐって

(1)　評価者

運用の際のキーパーソンともいうべき評価者に関しては、その差別的態度や偏見、あるいは被評価者を実際に観察していなかったことを理由に人事考課に基づく決定の妥当性がしばしば争われている。

まず前者については、評価者が差別的であったことが示され、加えて考課制度が客観的でない場合には、人事考課に基づく決定が違法と判断される可能性が高い。例えば、**Johnson v. Olin Corp.** 事件判決（484 F. Supp. 577（S.D. Tex. 1980））は、アフリカ系アメリカ人である原告の評価を行い解雇を勧めた管理職がアフリカ系アメリカ人に対する人種的反感を持っていたことを示す証拠が提出され、さらに評価手法が主観的であったこと等から、第7篇等の違反を認めた。人種的偏見以外では、評価者の高齢者や女性に対する先入観が評価結果を歪めた等として各種の雇用差別禁止法違反が認められている。[16]

次に評価者が労働者を直接観察せずに評価を行ったことについて、裁判所は考課結果の信頼性を損なう要素と捉えている。前掲 Brito 事件判決は、評価を行った管理職三名のうち二名が日常的に労働者を観察しておらず、評価が主観的な観察に基づいていたこと等を理由に考課制度が妥当性を欠くと判示した。Woodson v. Scott Paper Co. 事件判決[17]も、人員削減のための評価を行った管理職二名が、原告の働きぶりを直接観察しておらず、過去の考課情報にも目を通していなかったこと、さらに原告によるＥＥＯＣへの救済申立提起の事実を認識していたことから、原告がみせかけの評価手続を通じ解雇された等として、第七篇等に基づく報復的差別が十分証明されていると判示した。

以上のような評価者による誤った運用を防止するために、評価者訓練や上級管理者による評価結果のチェック制度が重要となる。

また評価者の偏見等を防止するために、複数評価者または多面的評価の導入も推奨されている。裁判所も、こうした制度を肯定的に捉える傾向にあるが、それだけでは客観性を担保しているとは判断されず、その運用までもが問題となる。例えば Loiseau v. Dept. of Human Resources of the State of Oregon 事件（567 F. Supp. 1211（D. Or. 1983））では、評価者二名が同じ評価フォームに評価を書き込むことになっており、原告に対する三回の評価では両者の評価結果がすべて同一であった。裁判所は、二番目の評価者が最初の評価者の評価を知っている場合には客観的評価が行われたとは言い難いとし、昇進における人種的格差を示す統計証拠と併せて原告の第七篇に基づく差別的影響法理の主張を認めた。反対に Whalen v. Rubin 事件（71 FEP Cases 1170（7th Cir. 1996））では、昇進候補者の評価を行った三名の評価者が別個に同一人物を選択したことが原告の逆差別訴訟を取り消すのに役立った。複数評価者制度をとる場合には、個々の評価者の独自の判断が求められているといえよう。

同僚や顧客等による多面的評価も裁判での新たな争点となっている。[18] 例えば Mathewson v. Aloha Airlines, Inc. 事件（919 P. 2d 969（Haw. 1996））では、同僚による考課結果が不良であるとして解雇された労働者の不当解雇の主張が争点となっており、仲裁判断は同僚による否定的な評価がスト破りした原告に対する嫌がらせと報復であること等を理由にそれに依拠した被告会社の責任を認めた。この判断はハワイ州最高裁によって基本的に支持されている。

このように訓練を受けていない者や偏見を持ちうる者を評価者とする場合には、客観性を保つために体系的な見直し制度が必要となる。

(2)　基準・制度の適用

まず評価基準には前述のように客観性・職務関連性が求められているわけだが、さらにその適用については実質的な公平性も要請される。例えば同様の職務を行っている労働者に適用される評価基準が客観的で同一のものであっても、それが個々の労働者の仕事の質や量の観点からは同等といえないこともある。Weahkee v. Perry 事件（587 F. 2d 1256（D. C. Cir. 1978））では、ＥＥＯＣ調査官に課された成果要件（一カ月あたり四事件を処理する）が争点となった。上級調査官であった原告はより困難な事件を担当したためにこの要件を満たすことができず、人事考課で不良とされ解雇された。ＥＥＯＣの調査報告書では同要件が調査官の不公平で偏った比較をもたらすとされ、連邦地裁も同報告書等に依拠し、人種差別を理由に第七篇違反を認めた。[19]

また評価基準が労働者間で異なって適用された場合には、差別的な運用が疑われる。例えば解雇理由のタイプ能力不足という評価基準が問題となった Martinez v. El Paso County 事件（710 F. 2d 1102（5th Cir. 1983））では、原告の事務職男性よりもタイプ能力が劣り勤続年数の短い女性が解雇されず、能力不足について事前の警告がなかったこと等から、原告の解雇が性差別にあたると判示された。Guthrie v. J. C. Penny Co., Inc. 事件（803 F. 2d 202（5th Cir. 1986））は、評定尺度法に基づき低い評価を受け、達成困難な目標を設定された労働者が擬制解雇を主張し、年齢差別訴訟を提起したものである。連邦控訴裁は、原告の四七歳の後任者が原告と同様の課題を抱えていたのに原告より高い評価を受けていたことから、原告が若い後任者よりも厳しい基準で評価されていた等として年齢差別の主張を認めた。

次に人事考課制度に定められている手続については、その遵守に加え労働者間での一律の適用が求められている。具体的には、評価面接や評価再検討委員会の実施が定められているにも関わらず当該労働者には行われなかったり、あるいは特定の労働者に対してだけ人事考課のスケジュールを繰り上げたり、ミスの記録を求めるといった行為は、違法な意図が推認される要素となる。例えば Foster v. MCI Telecommunications Corp. 事件判決（773 F. 2d 1116（10th Cir. 1985））では、通常行われる評価面接と評価シートへの署名が原告に対してだけ実施されなかったことが原告の人種差別の主張を認める一つの理由となった。

さらに、使用者が人事考課制度を適切に管理・運営していなければ「過失ある人事考課」として不法行為責任に問われることもある。労働者は、上司が適切に人事考課を行わなかった、あるいは職務遂行状態の改善がなければ解雇の可能性があることを通知しなかった等として人事考課実施にあたっての使用者の過失を主張する。この過失ある人事考課の主張を認めた代表的な判決が Chamberlain v. Bissell Inc. 事件（547 F. Supp. 1067（W. D. Mich. 1982））である。同社の人事考課規定では、人事考課の目的の一つに監督者が被用者に対しその職務遂行状態に満足か否かを知らせることが含まれていた。このことから裁判所は、同社の人事考課が被用者に益することを意図していたと捉え、使用者が人事考課を行うに当たり相当の注意義務を負っていたと判示した[20]。その上で裁判所は、最後の考課時点で職務遂行状態の早期改善がなければ解雇の可能性があることを原告に通知しなかったことを理由に、人事考課の実施について使用者の過失責任を認めた。

以上のように考課制度の適用にあたっては、その手続の慎重な遵守に加え、公平かつ適正な運用が求められていると考えられる。

(3) 制度の濫用

今まで取り上げた判例でも明らかなように、使用者の中には労働者の解雇を正当づけるため、あるいは労働者による裁判提起や内部告発に対する報復の道具として人事考課を濫用する者がいる。制度の濫用は評価内容を改竄・操作したり、虚偽の情報を加えるという形で行われており、例えば Hawks v. Ingersoll Johnson Steel Co. 事件判決（38 FEP Cases 93（S.D. Ind. 1984））では、経営陣が高齢労働者の解雇を正当化するために記録の捏造を議論していたこと、そして原告の人事考課が副社長の命令で不良なものに改訂されたことを示す証拠等から、解雇が年齢差別に当たると判示されている。

また改竄された人事考課に基づき解雇された労働者が、精神的苦痛を被った等として使用者の不法行為責任を主張するケースも見られる。Collins v. Shell Oil Co. 事件（56 FEP Cases 440（Cal. Super. Ct. Alameda County 1991））は、一貫して高い評価を受けていた幹部職員が、ゲイの私的集まりに参加することを知った使用者により考課情報を改竄され、これに基づき職務不良を理由に解雇されたというものである。裁判所は、被告会社が労働者を職務遂行状態のみで評価すると確約してきたことや以上の証拠から同社の不法行為責任を認め、故意による精神的苦痛の付与を理由に二百万ドルの懲罰的損害賠償を命じた。

人事考課の改竄・操作の事実が明らかとなれば、原告労働者の差別や報復、あるいは不法行為の主張は認められることとなろう。考課情報の改竄は労働者のその後のキャリア展開に不利に働き得るので、大きな問題をはらんでいる。だがこの種の事件は数多く報告されており、雇用関連訴訟が増大する中で、訴訟費用を節約したい使用者が自らを正当化するために人事考課を濫用している状況が伺える。[21]

六　おわりに——日本への示唆

以上の米国の状況を踏まえ、今後日本ではどのような対応が求められるのかを若干検討したい。

まず人事考課の閲覧・開示については、日本には人事記録閲覧法に相当するものは見られないが、九九年の職安法・派遣法改正に合わせて定められた指針で間接的ながら労働者の自己情報コントロール権を認める仕組みが作られた。その対象は限定されているが、目標管理制度の導入や人事考課の目的の多様化を考えると労働者一般への広がりが強く求められている。ディスカバリについてもこれに相当する制度は存在しないものの、九八年に施行された改正民訴法では、米国の質問書をモデルにした当事者照会制度が新設され、文書提出義務も原則一般化された。[22]これに基づき人事考課表等の提出が命ぜられたケースもあり、企業には開示を前提とした体制の整備が求められているといえよう。ただ人事考課が関わる事件では情報は使用者に偏在しているのが現状で、改正民訴法によっても情報・証拠へのアクセスは十分でないと指摘されている。将来予定されている司法制度改革により国民の裁判への関与が高まることと合わせ、武器対等の原則・実体的真実発見といった観点からどのような手続が望ましいのか再検討する必要があろう。

次に人事考課の手法・運用に関しては、米国では立法とともに判例の蓄積が人事考課の客観化・公正さを推進してきたと評価できる。これに対し日本での判例は米国ほど多くはないもの の（大半は組合活動を理由とした不当労働行為事件や組合間処遇差別事件であった）、今後は能力・成果主義の下での処遇格差の拡大とともに訴訟の増加が予想され、人事考課が裁判の争点となることも増えるであろう。さらに、人事考課の開示等により人事考課の内容に踏み込んだ詳細な主張・検討が可能となり、裁判の場でそのあり方がより一層厳しく問われることとなろう。それに合わせ企業内部での規制も検討されていくと思われる。

米国と日本の判例分析によって、人事考課は制度設計・運用が適正に行われなければ、不公正な結果をもたらし得る事を示している。労働者の職務遂行状態を評価するという行為が、基本的には主観性を免れられないことを表しているが、だからこそ制度の設計から運用に至るまで透明性・客観性が強く求められている。人事考課の重要性が増してきた今、日本においても米国と同様に様々な角度からの対応を検討すべきではなかろうか。

（1）本稿は拙稿「人事考課に対する法的規制の日米比較（一）、（二・完）」法学新報一〇七巻七・八号（二〇〇〇年）七一頁、九・一〇号（二〇〇一年）九一頁をフォローアップするものである。紙幅の都合により重複する部分についてはこれを参考にされたい。

（2）Locher & Teel, *Performance Appraisal - A Survey of Current Practices*, 56 Personnel Journal 245, 246 (1977). なお、米国の人事考課制度の現状については、遠藤公嗣『日本の人事査定』（ミネルヴァ書房、一九九九年）、片岡洋子「アメリカの人事考課制度：一九七〇年代以降のホワイトカラーの人的資源管理に関する影響分析」『自己選択と共同性（社会政策学会誌第五号）』（二〇〇一年三月）二三九頁、笹島芳雄『アメリカの賃金・評価システム』（日経連出版部、二〇〇一年）参照。

（3）*See* Administrative Office of the United States Courts, *Federal Judicial Caseload Statistics* (*March 31, 2001*); U.S. Equal Employment Opportunity Commission, *Charge Statistics from the EEOC: FY 1992 Through FY 2001*.

（4）同法に基づく訴訟は「差別的取扱い法理」と「差別的影響法理」を中心に展開されてきた。人事考課関連事件のほとんどは前者の法理を採用している。

（5）K. Sovereign, Personnel Law 198 (4th ed. 1999).

（6）州法の数は資料により異なるが、概ね二〇前後の州で人事記録閲覧法が制定されている。*See* James W. Hunt & Patricia K. Strongin, The Law of the Workplace: Rights of Employers and Employees 47-48 (3d ed. 1994); Hartstein, Rules of the Road in Dealing with Personnel Records, 17 Employee Rel. L. J. 673 (1992).

（7）米国の民事訴訟法やディスカバリについては、浅香吉幹『アメリカ民事手続法』（弘文堂、二〇〇〇年）、外立憲治「「生きた民事裁判」の保障——米国ディスカバリー（discovery）導入への提言」自由と正義二〇〇一年六月号（二〇〇一年）四〇頁参照。

(8) 秘匿特権には、自己負罪拒否特権や弁護士・依頼者間、医師・患者間の秘匿特権等が挙げられる。ワーク・プロダクトの法理は、訴訟当事者や弁護士等が訴訟準備のために作成した文書・有体物については開示から保護するというものである。さらに裁判所は、当事者等からの申立てに基づき困惑、当惑、抑圧または不当な負担もしくは出費から当事者等を保護するために保護命令という形でディスカバリを制限することができる(二六条(c)項)。ディスカバリにおいては個人のプライバシー侵害が問題となり得るが、一般的には不開示または開示制限を求める当事者はその相当な理由を示さねばならず、また開示が制限される場合でも条件付開示や開示先制限等いくつかの方法が例示列挙されている。詳しくは、トーマス・D・ロウ・ジュニア「アメリカ民事訴訟におけるプライヴァシーおよび営業秘密の保護(上・下)」NBL七二九・七三〇号(二〇〇二年)参照。

(9) Locher & Teel, *Appraisal Trends*, 67 Personnel Journal 139 (1988).

(10) Smith, Hornsby & Shirmeyer, *Current Trends in Performance Appraisal: An Examination of Managerial Practice*, 61 S.A.M. Advanced Management Journal 10 (1996).

(11) 人事委員会、司法省、労働省、EEOCにより共同で作成された同ガイドラインは、公民権法第七篇、大統領命令一一二四六号、その他の雇用機会均等関連連邦法に従うべき者に適用されるが、ADEAや一九七三年リハビリテーション法等に基づく責務には適用されない。そして同ガイドラインは、雇用上の決定基準として利用されるテストやその他の選抜手続を対象に、こうした手続が不利な影響をもたらす場合にはガイドラインに従って妥当化されない限り差別的と見なされると規定する。*See* Uniform Guidelines on Employee Selection Procedures (1978), 43 FR 38290-38315 (Aug. 25, 1978).

(12) ただ裁判所は主観的人事考課自体を違法と捉えてはいない。*See* Grano v. Dept. of Development of City of Columbus, 699 F. 2d 836 (6th Cir. 1983). また主観的雇用制度に差別的影響法理が利用できるかについて争いがあったが、連邦最高裁はWatson事件でそれを認めた。*See* Watson v. Fort Worth Bank & Trust, 487 U.S. 977 (1988).

(13) *See* Ashe & McRae, *Performance Evaluations Go to Court in the 1980's*, 36 Mercer L. Rev. 887, 897-902 (1985). こうした態度は特に大学教員の場合に顕著である。*See*, e.g., Jiminez v. Mary Washington College, 57 F. 3d 369 (4th Cir. 1995).

(14) Wade v. Mississippi Cooperative Extension Service, 372 F. Supp. 126 (N.D. Miss. 1974), aff'd in part, rev'd in part, vacated in part, and remanded, 528 F. 2d 508 (5th Cir. 1976). 連邦控訴裁も、本件制度が差別的であるとの地裁判決を支持している。

(15) S.B. Malos, *Current Legal Issues in Performance Appraisal, in* Performance Appraisal: State of the Art in Practice 89-90 (1998).

(16) Leibovitch v. Administrator, Veterans Administration 事件

判決（33 FEP Cases 777（D.D.C. 1982））は、昇進拒否につながった上司の見解が実際の技能を公正に評価したものでなく、六〇歳の人の能力に対する先入観から引き出されたとし、昇進拒否についてADEA違反を認めた。Fadhl v. Police Dept. of City & Cty. of San Fran. 事件（553 F. Supp. 38（N.D. Cal. 1982））では、評価者が全員男性で、その何名かが評価の中で原告を女性的すぎると論評していたこと、そして評価指針が主観的であること等から、解雇が性差別に基づくと判断された。Price Waterhouse v. Hopkins 事件（490 U.S. 228（1989））でも、昇進決定を左右する評価者の性的ステレオタイプが焦点となった。

（17） 109 F. 3d 913（3rd Cir. 1997）, cert. denied 118 S.Ct. 299（1997）. 連邦控訴裁はこのような見解を示しながらも、陪審（報復的差別について原告勝訴の評決を下した）に対する説示に誤りがあったとして再審理を命じている。

（18） 例えば、大学教員に関しては学生による評価が人種的偏見に基づいている等として争われている。*See* Jiminez v. Mary Washington College, 57 F. 3d 369（4th Cir. 1995）.

（19） 連邦控訴裁は、重要な事実に関する真正の争点があること等を理由にこの原告勝訴のサマリジャッジメントを破棄した。差戻審で連邦地裁は、困難事件担当期間中に成果要件の充足を求めた点は不当な取扱いとなり得るとしながらも、原告の反抗的態度をより重視し差別の主張を認めなかった。*See* Weahkee v. Perry, 18 FEP Cases 1440（D.D.C. 1979）.

（20） 判決は、使用者が人事考課を行う契約上の義務を負い、かつ実際にその実施を約束していることを理由に、人事考課実施にあたっての使用者の注意義務を認めている。しかし、多くの裁判所は契約違反とは別の義務違反がなければ「過失ある人事考課」の主張を認めない傾向にある。*See, e.g.,* Mooneyham v. Smith Kline & French Labs, 55 FEP Cases 1777（W.D. Mich. 1990）.

（21） Note, *The Temptation of Performance Appraisal Abuse in Employment Litigation,* 81 Va. L. Rev. 1605, 1626（1995）.

（22） 小林秀之『新民事訴訟法がわかる』（日本評論社、一九九九年）二六頁以下参照。

＊査読委員からご助言を頂いたが、紙幅の関係から十分に反映することが叶わなかった。今後の課題としたい。

（ながよし　ひろみ）

アメリカにおける雇用差別禁止法理の再考察

井村真己
（沖縄国際大学助教授）

一　はじめに[1]

アメリカにおいては、一九六四年公民権法第七編（Title VII of Civil Rights Act of 1964）[2]をはじめとする各種の雇用差別禁止立法が制定されており、かかる手法によって雇用における平等を図ることに関しては、政治的にも社会的にもコンセンサスを得ているということができる。しかし、エプスタイン（Richard A. Epstein）は、その著作である『Forbidden Grounds』[3]において、第七編をはじめとするすべての雇用差別禁止立法は、契約の自由を侵害し、自由で競争的な市場に対して荷重な費用を課すものであるがゆえに廃止されるべきである、との非常に注目すべき主張を行っている。エプスタインは、不法行為法（Torts）を中心とするコモン・ロー学者であり、労働法学者ではない。彼は、政治哲学的にはいわゆるリヴァタリアン（自由尊重主義）[4]の論者であり、また、シカゴ大学における法と経済学学派（いわゆるシカゴ学派）に依拠して、コモン・ローおよび市場の経済的効率性を尊重する立場から、単なる現行の法制度に対する批判ではなく、自らの政治哲学上の理論を構築した上で、法制度に関する理論的なモデルを明らかにしている点に特徴がある。[5]本稿においては、『Forbidden Grounds』におけるエプスタインの雇用差別禁止法理に対する批判を踏まえた上で、差別禁止法理の「効果」をどのようにとらえるべきかという点に関して若干の考察を行うことを目的とする。

二　問題の所在

1　アメリカにおける差別禁止立法の現状

エプスタインの雇用差別禁止法理に対する分析をみる前に、

アメリカにおいて雇用差別禁止法理が政治的にどのように捉えられているか、また同法理に関して彼が問題としているのはどのような点なのかについてみておくことにする。

上述のようにアメリカにおける雇用差別禁止立法としてまず挙げられるのは第七編であるが、年齢を理由とする差別を禁止した一九六七年雇用年齢差別禁止法（Age Discrimination in Employment Act of 1967, ADEA）[6]や、障害を理由とする差別を禁止した一九九〇年アメリカ人障害者法（Americans with Disabilities Act of 1990, ADA）[7]も第七編とは別に制定されている[8]。このようにアメリカにおいては、人種、性別、宗教、年齢、障害を理由とする差別が連邦法により禁止されているが、それ以外にも州のレベルにおいては、連邦法が規制していない分野の差別に関する規制を行っている[9]。このような差別禁止法理の射程の拡大が意味するところは、労働者の労働能力とは関係のない個人的特質を理由とする不利益取扱は、かかる労働者に対する違法な差別であるとして捉え、そのような差別を禁止するという法理によって当該労働者への救済を図ろうという政策的な意図の表れであるということができるだろう。そのことは、一九九一年の公民権法の改正における政治的プロセスにおいて最も典型的に示されている。

一九九一年公民権法の改正は、いわゆる差別的効果（disparate impact）の事例に関して、一九八九年に出されたWard Cove Packing Co v. Antonio 事件の最高裁判決[10]への対応を契機とするものである。Ward Cove 事件は、一見して中立な制度や基準が人種や性別によって差別的な効果をもたらすものであるとしても、かかる基準や制度が雇用上の正当な目的に相当程度役立つことを立証すればよく、業務上必要不可欠なものであることまで立証する必要はないと判示した。この判決は、かかる制度や基準が業務上の必要性や業務関連性をもつものであることを立証しなければならないとしていたGriggs v. Duke Power Co. 事件最高裁判決[11]を覆す効果をもたらすものであった。Ward Cove 判決に対して、連邦議会は、即座にGriggs 判決の判例理論の基準に戻すべく公民権法の改正を提案し、一九九〇年の改正法案は大統領の拒否権行使にあったものの、一九九一年に、差別的効果の判断基準は Ward Cove 判決ではなく、Griggs 判決によることを明言した改正法案の成立をみるに至ったのである[12]。

また、政治家の差別禁止法に対する態度も、一九六四年の公民権法第七編の制定のときは、差別を立法により禁止することの是非について、南部の民主党議員と保守派の共和党議員の反対により議会が二分されるほどの激しい議論があったが、一九九〇年の改正法案および一九九一年の公民権法改正においては、すでにそうした議論はほとんどなくなっていた。このことを典型的に示したものとして、一九九〇年のブッシュ大統領の議会へのメッセージがある。これは、先に述べた公民権法の改正法案に対して拒否権を行使した際のものであるが、大統領は「差別は、それが人種、出自、性別、宗教、または障害のいずれを理由とするものであっても、悪よりも悪いものです。これは、われわれの社会構造を苦しめる根本的な害悪であり、すべてのアメリカ人が絶対に反対しなければならないものなのです。そのためには、現存の反差別法の厳格な施行が必要となります。」と述べている。[13] こうした連邦議会の対応や大統領の言動は、公民権法を道徳的な確信をもって推進していこうとする政治家の意思を示しているものであるということができる。ここでは、法の存在自体は所与のものとし、違法な差別を受けた労働者に対していかなる救済を与えるべきかという法の施行についてのみ議論が集中し、雇用差別禁止法理という原理それ自体に関しては、少なくとも政治の場においてはほとんど論じられていないという状況であるということができる。

2　エプスタインの問題意識

このようなアメリカ国内の政治的な現状に対して、エプスタインは経済的側面からの問題点を指摘している。彼は、公民権法をこれまで差別を受けているがゆえに経済的に不利益な立場に置かれてきた黒人労働者に対して、彼らに対する差別を禁止することによって、その経済的あるいは社会的地位の向上を図ろうとする立法であるという認識を示している。[14] しかし、現実には、黒人労働者の賃金水準は一九六〇年代には特に南部においては向上したものの、一九七〇年代以降は大体白人労働者の水準の八割程度であるにすぎず、また失業率は、景気の変動によってパーセンテージには違いがあるものの、白人労働者との比較でいうならば、黒人労働者の失業率は、一九六〇年代から現在に至るまで大体二倍程度のままで変化していない。[15] これらの数値は、黒人の集団内において所得状況の格差が生じたことを示しており、また公民権法によってすべての黒人が利益を享受しているわけではないことを示唆するものである。[16] エプスタインは、公民権法の効果を分析するためには、上記のような白人労働者と比較した黒人労働者の地位向上を基準とするのではなく、白人労働者の経済的地位を低下させることなく黒人労働者の地位の向上がもたらされているか否かという厚生経済学上のパレート優位性理論（Pareto superiority）を満たすものでなければならないとし、公民権法の制定によって、これらの基準を満たしたという統計的な数値は存在していないと指摘している。[17] エプスタインは、公民権法が制定されたことによって、黒人労働者の雇用が改善されず、またその経済的地位が向上していないのであれば、法の制定による利益をどこに求めるべきなのか、という問題を指摘している。[18]

エプスタイン自身は、公民権法の制定が全く無意味であるから廃止せよと主張しているわけではなく、奴隷制度が廃止されてから一九六〇年代に至るまでアメリカ国内、特に南部において広く行われてきた「分離すれど平等」の法理を体現してきた人種分離制度（Jim Crow）を打破したという点に公民権法の制定の意義を認めている。[19] しかし、エプスタインは、このような人種分離制度が克服されたのであれば、黒人の地位向上のために差別を禁止するという公民権法において選択された政策手段を経済的効率性の観点から再考察することが必要であると主張し、そして、自由で競争的な労働市場とコモン・ローの契約の自由の原則を基盤とするならば、公民権法をはじめとする雇用差別禁止法が存在していなくても、黒人などに対する差別を最小化できるという理論モデルを示しているのである。

三　労働市場と雇用差別禁止法理
——エプスタインによる分析

1　エプスタインの基本的立場

それでは、エプスタインが雇用差別禁止法理に代わる手段として擁護すべきと主張している自由で競争的な労働市場とはどのようなものだろうか。エプスタインによれば、雇用差別禁止法は、「すべての人間に対して、その理由が適切であれ不適切であれ、さらにはまったく理由がなくても、彼が満足した相手と取引することを許容する原理である契約の自由に対するアンチテーゼである」とする。[20] 彼は、このことを国家の立法権に関する考察とコモン・ローの契約の自由は労働市場にもっともよくマッチするものであるという点から導き出している。[21] その上で、雇用差別禁止法は、契約の自由を不当に制限するがゆえに廃止されるべきであると主張しているのである。

2　コモン・ローと労働市場

(1)　国家の立法権

エプスタインによれば、国家の立法権は、暴力と詐欺（force and fraud）を抑制するためにのみ行使されるべきであるとされる。彼は、この点をホッブスの社会契約論から導いている。周知のように、ホッブスは人間の自然状態を「万人の万人に対する戦争」であると位置づけて、人間がそのような自然状態の危機から逃れ個人の安全と社会の秩序を得るためには、自らの権利と自由を主権者（sovereign）に譲渡する契約を締結するべきであるとしている。[22] エプスタインは、ホッブスの自然状態から社会契約への過程についての考察は、人間が抑制なく自己利益を追及する存在であるがゆえに危機が生じるという自然状態の描写と、すべての人間が秩序と引き換えに自由と財産を引き渡すという契約的なロジックの使用を示唆しているところにその意義が存在しているとし、これはアメリカにおける私有財産制と国家の統治システムとの関係について理解するために必須の要素であると指摘している。[23]

エプスタインは、もっとも効率的な国家の運営のためには、どのようなタイプの人間の集団を法的ルールの適用対象とするのが適切なのかということが、上記のような要素を持つ法システムを考察する場合においては重要な問題であるとする。彼は、この問題に解答するために、社会を構成する人間の集団を、「徳（virtue）」を基準として三つの類型に単純化する。すなわち、第一の集団は他者への福祉を常に心にかけている人々であり、第二の集団は社会の大多数を占める普通の人々である。[24]そして、最後の集団は自分の自己利益のためならば暴力や詐欺などの手段に訴えることも辞さないホッブス主義的な人間により構成されているとする。エプスタインは、法システムを効率的に構築するためには、人々は第三の集団に属する人々の破壊的な衝撃を抑制することを意識する必要があると指摘している。[25]彼は、これを刑法の経済分析の理論を参照して説明する。犯罪行為に適用されるべき刑罰について考えてみると、大多数の人々は犯罪を犯すことを日常的に考えているわけではないために、刑罰の重さが一〇%の範囲で上下したとしてもほとんど問題となることはない。他方、常習的な犯罪者にとっては、ある犯罪の刑罰の重さが減少すれば、その犯罪を行うインセンティブを得る可能性がある。このために社会は付加的な警戒のためのシステムを構築する必要に迫られる可能性があり、そのための付加的な費用を負担しなければならないかもしれない。よって、犯罪に対する制裁は、常習的な犯罪者にそれを行わせないために正確に構築することが重要となるのである。これらの点が示唆していることは、法による規制の適用対象は、その規制をもっとも効率的に遂行できることを目的として選定されなければならないということである。エプスタインは、このことを以下のように要約している。

「法はもっとも無法なものを支配しなければならないという観念は、通常の社会の基本的なルールに関するリヴァタリアンの強力な主張の背後に横たわっているものである。これはまた、政府の機能は、人および他人の所有物に対して暴力と詐欺（force and fraud）を用いることを抑制することであるというリヴァタリアンの不変の理論的強調を説明するものでもある。[26]」

このようにホッブスの自然状態論への考察を通じて、エプスタインは、自己利益に動機づけられている人間により構成されている社会においては、法システムを構築するための政府の立法権は、暴力と詐欺を抑制することのみに限定されるべきである、との帰結を導いているのである。

(2)　労働市場

このように国家の立法権が暴力と詐欺を抑制するためにのみ行使されるのであれば、それを労働市場においては行使する必要があるだろうか。彼は、労働市場の定義についてロックの私的所有権に関する理論を根拠として説明する。ロックの所有権においては、人間は自己の身体について排他的な所有権を持つことを前提としている。このことは、自己の身体を用いて行われる労働についても、同様に自己によって所有されていることを意味することになる。エプスタインによれば、このような労働の自己所有のシステムにおいては、人々に他人の労働を支配する権利は認められず、労働を所有している個人が、自分がふさわしいと考える方法で、他人に対して自己の労働の使用を支配する独占的な権利を与えるものであるとする。[27] そして、このように定義された労働を取引する市場である労働市場においては、それぞれの個人は、生産者（労働者）あるいは消費者（使用者）として、活動を行うことができるのである。[28]

このような構造をもつ労働市場においては、市場における取引は基本的に当事者の自発的交換（voluntary exchange）のシステムであるとされる。すなわち、市場に参加している各個人は、自らが欲し、かつ対価を支払うことを望むものにつき、最良の審判者であり、取引の内容が自らの利益にならないと判断したならば、相手方の申し出を拒否する権利を有している。このような交換においては、「自発的な買い手と自発的な売り手がいるかぎり、かかる交換に対して彼ら以外の全員が無関心、あるいは反対であっても、彼らはいかなる物についても交換できる」のである。[29] そして、エプスタインは、自発的な交換を基礎とする市場においては、国家による介入は最低限に限定されなければならないと指摘する。なぜならば、自発的な交換を行う各当事者は、利益があることを信じるがゆえに合意するのであるから、国家は、当事者の合意に対して主観的な価値判断を行う必要はなく、ただ交換の過程において暴力や詐欺が用いられていないかどうかをチェックするだけで十分なのである。[30]

(3) エプスタインによる差別禁止法理の定義

エプスタインによれば、このように定義づけられた自由で競争的な労働市場においては、差別とは「人種、性別、年齢を理由とする取引の拒絶（refusal to deal）」であり、雇用における差別を禁止するということは、かかる取引の拒否を市場において違法な行為とすることであるとする。[31]

上述したように、エプスタインは国家の立法権を暴力と詐欺の抑制に限定していることから、雇用差別禁止法が制定可能かどうかは、差別は暴力と同様に扱われるべきか否かという問題に帰着することになる。しかし、エプスタインは、差別は暴力との間には明白な相違があるとする。なぜならば、暴力および詐欺は具体的な財産の損害を伴うものであるがゆえに私有財産制度を脅かすものであり、不法行為法は、こうした暴力や詐欺を禁止することによって、所有権を保障するものである。これに対して、他人を差別しようとする人は、いかなる理由であれ単にその人との取引を拒否すればよく、暴力を用いる必要はない。また、取引の過程において差別の犠牲になった人は、取引によって利益を得ることができなかったという意味においては確かに損害を被っているかもしれないが、しかし、彼らは「自らの原始的な一連の権原生命、手足および所有物を保持したまま[32]」であり、具体的な財産の損害を伴っているわけではない。エプスタインによれば、このような原始的権利としての所有権の枠組の中においては、差別の禁止は暴力の禁止と同一に論じることはできないものとされる。

エプスタインは、競争的市場において、取引の拒否という差別の犠牲になっている人々は、差別をしない使用者を探索することに集中すればよいのであり、また取引を拒否されているのであれば、自分の要求する条件を切下げることによって、使用者の注意を喚起することが可能であるとする[33]。国家の立法による介入が暴力と詐欺のみに限定されている彼の労働市場のモデルにおいては、雇用差別禁止法のみならず、契約の自由というコモン・ローの原則を制限することになる立法はすべて不要なものとみなされることになるため、最低賃金法などのその他の労働立法も、市場に過重な費用を負担させるものとして廃止されるべきものであることになる[34]。よって、契約を締結するために自らが要求する労働条件を切下げることにつき、労働者は法的な制約を受けることなく自由に行いうることになる。そうであるならば、差別の犠牲になった労働者は、市場において自由な参入が保障されている限りは、職を得る可能性が十分に認められ、そこから経済的地位の向上を図っていくことが可能であるということになる。エプスタインは、労働法による市場への介入がなくとも、被差別者の経済的地位の向上を行うことは十分に可能であると主張しているのである。付言するならば、エプスタインは、長期間にわたる人的な関係である雇用契約においては、その組織管理における効率性の観点から、ある種の差別を行うことは、企業の競争力を改善することができるとして、認められるべきであると主張しており[35]、雇用における平等の実現は必ずしも必要ではないとしている。

四　雇用差別禁止法理の「効果」に関する考察

1　差別を禁止することの法的利益

エプスタインの雇用差別禁止法理に対する原理的な批判は、法律学の観点からよりはむしろ、経済学、政治学、哲学などの領域において、より大きな注目を集めている[36]。また、『Forbidden Grounds』をめぐる書評の多さが、エプスタインの喚起した問題の重要性を示しているものといえよう[37]。これらの議論自体非常に興味深いものであるが、ここでは、差別禁止法理の「効果」をいかに把握するかという点に焦点を絞って若干の考察を試みることにする。

すでに見てきたように、エプスタインは、差別禁止法理によって差別の犠牲者の経済的地位の向上が図られないのであれば、かかる法理は自由で競争的な市場に対して害をもたらすものであるとして、その廃止を主張している。そして、その経済的地位の向上は、他の人々の経済的地位を低下させることなく実現されなければならないとする。確かに、採用・昇進・賃金等において差別を受けるということは、少なくとも当該労働者に対して経済的な不利益をもたらすものであることは明らかである。すなわち、労働者が採用において差別されたならば彼は職（賃金）を得ることができないという経済的な問題と結びつけられることになるし、それ以外の昇進、解雇などにおいて差別を受けた場合であっても同様の問題が生ずることになる。このことは、差別禁止法理は、雇用における差別を禁止することによって、差別された労働者への救済を通じて彼らの経済的地位の向上を図ることをその目的とするものでなければならないということは否定できない。

しかし、差別を禁止することの法的利益をそのような経済的な観点からのみで理解することは必ずしも妥当ではない。なぜならば、まずなによりも、わが国の憲法一四条や労基法三条が示しているように、「差別されない」という権利は、平等を実現するための手段として非常に重要な意味を有している。そして、差別の犠牲者は、自らの能力とは関係のない、使用者のステレオタイプ的な偏見によって差別を受けているということができるが、そのことによる不利益は、エプスタインの主張するような単なる取引の拒絶による経済的な不利益のみならず、労働者の人格権侵害その他の精神的苦痛といった人格的利益の侵害をもたらすものでもある[38]。こうした人格的利益への侵害は、差別の犠牲になっている労働者にとって、差別をしない使用者を探索する活動を抑制することになり、彼らにとって不利益な決定が差別の結果であるか否かを知りえないのであれば、能力を基礎としてなされた決定も差別的なものと感知されることになるであろう[39]。かかる問題を認識するならば、差別を禁止するということは、労働者にとっては、能力以外の自分の属性に関しては、雇用関係における不利益取扱の理由とはならないという認識を与えることであり、このことが、現実の雇用における平等の実現のために重要な役割を果たすものといえるのであって、こうした効果を過小評価すべきではない[40]。

このように考えてくると、差別を禁止することの意義は、差別の犠牲者の人格的利益の保護とそれによる雇用における平等の実現を基本としつつ、それに加えて差別を受けた者の経済的地位の向上をはかることであるということができ、差別を禁止するための法律を制定する場合、この両者の間でいかにバランスをとるかということが重要になるのではないかと思われる。

エプスタインの主張は、あまりに経済的側面のみを強調しすぎているという点で問題があるといわざるを得ないであろう。

2　差別禁止法理は有効な規制手段か

上記のように、差別を禁止することの法的利益について単なる経済的利益以上のものが認められるとしても、そこからただちにアメリカにおける現行の雇用差別禁止立法が有効な規制手段であると認めうるかに関しては、慎重にならざるを得ない。なぜならば、すでに見てきたように、アメリカにおける雇用差別禁止法理に関わる議論は、差別を禁止することの是非についてはほとんどなく、いかに差別の犠牲者を救済するかという法の施行に関するものが中心となっている。その結果、公民権法をはじめとする現行の差別禁止法理は、膨大かつ複雑な法体系となっており、雇用関係の当事者にとって、いかなる行為が差別とみなされるのかということを直観的に理解することが困難となっている。このような法規制のあり方は、平等の実現という観点から果たして妥当なのかどうかについてさらなる考察が必要であろう。

この点に関して、ブルムロウゼン（Alfred W. Blumrosen）は、第七編の制定後の労使・政府の法への対応や裁判所、行政機関、議会の相互作用を通じて、第七編の本来的な意味であった雇用における平等な機会という原理は、今日では差別の犠牲者に対する地位の改善へと解釈されるようになっていると評価している。[41] そして、この変化は、法をより技術的でありながら影響力の小さなものとすることとなり、都市の貧困者問題、労働者の国際移動などの現代的な問題に対して十分なに対応でなくなっていることから、差別禁止法はもはや多くのアメリカ人の改善には十分な効率性をもちえないと主張している。こうした主張が意味するところは、歴史的な差別の問題を解消するための差別禁止法理は、かかる観念が定着した後に生じてきた、より新しい差別の問題を解消するための法理とは異なるものとして考察することの必要性を示唆するものではないかと思われる。

五　おわりに

本稿は、エプスタインの雇用差別禁止法理に対する批判について、主に労働市場と国家の立法権との関係からみてきた。最後に、エプスタインの主張の意義とその問題点について、わが国への示唆となりうる点について若干指摘しておくことにする。

エプスタインの主張の問題は、自由で競争的な市場を前提とした理論にすぎない点にある。彼は、自由な参入が保障されている市場においては、労働者も使用者も無限に存在しているものといいうるから、労働者が差別を受けたとしても、他の使用者を探索することが可能となると主張している。しかし、現実の労働市場についてみるならば、労働者として市場に参入することは比較的自由に行うことが可能であるといえるかもしれないが、すべての人間が使用者となるだけの資力ないし能力を保持しているわけではなく、自由な参入が保証されていることをもって、使用者が無限に存在していることと同等であるということは難しいものと思われる。このように使用者が無限に存在するものではないとするならば、取引を拒絶された（差別を受けた）労働者は、自分と取引を行う用意のある他の使用者を捜すことにつき、相当の困難を生ぜしめることになろう。また、アメリカとは異なり、わが国は憲法において生存権や労働権が保障されていることから、エプスタインの定義する労働市場の場合であっても、国家は、市場における弱者を救済するための立法を迫られることになろう。よって、エプスタインの主張をわが国の状況にそのまま適用することはできないと思われる。

エプスタインの主張の意義としては、差別禁止法理というアメリカの「知識人、事業家、政治的エリート層から巨大な支持」[42]を受け、相当広範に認められている社会的合意に対して、積極的な批判を行うことによって議論を喚起したことが挙げられよう。『Forbidden Grounds』の内容そのままの政策が実現する可能性は低いとはいえ、第七編に対して説得力のある批判を展開したことの意義は大きいものといわねばならない。また、わが国においても、年齢を理由とする差別を禁止するという政策の方向性が示されているが[43]、その枠組を構築していく上で、差別を禁止するという目的と効果をどのように考えるかという点について有益な示唆が得られるのではないかと思われる。

（1） 本稿は、井村真己「アメリカにおける雇用差別禁止法理の再考察『Forbidden Grounds』への批判的検討を中心として」六甲台論集法学政治篇四四巻三号一〇三頁（一九九八年）をベースとしたものである。

（2） Pub. L. No. 88-352, Title VII, 78 Stat. 253（1964）（codified as amended at 42 U. S. C. §§2000e to 2000e-17（2001））. 以下では第七編と略す。邦語文献として、中窪裕也『アメリカ労働法』（弘文堂・一九九五年）、マック・A・プレイヤー（井口博訳）『アメリカ雇用差別禁止法』（木鐸社・一九九七年）などを参照。

（3） RICHARD A. EPSTEIN, FORBIDDEN GROUNDS: THE CASE AGAINST EMPLOYMENT DISCRIMINATION LAWS（1992）[hereinafter FORBIDDEN GROUNDS].

（4） リヴァタリアンとは、自由市場、絶対的所有権、および最小国家（minimal state）を擁護する政治哲学の一理論であり、ノージック（Robert Nozick）が有名である。ROBERT NOZICK, ANACHY, STATE, AND UTOPIA（1974）. 日本語訳として、島津格訳『アナーキー・国家・ユートピア』（木鐸社・一九八九年）を参照。またノージックの理論を解説したものとして、ジョナサン・ウルフ（森村進・森村たまき訳）『ノージック所有・正義・最小国家』（勁草書房・一九九四年）も参照。

（5） 他の著作として、TAKINGS: PRIVATE PROPERTY AND THE POWER OF EMINENT DOMAIN (1985), BARGAINING WITH THE STATE, (1993), SIMPLE RULES FOR COMPLEX WORLD (1995), MORTAL PERIL: OUR INALIENABLE RIGHT TO HEALTH CARE? (1997), PRINCIPLES FOR A FREE SOCIETY: RECONCILING INDIVIDUAL LIBERTY WITH THE COMMON GOOD (1998) などがある。彼が問題とする領域は極めて広範にわたるが、そのいずれにおいても、自由で競争的な市場を擁護し、市場に対する国家の立法による介入は最小限に留めるべきであるとの主張を続けている。

（6） Pub L. 90-202, 81 Stat. 602 (1967) (codified as amended at 29 U.S.C. §§621 to 634 (1996)).

（7） Pub. L. 101-336, 104 Stat. 327 (1990) (codified at 42 U.S.C. §§12101 to 12213 (1996)).

（8） この他、企業年金における受給権の保護においても同様の法理が用いられている。Employee Income Security Act of 1974, Pub. L. No. 93-406, 88 Stat. 829 (1974) (codified as amended at 29 U.S.C. §§1001-1461 (1988) and in scattered sections of the I.R.C. (1988)). なお、ERISAにおける受給権の保護と差別禁止法理については、拙稿「アメリカにおける企業年金の受給権保護をめぐる諸問題」六甲台論集法学政治篇四三巻三号二一頁（一九九七）を参照。

（9） たとえば、ハワイ、ウィスコンシンなどをはじめとするいくつかの州においては、性的嗜好を理由とする差別が禁止されている。また、最近では、遺伝子情報（genetic information）に基づいて労働者の健康状態を調べることも差別の問題として捉えられるようになってきている。*See* Natalie E. Zindorf, *Discrimination in the 21st Century: Protecting the Privacy of Genetic Information in Employment and Insurance*, 36 TULSA L.J. 703 (2001).

（10） 490 U.S. 642 (1989). 日本語による解説として、中窪裕也「岐路に立つアメリカ雇用差別禁止法」日本労働研究雑誌三八〇号二頁（一九九一年）を参照。

（11） 401 U.S. 424 (1971).

（12） Pub. L. No. 102-166, 105 Stat. 1074 (1991). 日本語による解説として中窪裕也「アメリカ雇用差別禁止法のその後――一九九一年公民権法の成立」日本労働研究雑誌三八八号四二頁（一九九二年）を参照。

（13） Veto Message of President George Bush (October 22, 1990), *available at* 〈http://thomas.loc.gov/cgi-bin/query/C?r101:./~r101jV1Jea〉.

（14） Richard A. Epstein, *The Paradox of Civil Rights*, 8 YALE L. & POL'Y REV. 299 (1990) [hereinafter Civil Rights].

（15） The Council of Economic Advisers, *Changing America: Indicators of Social and Economic Well-Being by Race and Hispanic Origin* (1998), *available at* 〈http://w3.access.gpo.gov/eop/ca/pdfs/ca.pdf〉.

（16） *Civil Rights, supra* note (14), at 300-301.

（17） *Id.* at 305-306. パレート優位性理論は、厚生経済学において利用される効率性定理である。ある政策が、他の人の状態を悪化させることなく、少なくとも一人の人間の状態を改善するならば、かかる政策はパレート優位であるということができる。また、他の人の状態を悪化させずにはいかなる個人の状態をも改善できない場合、パレート最適（Pareto efficiency）が達成されたことになる。

（18） *Id.*

（19） *Id.* at 309-310.

（20） FORBIDDEN GROUNDS, *supra* note（3）, at 3.

（21） この分析枠組は、エプスタインの主張の基本的基盤となっている。エプスタインは『Forbidden Grounds』に先立って、合衆国憲法第五修正の公用収用（taking）に関する問題を論じた『Takings』において、この立場を詳細に論じている。『Forbidden Grounds』においても、この立場に基づいて論述されているため、ここでは、『Forbidden Grounds』の内容を中心としつつ必要に応じて『Takings』も参照する。

（22） THOMAS HOBBES, REVIATHAN, ch. 13（1651）. 日本語訳として、水田洋訳『リヴァイアサン(一)』（岩波書店・一九五四年）を参照した。

（23） TAKINGS, *supra* note（5）, at 8. もっとも、絶対的な主権者に自由を財産を譲渡することにより成立するというホッブスの社会契約の形式は、その契約の参加した人間の生活が自然状態よりも多少なりともよくなれば、それだけで主権者が偉大なる勝利者となってしまい、主権者は法的独占者として個々の人間を平和に保つ最低限の誘因のみを許容し、残りを自分で収用してしまうであろうことをエプスタインは指摘し、ホッブスの主張通りの社会契約は不適切であるとしている。彼は、この点についてはロックの市民政府論に依拠している。ロックの社会契約論は、ホッブスのように国家を構成する個々の人々が絶対的な主権者にすべての自由と財産を譲渡するのではなく、人々の合意によって政府が形成されるという信託の形式をもつものである。JOHN LOCKE, TWO TREATISES OF GOVERNMENT, ¶149（1690）. 日本語訳として鵜飼信成訳『市民政府論』（岩波書店・一九六八年）を参照した。*See also* TAKINGS, *supra* note（5）, at 10-16.

（24） エプスタインは、これをヒュームの言葉を借りて「限定された寛容さ（confined generosity）」をもつ人々、と定義している。FORBIDDEN GROUNDS, *supra* note（3）, at 17.

（25） *Id.* at 19.

（26） *Id.*

（27） *Id.* at 23.

（28） *Id.* at 23-24.

（29） *Id.* at 25.

（30） *Id.* at 25-26.

（31） *Id.* at 29.

（32） *Id.* at 30.

（33） *Id.* at 36-37.

（34） エプスタインは、ニュー・ヨーク州の労働時間制限立法を違憲とした Lochner v. New York 事件最高裁判決（198 U.S.

45（1905））による契約の自由の「憲法化（constitutionalize）」を支持すべきであって、ニュー・ディール期の労働立法は不要であったとしている。FORBIDDEN GROUNDS, *supra* note（3）, at 105-109.

（35） *Id.* at 59 - 69. 彼は、これを自発的分離（voluntary segregation）と称している。

（36） たとえば、サン・ディエゴ大学において開催された、『Forbidden Grounds』の内容に基づくシンポジウムにおいては、経済学や政治学など様々な観点からエプスタインの主張に関する議論が展開されている。*See, Epstein / Title VII Symposium*, 31 SAN DIEGO L. REV. 1-278（1994）.

（37） 主なところでは、Marion Crain, *Rationalizing Inequality: Antifeminist Defense of the "Free" Market*, 61 GEO. WASH. L. REV. 556（1993）; J. Hoult Verkerke, *Free to Search*, 105 HARV. L. REV. 2080（1992）; George Rutherglen, *Abolition in a Different Voice*, 78 VA. L. REV. 1463（1992）; Noman C. Amaker, *Quttin' Time?: The Antidiscrimination Principle of Title VII vs. The Free Market*, 60 U. CHI. L. REV. 757（1993）; John J. Donohue III, *Advocacy Versus Analysis in Assesing Employment Discrimination Law*, 44 STAN. L. REV. 1583（1993）など。

（38） この点については、エプスタインに対する批判者の多くが指摘しているところである。たとえば、ヴァーカーク（J. Hoult Verkerke）は、エプスタインの主張は、差別の犠牲者が経験したフラストレーションや怒りを無視したものであるところに問題があることを指摘している。*See*, Verkerke, *supra* note（37）, at 2084.

（39） *Id.* at 2086-87.

（40） Evan Tsen Lee, *Epstein's Premises*, 31 SAN DIEGO L. REV. 203, 204-205（1994）.

（41） ALFRED W. BLUMROSEN, MODERN LAW: THE LAW TRANSMISSION SYSTEM AND EQUAL EMPLOYMENT OPPORTUNITY（1994）.

（42） FORBIDDEN GROUNDS, *supra* note（3）, at 3.

（43） 経済企画庁「雇用における年齢差別禁止に関する研究会　中間報告」労旬一四九三号五七頁（二〇〇〇年）。〈http://www5.cao.go.jp/2000/e/0627e-koyou-chuukan.pdf〉.

（いむら　まさき）

フランス労働法制の歴史と理論

——労働法学の再生のための基礎的考察——

水町　勇一郎
（東北大学助教授）

はじめに——問題の所在

日本の労働法学は二つの意味で危機に瀕している。

第一に、理論法学としての危機である。労働法学は、本来歴史と思想に根差した学問である。しかしながら、今日の日本における議論はこれとは懸け離れた状況にある。社会の大きな変化、改革の波のなかで、次々に現れる新たな法改正や個別の法解釈に議論が集中し、その前提としてなされるべき歴史的・思想的な視点からの本質的な考察を欠いたまま、議論は迷走している観がある。

第二に、実践法学としての危機である。労働法学は、本来労働者の社会生活に根差した学問として生まれたものである。しかし、日本の労働法学においては、法（労働法の建前）と実態（労働者の実際の社会生活）との乖離が放置されたまま、事実としての社会変化が進んでいくなかで、規範を語るべき労働法学は将来の社会のあるべき姿について明確なヴィジョンや実効性のある処方箋を提示できていない。社会的な閉塞感が漂うなかで、労働法学は実践法学としても十分な役割を果たしていないように思われる。

本論文は、以上のような深刻な危機意識の下、よりダイナミックな歴史の動きとより深く独創的な理論研究を反映したフランス労働法制のあり方を考察することを通じて、日本の労働法学の再生へ向けての鍵——労働法学をめぐる歴史的視点・理論的基盤とそれに基づく新たな労働法学のヴィジョン——を提示することを試みるものである[1]。

一　フランス労働法制の歴史
——「労働法」をめぐる四つの時代

ここではまず、労働法の歴史的・思想的背景を知るために、フランス労働法制の歴史的動態、特にフランスの社会において労働がどのような意味をもち、これに対して法（労働法）がどのような役割を担ってきたのかを、大きな流れとして捉えることにする[2]。

1　「伝統的規制」の時代（〜一七八九年）

まず第一に、フランス革命以前のフランス社会における労働のあり方はいかなるものであったのか。その最大の特徴は、農村では地域社会における封建的・共同体的関係（①家族や地域による横のつながりと②領主の下での縦のつながり）、都市部では同業組合による厳格な規制（①外部者の排除による仕事の独占と②内部での競争・職域侵害の抑制）の下、そこで働く人々は一定の社会的地位や安定を享受しながら生活していたことにある。

しかしながらここでは、これらの伝統的規制の枠外にいた者（浮浪者や物乞いなど）は危険分子として排除・抑圧の対象とされ、また、伝統的規制の内部では権力者の恣意的な決定や外部環境の変化（例えば商人資本主義の台頭）のなかでその閉塞性・硬直性が問題として顕在化していったという点には注意が必要である。

2　「個人の自由」の時代（一七八九年〜一八八〇年代）

これに対し、このような伝統的規制を撤廃し、「個人の自由」に基づく近代的な社会を構築しようとしたのがフランス革命であるが、その背景では「労働」概念に関する大きな転換がみられていた。その重要な契機となったのは、アダム・スミスが提唱した自由経済主義である。スミスは、それまで社会的に軽視・蔑視されていた労働——それまで西洋社会では労働は奴隷や下層民が行う卑しい行為とみられる傾向があった——を富の源泉と位置づけ、これを自由な交換システム（市場）に委ねることによって社会全体の富の増大がもたらされると主張したのである。そこでは、労働がそれまでの伝統的規制から解放されるべき「自由」なものであり、かつ、交換の対象として人間から切り離され得る「抽象的」なものと捉えられており、労働概念の二重の意味での転換が図られている。この「自由で抽象的な労働」という新たな概念は、法の世界でも、団結を禁止し労働を「個人の自由」の下においた一七九一年のル・シャプリエ法や、労働関係を「役務の賃貸借」契約として捉え契約自由の原則の下に置いた一八〇四年民法典（ナポレオン法典）によって、実定法のなかに取り込まれることになる。

このようにフランス革命によってもたらされた「個人の自由」の時代は、その後一九世紀に入ると大工場で働く労働者の貧困化・反社会化という深刻な社会問題を生むことになるが、フランスではこの「個人の自由」の時代がなお一九世紀後半まで約一〇〇年にわたって続くことになる。その理由としては、①伝統的に農業や手工業が主流であったフランスでは産業化・工業化の進展が遅れ、貧困化した大工場労働者の問題はなお数の上では少数の者の問題に止まっていたこと、および、②フランス革命以来の根強い自由主義思想が社会問題に対して国家が介入することへの大きな障害となっていたことが挙げられる。

3　「労働法の誕生・発展」の時代（一八八〇年代～一九七三年）

しかし、一九世紀後半の第二次産業革命の進展に伴いフランスでも労働者階級が本格的に形成されるようになると、国家も社会問題に対して積極的に介入することを迫られるようになる。当時の第三共和政政府は、労働運動の高まりのなか、職業組合を結成する自由を認めた一八八四年のヴァルデク＝ルソー法を皮切りに、一九世紀後半から二〇世紀の前半にかけて、数々の労使関係立法、労働者保護立法、社会保険立法を制定し、国家法としての「労働法」（広い意味では「社会法」）を成立させるに至った。このようにして生まれた労働法は、実は、この時代の社会的・思想的背景に大きく規定されて構築されたものであった。その背景としては、第一に、工業化の進展のなかで普及していった科学的・分業的労働編成方式としてのテイラー主義、第二に、工業化・社会的分業化が進むなかでは細分化された個人間の有機的連帯を維持することが重要であるとするデュルケームの連帯理論、第三に、完全雇用の実現のために国家が積極的に介入することを提唱するケインズ主義の三つが挙げられる。これらの社会的・思想的背景のなかで描き出された一つのモデルが「無期・フルタイム・集団的・従属労働者」モデルであり、これに対して国家が一律に規範を設定しこれをあまねく適用するというのが、ここで生まれた労働法のあり方であった。

このようにして生まれた労働法は、さらに第二次大戦後——特に「栄光の三〇年」と呼ばれた経済成長期——に大きな発展を遂げることになるが、そこでは労働法が「経済」と協働的に発展を遂げたという特徴がみられた。すなわち、国家主導のケインズ主義政策の下、「社会の発展（労働法・社会保障法の充実）」が消費の拡大を通して「経済成長」をもたらし、さらにこの「経済成長」がその成果の公正な分配という形で「社会の発展」につながるという好循環がみられていたのである。この政策の先導役を果たしていたのがいわゆる「福祉国家」「社会国家」であった。

4　「労働法の危機・変容」の時代（一九七三年〜）

　このように一九世紀末以来発展を遂げてきた労働法は、一九七三年のオイル・ショックに端を発する経済危機を分岐点として、危機・変容の時代を迎えることになる。その背景には、大きく次の二つの事情がみられていた。第一に、ケインズ主義・福祉国家の危機、すなわち、国際競争の激化に伴う経済成長の減速化のなかで、失業率が高まり、社会保障の財政赤字が累積するなど、国家による労働・社会政策の行き詰まりがみられるようになり（換言すれば、経済成長→社会の発展→経済成長という好循環が途絶え、経済状況悪化→社会的負担増加→経済状況悪化という悪循環が生まれた）、第二に、社会の多様化・複雑化、すなわち、ポスト工業化の社会趨勢のなかで企業の経営・生産体制や労働者の就業形態は多様化をたどり、労働法が前提としてきたモデル（「無期・フルタイム・集団的・従属労働者」モデル）と多様化する実態との間の乖離が拡大していったのである。このような状況のなか、労働法はその規制のあり方および規制の対象の二つの面で以下のような変容をみせるに至っている。

　第一に、規制のあり方については、「分権化・柔軟化」、すなわち、従来の「中央集権的」で「硬直的」な規制から「分権的」で「柔軟」な規制への変化が生じている。例えば、一九八二年一一月一三日の法律が企業レベルでの定期的な団体交渉義務を設定して以来、団体交渉の分権化が大きく促され、また、法定労働時間を週三九時間から三五時間に短縮したオブリー法（一九九八年六月一三日の法律および二〇〇〇年一月一九日の法律）などでは、本来一律に適用されることが想定されていた法律規定の内容に対し労使の協定によってその例外や具体的適用条件を定めることが促されている。

　第二に、規制の対象については、「多様化・個別化」、すなわち、「無期・フルタイム・集団的・従属的労働者」という「一元的」モデルを前提とした「集団的」規制から「多様」な労働形態を前提とし「個人」を重視する規制への変化がみられている。例えば、社会的に増加をたどっているパートタイム労働者、有期契約労働者、派遣労働者などの非典型的労働者に対し十分な社会的保護を与えるための法的整備が進められ、労働法自体の多様化が進んでいるとともに、労働者個人に労働編成・労働条件などに関する意見表明権を認めた一九八二年八月四日の法律や職務上発明をした労働者個人に対して特別報酬を支払うことを義務づけた一九九〇年一一月二六日の法律など、労働関係における個人の権利や責任を重視する傾向がみられているのである（ただし、労働者の個人的同意によって法律規定の例外を設けるいわゆるコントラクト・アウトはフランスでは認められていない）。

　以上のように、フランスの労働法制は、これまで前提としてきた旧来型のモデルが溶解するという社会変化のなかで、現在変革の過渡期を迎えている。そして、これらの変化の根底部分では、「国家による規制」か「当事者自治」か、「集団」か「個人」かという労働法や社会のあり方の根幹にかかわる大きな問題が問われるに至っている。そこで次に、これらの変化の含意およびその今後の方向性をより深く慎重に探っていくために、その根底で展開されている様々な理論を広くみていくことにする。

二　フランス労働法制の理論
——「労働法」をめぐる四つの基本概念

現在のフランスにおいては、労働法や労働社会のあり方をめぐって、経済学、社会学、歴史学、哲学、法学など幅広い領域で様々な議論が展開されているが、ここでは「労働法」の基本概念として論じられている四つの概念（「自由」か？「社会」か？「手続」か？「労働」自体の見直しか？）という視点から、代表的な諸説を概観することにしたい。

1　「自由」——ネオ・リベラル経済学による議論[3]

まず第一に、「自由」を標榜するフランスのネオ・リベラル経済学は、現代の労働法を個人の利益より特定集団の利益（特に政治的に力をもつに至った労働組合の利益）を優先するために作られた法であり、この労働法による労働者（雇用を得ている者）への過剰な保護が失業者（雇用をもたない者）を生む原因になっていると批判する。そして、このような不公正をなくすためには、法はフランス革命の精神である「個人の自由」を保障する古典的な法に立ち帰るべきであると主張している。

しかし、フランスにおいては、このようなネオ・リベラリズムの主張は、アメリカや日本ほど社会的に大きな影響力をもつには至っていない。フランスには「自由経済」よりも「社会」や「連帯」を重視する意識がなお根強く残っているからである。そこで次に、ネオ・リベラル経済学の対局に位置づけられうるロベール・キャステルの「社会性」理論をみていくことにする。

2　「社会」——キャステルの「社会性」理論[4]

歴史学者・社会学者であるキャステルは、まず、「社会性（sociabilité）」という観点からフランス社会の歴史を分析する。それによると、フランス革命による「個人の自由」——伝統的相互依存関係の分断——の下で「社会性」を失った労働者に対し、改めて「社会性」を付与したのが一九世紀末に誕生した「労働法」であり、この国家による集団的保護の下で「労働を基盤とした連帯社会」が誕生した。しかし、一九七〇年代以降の国際競争の激化、産業構造の変化のなかで失業が発生・増大するようになり、「労働」とともにそれに付随する「社会性」を失う者が増加するという新たな社会問題が発生するに至っているとされる。

このような歴史認識のうえで、キャステルは次の二点を指摘する。第一に、長期失業者などへの最低所得保障であるＲＭＩ（社会復帰最低所得保障）の受給者の三分の二が雇用を最も求めているという調査結果からすると、やはり「労働」によって社会性を基礎づけていくことが重要であること、第二に、家族や地域などの基礎的社会関係が崩壊している今日において国家による社会的保護まで後退するということになると、市場主義の弊害（弱肉強食の支配、社会性の崩壊）は一九世紀よりもより深刻な事態をもたらすことになることである。そこで、キャステルは、国家の政策的な介入によって「労働」とそれに伴う社会的権利・利益を広く分かち合うこと――ワークシェアリングによって失業者にも労働とそれに伴う社会性を付与すること――が重要であると主張している。フランスの三五時間労働制への移行の背景の一つには、このように「社会」と「連帯」を重視する理論が存在している。

3　「手続」――法の「手続化」理論(5)

「自由」や「社会性」という実体的概念を基盤とする以上の二つの理論とは異なり、問題の認識や解決に至る「手続」を重視しようとするのが、法の「手続化」理論である。この理論によると、これまでの労働法は工業化時代のフォード・モデルを前提として成り立っている、すなわち、①上部で設定された画一的な規範を下部に演繹的に適用するものであり、かつ、②社会的利益の代表者として労使という二当事者を固定的に設定したものであるという二つの特徴をもっていることを指摘したうえで、この規制モデルがポスト工業化時代の社会の多様化・複雑化に対応できずに機能不全を来しているとされる。この問題に対応するために、現在、「ネオ・リベラル」モデルや「社会民主主義」モデルが提唱されているが、これらのモデルも、規範（「効率的市場」や「社会的規範」）が問題状況の外でアプリオリに設定されこれが一律に適用される点（すなわち、規範の外部性・画一性という点）で、旧来の労働法と同様に根本的な問題を内包するものであるとされている。この根本的な問題点を克服し、社会の多様性・複雑性に対応する新たなモデルとして提唱されているのが「手続的規制」モデルである。すなわち、そこでは、経済的効率性や社会的正義といった単一の理性ではなく、複数の理性・合理性があることを前提としつつ、広く問題にかかわる全ての当事者に開かれた交渉の場で、多面的・複眼的な観点から問題の認識および解決が図られることが志向されており、このような内省・省察（réflexivité）が行われる手続自体に新たな理性が見い出されている。

そして、実際の労働法制のなかでも、手続的規制を重視する近年の解雇法制や、労働時間短縮の具体的実施方法を基本的に労使交渉に委ねたオブリー法など、決定の実体的な内容よりも決定に至る手続を重視する傾向がみられていることは注目に値する。

4 「労働」――シュピオの労働法理論・メダの政治哲学

これに対し、「労働」概念（特に近代的な労働概念）自体を根本的に問い直すことによって、新たな法と社会のあり方を探求しようという研究もみられている。このような視点からの研究として、労働法学者アラン・シュピオ[6]と政治哲学者ドミニーク・メダ[7]の間の対照的で論争的な研究がある。

まず、シュピオは、労働法の本質は、労働を「物」とみる近代的な契約の枠組みを前提としつつ、これに労働の「人」としての側面を組み込んだ――法によって労働者に集団的地位・自由を付与した――点にあると分析したうえで、今日では、経済学や経営学などの社会科学に基づく「事実としての規範（normativité）」によって「価値判断としての法（légalité）」が侵食され、労働に本来内在している「人（主体）」としての側面が損なわれる傾向にあることを批判している。このような問題意識の下、シュピオは、労働者に「労働に就く最低限の地位（statut minimum du travail）」を保障することを提唱する。すなわち、労働者に人間としての正当な地位を保障するのは所得最低保障（金銭）ではなく労働であるという認識の下、一定期間就労した全ての人に自ら選択した労働に一定期間就く法的権利を認めることによって、労働による人間性の回復を図ることを主張しているのである。

このようにシュピオは、客体化・矮小化された労働に改めて人間性を吹き込むことによって労働の本来の姿を取り戻そうとしているが、これに対し、労働そのものを徹底的に批判して社会のあり方を根本的に見直そうとするのがドミニーク・メダである。

メダは、原始社会以降の労働および社会のあり方を歴史的に考察し、「労働によって基礎づけられた社会」という今日の姿は一九世紀以降の歴史的・思想的産物（アダム・スミスやヘーゲル、マルクスなどによって規定されたもの）にすぎないとしつつ、この近代的な労働観に対して、次の二点で厳しい批判を行う。すなわち、第一に、この近代的「労働」社会は、いくつかの根本的な問題（①美しさや平和など真の社会的な豊かさを考慮できない、②富の増大の目的や富の分配における正義を忘却している）を内包している経済思想に支配されたものであり、現にその問題点が環境破壊、社会の分断化、不平等の拡大といった形で顕在化するに至っている。第二に、このような経済の要請に規定・支配された労働に価値を認める（このような労働を人間の本質とみる）ことは、このほかの人間生活上の重要な価値（芸術、宗教、政治などの多様な文化）を見失うことになる。このような経済批判・労働批判をもとに、メダは、現状を克服するための方策として、労働の縮減（労働時間短縮）によって労働の地位を相対的に低下させ、拡大された自由時間によって真に人間的な活動の再生（政治や社会の再生）を図ることを提言している。労働時間短縮政策（三五時間労働制）のもう一つの背景として、このような近代的労働観に対する哲学的な批判があることは注目されるべき点である。

むすび――日本労働法学の再生へ向けて

最後にむすびとして、以上のようなフランス労働法制の歴史的・理論的考察を踏まえながら、日本の労働社会のあり方を相対的に把握し、その将来のあるべき姿に関する一つのヴィジョンを複眼的な視点から提示することにしたい。

1　歴史的視点から

まず、歴史という視点から日本の労働社会を鳥瞰すると、そもそも伝統的に共同体的な人間関係を重視するという性格を強くもっていた日本社会は、その内発的な変革を十分に経験することなく、明治維新以降の西洋をモデルとした近代化、さらには近年世界的にみられている社会の脱近代化（大量生産・大量消費社会から多様化・複雑化社会への移行）といった外在的な要因から一定の影響を受けた結果、今日では、伝統的側面、近代的側面、脱近代的側面の三側面を同時に内包した混沌とした状況のなかでその基盤となるモデル（ありうべき範）を見失っている状態にあるといえる。[8]

このような状況のなかで、今後の労働社会のありうべき姿を語るべき規範的学問としての労働法学のヴィジョンを歴史的方向性という観点から整理すると、さしあたり次の四つの方向性があるように思われる。

第一に、労働関係や労使関係の伝統的な共同体性・協調性（実態としての労使自治、生のままの労使の話合い）を重視する方向性である。しかし、この方向性には、外部者の排除・差別（例えばパート労働者などの部外者化）や内部組織の閉塞性・硬直性（集団による個の抑圧、外部変化への不適応）といった前近代的な弊害が伴うことには注意が必要である。

第二に、個人の自由を強調する方向性（近代的自由への回帰）である。しかしながら、諸個人を全き個人の自由の下におき市場における自由な取引に委ねた場合には、一九世紀の「個人の自由」の時代と同様に、労働者の貧困化・反社会化といった個人主義・自由主義の弊害が生じかねない（特に、家族・地域といった基礎的共同体が衰退した今日では、社会性の危機の問題はより深刻なものになりかねない）ことは十分に認識しておくべきである。

第三に、国家による保護・規制を重視するという方向性（近代的保護の維持）である。しかし、社会状況が多様化・複雑化していくなかでは、国家の認識論的能力の限界はより深刻なものとなり、従来のような国家による画一的・硬直的な保護・規制は急速に変化する社会の多様な実態にそぐわないものになるという問題がある。

そこで第四の方向性として、これらの前近代的社会、近代的自由、近代的保護に内在する問題点を十分に認識しつつ、多様化・複雑化する新たな社会に対応しうる新たなシステムを模索・構築していくことが重要になる。そこで、この新たな方向性の具体的なあり方を探究していくために、さらに「自由」「社会」「労働」「手続」という四つの視点から理論的考察を行う。

2　理論的視点から[9]

まず、「自由」という視点からは、日本においても事実として社会経済のグローバル化が進み、アングロ・サクソン流の自由市場主義の影響が強まっていることは否定できない。しかし、単純な市場主義には、社会的不平等を拡大させ、社会的価値を擁護できないという点のみならず、集団による知恵の集積や複雑な利益調整を困難とするために経済的効率性の面でも問題があることは我々も十分に認識しておくべきである。これらの点を踏まえると、法的には、①国境を越えて蔓延していく市場化の弊害に対して国際機関（ＩＬＯなど）や地域連合（ＥＵと並ぶアジア地域連合など）によって国際的な歯止めを設定することとともに、②国際競争に対抗できる効率的な生産・労働編成様式を整備・創出していくために、複雑・多様化する生産・利益状況に対応できる多様性・柔軟性を内包した法システムを構築していくことが重要な鍵となる。

次に、「社会」という視点からみると、日本では、法による社会的保護と同時に、企業共同体による社会性の付与が人々にとって大きな意味をもってきたように思われる。この企業共同体による社会性の付与には、分権的で柔軟性に富むという長所がみられるが、同時に、共同体の論理によって個人が抑圧されるという危険性を伴っている。これに対し、今日では、社会経済状況の変化のなかで、法の後退（規制緩和）とともに企業共同体の変容・崩壊という現象が生じつつあり、日本でも社会性の危機――企業共同体や法による社会的保護を失って人々が非社会化・反社会化するという事態――が生じかねない状況にある。そこで、日本においても、人々の社会性を担保する新たな方策を検討することが重要な課題となるが、特にここでは、画一的で中央集権的な保護は多様化する社会の実態にそぐわないこと、および、閉鎖的な共同体では集団による個の抑圧の危険性があることを明確に認識したうえで、分権的で公正（開放的）なコミュニティ作りを制度的にサポートしていくことが重要になる。

さらに、「労働」はそもそも「物」か「人」かというシュピオの問いを日本の労働関係にあてはめてみると、日本においては、企業共同体の人的相互依存関係のなかに組み込まれた「人」としての側面が相対的に強いように思われる。もっとも、日本では、この企業共同体への過度の組み込みのために長時間のサービス残業や過労死など労働の主体たる人間の疲弊がみられており、いずれにしても労働のいずれかの側面が行き過ぎることには問題があるという点には注意が必要である。これに対し、メダは、経済思想に支配された労働の価値自体を根源的に否定している。日本においては、メダが依拠する古代ギリシャ的価値観とは異なり、労働自体に価値を見い出す精神が存在してきたことは否定できないように思われる。しかし問題は、日本においても激化する経済的生存競争のなかで、経済の論理による支配が労働の現場でも確実に進行しており、労働＝人間ごと経済の要請に支配される――人間が効率性向上のための単なる手段となる――傾向が強まっていることである。このような状況においては、経済の要請のみならず、人間の非人間化という事態を抑制すべき社会的要請も同時に高まっていることを正確に分析・認識し、これらの要請を総合的・複合的に調整することを可能とするような制度的枠組みを構築することが重要になる。

最後に、「手続」という視点から、以上のような諸要請を総合的に調整し実現していくための法制度のあり方を考察する。フランス（さらにヨーロッパ）では、ポスト工業化の社会趨勢のなかで法の手続化を進める傾向がみられているが、日本では、そもそも労使協議など企業内での柔軟な話合いによる問題解決を重視する文化がみられており、法もこの手続的要素を取り込んだ柔軟な判例法理を形成してきた。しかし、この日本の話合い文化には分権的ではあるが閉鎖的であるという性格があり、外部者・少数者の排除や集団による個の抑圧といった前近代的な共同体社会に内在する危険・弊害をはらんでいる。このような問題点を克服し、社会の多様化・複雑化という時代趨勢に沿った真の「手続化」を進めていくためには、第一に、閉鎖的でインフォーマルな協議・交渉ではなく、利益当事者に開放された透明性の高い協議・交渉を制度化された形で行っていくことが必要であり、かつ、第二に、そこでは、単に力や数による形式的・単線的な決定ではなく、多様な価値・利益を承認したうえで多元的・複線的な視点から析出的な調整を行っていくことが重要になる。このような意味での協議・交渉システムを制度化し、そこで行われた協議・交渉の手続的な公正さを迅速に審査することが、これからの法の重要な役割となる。

　このような方向——すなわち、多様な価値・利益の複合的な調整を可能とする分権的な協議・交渉システムを構築するという方向——で改革を進めることによって、知の集積や機能的柔軟性といった日本の伝統的共同体組織の長所を生かしつつ、外部者・少数者の排除や個人の抑圧といったその問題点を克服し、時代の変化に柔軟に対応できる公正な分権的共同体社会——分権的な協議・調整によって経済的要請にも柔軟に対応しつつ社会性をも基礎づけうる社会——を形成していく道が開かれることになろう。

　労働法学の再生の鍵は、その学問的基盤を見つめ直すことにある。

（1）本論文の基盤となる研究は、既に水町勇一郎『労働社会の変容と再生——フランス労働法制の歴史と理論』（有斐閣、二〇〇一年）として公表されている。本論文は、そこでの研究を「日本労働法学の再生」という観点から要約・再構成したものである。

（2）フランスの労働社会および労働法制の歴史を分析した近年の業績として、LE GOFF (J.), Du silence à la parole : Droit du travail, société, État (1830-1985), Quimper, Calligrammes, 1985 ; SALAIS (R.), BAVEREZ (N.) et REYNAUD (B.), L'invention du chômage, Paris, PUF, 1986 ; CASTEL (R.), Les métamorphoses de la question sociale : Une chronique du salariat, Fayard, 1995 ; AUBIN (G.) et BOUVERESSE (J.), Introduction historique au droit du travail, Paris, PUF, 1995 などがある。

（3）GARELLO (J.), LEMENNICIER (B.) et LEPAGE (H.), Cinq questions sur les syndicats, Paris, PUF, 1990. 本書は、フランスのネオ・リベラル経済学者によって書かれた近年の文献のなかで、労働組合および労働法に焦点をあててこれらを徹底的に批判した代表的な理論書である。

（4）CASTEL (R.), op. cit. note (2).

（5）DE MUNK (J.), LENOBLE (J.) et MOLITOR (M.) (dir.), L'avenir de la concertation sociale en Europe : Recherche menée pour la D. G. V de la Commission des Communautés Européennes, t. I, II, Centre de philosophie du droit, Université Catholique de Louvain, 1995 ; DE MUNK (J.) et LENOBLE (J.), 《Droit négocié et procéduralisation》, in GÉRARD (P.), OST (F.) et VAN DE KERCHOVE (M.) (dir.), droit négocié, droit imposé ?, Bruxelles, Facultés universitaires Saint-Louis, 1996, pp. 171 et s.

（6）SUPIOT (A.), 《Le travail, liberté partagée》, Droit social, 1993, pp. 715 et s. ; SUPIOT (A.), critique du droit du travail, Paris, PUF, 1994 ; SUPIOT (A.) (dir.), Au-delà de l'emploi : Transformations du travail et devenir du droit du travail en Europe, Paris, Flammarion, 1999.

（7）MÉDA (D.), Le travail : Une valeur en voie de disparition,

Paris, Aubier, 1995 ; MÉDA(D.), Qu'est ce que la richesse ?, Paris, Aubier, 1999.

（8）水町・前掲注（1）書・二六一頁以下、および、そこに引用されている諸文献参照。

（9）水町・前掲注（1）書・二七一頁以下、および、そこに引用されている諸文献参照。

（みずまち　ゆういちろう）

〈回顧と展望〉

仮眠時間の労働時間性と使用者の時間外・深夜割増賃金支払義務
——大星ビル管理事件最一小判平一四・二・二八労判八二二号五頁——

パートタイム労働研究会の中間とりまとめ報告について

有期労働契約・専門業務型裁量労働制に関する告示改正

仮眠時間の労働時間性と使用者の時間外・深夜割増賃金支払義務

――大星ビル管理事件最一小判平一四・二・二八 労判八二二号五頁――

三井正信
（広島大学教授）

一 はじめに

本件は、ビル管理員の仮眠時間の労働時間性が争われ注目を浴びた事件の上告審判決であり、最高裁としてこの問題に対して初めて正面から判断を下すと同時に、①労働時間と賃金の関係、②変形労働時間制の法定時間外労働の算定方法、③労基法三七条の割増賃金の算定基礎などの事項についてもその考え方を示した点において特記すべき事例である。従って、本判決は、今後、仮眠時間の労働時間性の問題を超えて労働時間に関する実務と法理論に対しかなりの影響を及ぼす可能性を有しており、大いに検討に値しよう。

二 事件の概要

Xらはビル管理会社Yの従業員であり、Yが管理を受託したビルに配置され、設備の点検・整備、巡回監視等の業務に従事していた。Yの所定労働時間は原則一日七時間となっていたが、Xらは毎月数回二四時間勤務に従事した。二四時間勤務では、休憩時間が合計一時間ないし二時間、仮眠時間が連続して七時間ないし九時間与えられる。Xらは、仮眠時間中、ビルの仮眠室において監視または故障対応が義務付けられ、警報が鳴る等した場合は直ちに所定の作業を行うこととされているが、そのような事態が生じない限り睡眠をとってもよいことになっていた。Xらはビルからの外出を原則として禁止され、仮眠室における在室や電話の接受、警報に対応した措置をとること等が義務付けられ、飲酒も禁止されていた。Yでは、労働協約・就業規則で所定労働時間を超える労働に対し時間外勤務手当を、午後一〇時から午前五時までの労働に対し深夜就業手当を支払う旨が定められていたが、二四時間勤務に対しては泊り勤務手当（二三〇〇円）が支払われるのみで、仮眠時間は所定労働時間に算入されず、かつ時間外勤務手当、深夜就業手当の対象となる時間としても取り扱われていなかった。ただし、仮眠時間中に業務が継続するか突発的に実作業に従事した場合はその時間についてのみ時間外勤務手当、深夜就業手当が支給された。

以上に対し、XらがYに、仮眠時間全体が労働時間にあたるとして、主位的には協約・就業規則所定の時間外勤務手当及び深夜就業手当の支払を、予備的には労基法一三条・三七条に従った時間外・深夜割増賃金の支払を請求した。一審（東京地判平五・六・一七労判六二九号一〇頁）は、仮眠時間は労基法上の労働時間にあたるとしてXらの主張を全面的に認めた。次いで、原審（東京高判平八・一二・五労判七〇六号二六頁）は仮眠時間の労働時間性は認めたうえで、仮眠時間については協約・就業規則上の時間外勤務手当・深夜就業手当を支給しないことが労働契約内容となっているため労働契約に基づきこれらは請求できないが、仮眠時間は労基法上の労働時間であり、Yでは協約・就業規則の定めにより四週間単位、後に一カ月単位の変形労働時間制がとられていたので一週平均四八時間〔注：Xらの事件当時の週の法定労働時間（昭和六三年四月以降は猶予措置による）〕を超えた労働時間については通常の賃金の一二五％の時間外割増賃金が、午後一〇時から午前五時までは二五％の深夜割増賃金が〔労基法一三条・三七条に基づき〕支払われるべきであるとして、一審より減額して請求を認容した。これに対しXらとYがともに上告した。

三　判旨——原判決破棄・差戻し

1　⑴　労基法三二条の労働時間とは「労働者が使用者の指揮命令下に置かれている時間をい」うが、仮眠時間がこれに該当するか否かは、「労働者が不活動仮眠時間において使用者の指揮命令下に置かれていたものと評価することができるか否かにより客観的に定まる」。実作業に従事していないというだけでは使用者の指揮命令下から離脱しているとはいえず、当該時間に労働から離れることを保障されて初めて労働者が使用者の指揮命令下に置かれていないと評価できる。「不活動仮眠時間であっても労働からの解放が保障されていない場合には労基法上の労働時間に当たる」が、「当該時間において労働契約上の役務の提供が義務付けられていると評価される場合には、労働からの解放が保障されているとはいえず、労働者は使用者の指揮命令下に置かれているというのが相当である」。

⑵　Xらは、仮眠時間中、労働契約に基づく義務として仮眠室における待機と警報・電話等に対する対応を義務付けられており、実作業への従事が必要が生じた場合に限られるとしても、その必要が生じることが皆無に等しいなど実質的に上記のような義務付けがされていないと認めることができるような事情も存しないから、仮眠時間は全体として労働からの解放が保障さ

れているとはいえず、労働契約上の役務の提供が義務付けられていると評価でき、Ｙの指揮命令下に置かれているものとして労基法上の労働時間に当たる。

２　⑴　①労基法上の労働時間だといって当然に労働契約所定の賃金請求権が発生するものではなく、〔賃金請求権は〕労働契約で仮眠時間に対しいかなる賃金を支払うものと合意されているかによって定まる。②もっとも、労働契約は有償双務契約であり労働と賃金の対価関係は労働契約の本質的部分を構成しているから、労働契約の合理的解釈としては、労基法上の労働時間に該当すれば通常は労働契約上の賃金支払の対象となる時間と解するのが相当である。③従って、時間外労働等に所定賃金を支払う旨の一般的規定を有する就業規則等が定められている場合に、所定労働時間には含められていないが労基法上の労働時間に当たる一定の時間につき明確な賃金支払規定がないことの一事をもって労働契約で当該時間に対する賃金支払をしないとされていると解することは相当といえない。

⑵　①そこでＹとＸらの労働契約の賃金に関する定めをみるに、賃金規定や労働協約は、仮眠時間中の実作業時間に対し時間外勤務手当や深夜就業手当を支給するとの規定を置く一方、不活動仮眠時間に対する賃金の支給規定を置かないばかりでなく、仮眠時間をともなう泊り勤務に対し別途、泊り勤務手当を支給する旨規定する。そして、Ｘらの賃金が月給制であること、仮眠時間の労働密度が必ずしも高くはないことなども勘案すれば、ＹとＸらの労働契約では、仮眠時間に対する対価として泊り勤務手当を支給し、仮眠時間中に実作業に従事した場合にはこれに加え時間外勤務手当等を支給するが、不活動仮眠時間に対しては泊り勤務手当以外には賃金を支給しないとされていたと解釈するのが相当である。②しかし、仮眠時間が労基法上の労働時間と評価される以上、Ｙは仮眠時間につき労基法一三条、三七条に基づいて時間外割増賃金、深夜割増賃金を支払うべき義務がある。

３　⑴　〔昭和六二年改正前の労基法三二条二項、平成一〇年改正前の労基法三二条の二〕が適用されるためには、単位期間内の各週、各日の所定労働時間を就業規則等において特定する必要がある。原審は、労働協約・就業規則において、業務の都合により四週間ないし一カ月を通じ、一週平均三八時間以内の範囲内で就業させることがある旨が定められていることをもって、Ｘらに変形労働時間制が適用されていたとするが、そのような定めをもって直ちに変形労働時間制適用要件が具備されていると解することは相当でない。もっとも、Ｙでは、月別カレンダー、ビル別カレンダーが作成され、これに基づき具体的勤務割である勤務シフトが作成されており、これにより変形労働時間制を適用する要件が具備されていたとみる余地もあり得るが、そのためには、作成される各書面の内容、作成時期や作成手続等に関する就業規則等の定めなどを明らかにした上で、就業規則等による各週、各日の所定労働時間の特定がされていると評価し得るか否かを判断する必要がある。

(2) 仮に、変形労働時間制が適用されるとしても、特定の週または日につき法定労働時間を超える所定労働時間を定めた場合は、法定労働時間を超えた所定労働時間内の労働は時間外労働とならないが、これを超えた労働は時間外労働となる。従って、法定時間外労働に当たる時間を算出するには、四週間ないし一カ月を通じて一週平均四八時間を超える時間のみを考慮すれば足りるものではなく、二四時間勤務における所定労働時間やこれを含む週における所定労働時間を特定し、これを超える労働時間を算出する必要がある。

(3) 労基法三七条の割増賃金の基礎となる通常の賃金は「当該法定労働時間外労働ないし深夜労働が、深夜ではない所定労働時間中に行われた場合に支払われるべき賃金であり」、Xらについては基準賃金を基礎として算定すべきだが、これに「事件当時の」同条二項、労基則二一条により算入しないとされる家族手当、通勤手当等が含まれていれば除外すべきである。Xらの基準賃金には生計手当、特別手当等が含まれているが、原審はこれら手当に除外賃金が含まれ除外すべきか否かの認定判断をしておらず是認できない。

四 検　討

1 労働時間概念と労働時間の具体的判断基準

(1) 従来、企業によって仮眠時間の取扱・処理が異なりその法的性格が曖昧となっていたが、一審及び原審は労働時間の定義につき指揮命令下説を採用しつつ、本件では労働からの解放の保障がないとしてビル管理員の仮眠時間を労基法上の労働時間と認定し、最高裁も指揮命令下説に立つ先例（三菱重工長崎造船所事件・最一小判平一二・三・九民集五四巻三号八〇一頁）に依拠し同様の結論を導いた。近年、仮眠時間の労働時間性が争われる事件が増加していることを考えれば、最高裁が企業の労務管理における仮眠時間の法的取扱基準（指揮命令下か否か）を示したことの実務的意義は大きいといえよう。

(2) 労基法には労働時間の定義規定は存しないが、労働者が使用者の指揮命令下に置かれている時間が労働時間であるとする指揮命令下説が従来の通説・判例の立場であり、従って本件一審、原審、最高裁の判断はいずれも一見オーソドックスなものといえる。

しかし、一審と原審は労働時間性の具体的判断にあたり指揮命令下説を踏み超える判断を示した。一審は、仮眠時間が手待時間たる労働時間にあたるのか自由に利用できる休憩時間にあたるのかの具体的判断基準として、①実作業から解放されているかどうか、②労働からの解放がどの程度保障されているか、③場所的・時間的にどの程度解放されているか、を挙げ実質的に考察すべきとした。原審は、判断基準としては①と②を挙げるのみであるが、③については②の判断で考慮するものと考えられ、基本的には一審と同旨といえる。さて、純粋に指揮命令下説に立つならば、②、③につき「程度」は問題とはならず、これらに関してもあくまで使用者の指揮命令下にあったか否かで労働時間性が判断されることになるはずである。「程度」を問題とするのは、むしろ労働時間該当性の判断にあたって使用者の関与と職務性の二要件が相補的に相当程度充足されていることを必要とすると解する相補的二要件説の論理である。同説によれば、手待時間が労働時間といえるためには、それが使用者の指揮命令（＝関与）によるのみでは足りず、手待＝待機が職務の遂行と評価できる程度の拘束性を有する必要があり、その判断基準は②、③とほぼ同一である[1]。また、同説との類似は、一審が、以上に加えて④仮眠時間中に実作業に従事することが皆無であることが常態ならば労働時間性が否定される余地があることに触れている点にも現われている。とすると、一審・原審においては労働時間の定義（指揮命令下説）とその具体的判断基準（相補的二要件説）の間に食い違いがみられることになる。

これに対し、最高裁は、拘束の「程度」を問題とせずに、労働者が労働契約上、仮眠時間中、仮眠室に待機すること等を義務づけられていることから労働からの解放が保障されていないとして直ちに仮眠時間の労働時間性を肯定した。これは労働者が使用者の指揮命令下にあるか否かの基準に照らし「義務づけ＝指揮命令」と捉えて労働時間性を認定したとも理解でき、そうすれば最高裁においては一審・原審とは異なり労働時間の定義と具体的判断基準が一致することになる。しかし、見方を変えれば、最高裁が相補的二要件説的見地に立って、待機と警報等に対する対応を労働契約上「役務の提供」（＝職務）と定めて義務づけたことが職務性の要件と同時に高度に使用者の関与の要件も充たすとして仮眠時間の労働時間性を認めたと解することも可能である[2]。ちなみに、先例の三菱重工長崎造船所事件最高裁判決も具体的判断においては相補的二要件説的立場に近いものであると分析されており[3]、また、最高裁が一審の④と同様の説示を行っていること（判旨1(2)）もかかる解釈を補強する（もっとも[4]、指揮命令下説に立つ論者にも④の可能性を示唆する者があり、必ずしもこれが相補的二要件説的判断を行ったことの決め手とはいえない）。このように解すれば、一審・原審と最高裁の違いは、前者が仮眠時間を不活動時間と解してその拘束性の程度で労働時間性を判断するのに対し、後者は仮眠中の待機等はまさに「役務の提供」であるが故に職務性の要件を正面から充たすとして労働時間性を肯定する点に存することになる。いずれにせよ、以上からは、本件で最高裁が指揮命令下説に依拠しつつ実質的には相補的二要件説的判断を行ったのか、それとも純粋に指揮命令下にあるか否かのみで判断する方向に軌道修正したのかは必ずしも明らかではなく、どちらの解釈も成り立つ余地がある。従って、明確な回答は今後の最高裁判例の展開を待つ外はない。

2　労働時間と賃金

(1)　労基法は三七条所定の場合にその時間に比例した賃金を支払うことを最低基準として使用者に義務づけるのみで、一般に労働時間に比例して賃金を支払うことを要求しておらず、それにいくら賃金を支払うか（場合により一定の労働時間に賃金を支払わないこと）は私的自治に委ねられると有力に解されており[5]、判旨2(1)①及び判旨2(2)②は最高裁がこの理を正面から確認したものとして注目される（後者の判旨は契約の定めが労基法三七条に反する場合の説示であり、一般論としては妥当であるが、後述のように本件の具体的結論としては問題がある）。また、判旨2(1)②・③は労働時間と賃金の関係についての労働契約の一般的解釈基準に関するものであるが、労働契約の基本的性格を踏まえた妥当な説示といえる。いくら労働時間と賃金をめぐる問題が私的自治に委ねられるとしても、判旨2(1)②の説くところが通常、当事者の合理的意思であると考えられ、判旨2(1)③もこれを補強し再確認する（ただし、判旨からは「一般的規定」がない場合にはどう考えるのかが明らかではない）。従って、労使の力関係の差異と労働契約の基本的要素としての賃金の性格を勘案すれば、その旨の明確な特約と合理的理由が存しない限り、労基法上の労働時間に該当しながら賃金支払の対象とはならないと解すべきではない。とすると、結論的に仮眠時間が労働契約上泊り勤務手当以外の賃金支払の対象とならないとした判旨2(2)①には疑問が残る。事件の概要からすれば（そして実際、まさに一審及び原審でのYの主張からすれば）、Yは仮眠時間を労働時間ではないと認識して取り扱い、それ故、賃金支払の対象とはしなかったと解される。従って、Xらの賃金が労働時間との牽連性が薄い月給制であってもこれが仮眠時間までを対象とするものではなく、また泊り勤務手当の性格も仮眠時間に対する賃金ではなく二四時間勤務に対する手当とみるべきである。そうだとすると、仮眠時間が労基法上の労働時間と評価されることになれば、前述のYの前提が崩れるため、仮眠時間に対し賃金を支払わない旨の特約は存せず、賃金問題は空白となるはずである。そこで、この場合、原則に戻り判旨2(1)②・③の解釈基準に従いこの空白が補充されるのが合理的処理となろう[6]。具体的には、（判旨2(2)①・②のように労働契約上賃金不支給の合意を認めたうえで、労基法上の賃金が支払われるとするのではなく、）労働契約及び時間外勤務手当・深夜就業手当の支給を規定した協約・就業規則の合理的解釈として、仮眠時間には労働契約に基づき協約・就業規則所定の手当が支払われると解することが本件の結論としては妥当であったように思われる（仮眠時間に対し労働契約上の賃金請求を認めた例として、日本貨物鉄道事件・東京地判平一〇・六・一二労判七四五号一六頁、日本郵便逓送事件・京都地判平一二・一二・二二労判八〇六号四三頁）。最高裁は、労働契約上の賃金請求権が存しないと判示した原審が学説から批判を浴びたこと[7]を考慮して、同旨につき詳細な理論的正当化を試みたと考えられるが、かえってそれにより結論の問題点を際立たせることになったといえよう。

(2)　判旨2(2)②のように仮眠時間に支払われるのが労基法上の賃金だとすると、その額の算定方法が問題となる。原審は、月給制であるXらの基準賃金を所定労働時間数で除した金額を基準として割増賃金を算出すべきとした。この算定方法自体は労規則一九条一項四号に沿ったものであるが、除外賃金の取扱につき問題があった。労基法三七条二項（現四項）、労規則二一条が算定にあたり除外する賃金は限定列挙であるが、その認定にあたっては名称にとらわれず実質的に判断すべきと解されている（昭和二二・九・一三発基一七号、小里機材事件・最一小判昭六三・七・一四労判五二三号六頁）。しかし、原審はかかる認定判断を行わなかったのであり、従ってこれを是認できないとした最高裁の説示（判旨3(3)）は適切なものといえよう。なお、算定方法に関連して最高裁が「通常の賃金」の意味を正面から具体的に明らかにした点は実務的にみて重要である。[8]

3　変形労働時間制の実施要件と時間外労働の算定方法

(1)　判旨3(1)は（平成一〇年労基法改正前の）一カ月単位（昭和六二年改正前の四週間単位）の変形労働時間制の要件に関するものである。変形制は勤務が不規則になり労働者の健康や私生活に大きな影響を与えるため、労働者に予め生活の予測を立てさせる必要があり事前に労働日と所定労働時間の特定を行うことが求められる。一カ月単位の場合、就業規則により単位期間内の各週・各日の所定労働時間の特定を要するが、業務の実態から就業規則による特定が困難な場合は勤務パターンなど変形制の基本事項・手続を就業規則で定めたうえ各労働者の各日の労働時間を変形期間の開始前までに勤務割表などにより特定することが認められる（昭和六三・三・一四基発一五〇号）。本件では、月別・ビル別カレンダーや勤務シフトが作成されてはいるが労働協約・就業規則の規定が一般的・抽象的であるためYが特定の要件を充たしていたとは考えにくく、原審は変形制の要件をかなり緩く解したといえる。従って、これを問題とし更なる吟味を促す最高裁の判断は、特定が求められる趣旨に照らし妥当なものと評価できよう（「特定」の要件を欠くとして一カ月単位の変形制を無効とした例として、JR東日本事件・東京地判平一二・四・二七労判七八二号六頁、岩手第一事件・仙台高判平一三・八・二九労判八一〇号一一頁）。

(2)　変形制の場合、法定時間外労働となるのは、通説・解釈例規（昭和六三・一・一基発一号）によれば、①八時間を超える所定労働時間を定めた日はその所定労働時間を、それ以外の日は八時間を、超えて労働させた時間、②週法定労働時間を超える所定労働時間を定めた週はその所定労働時間を、それ以外の週は週法定労働時間を、超えて労働させた時間（ただし①を除く）、③単位期間内の法定労働時間の総枠を超えて労働させた時間（③は表現は異なるが原審の説く算定方法と同じである：ただし①、②を除く）とされるが、最高裁は、一日・一週の所定労働時間が法定労働時間を超える定めをした場合につきかかる算定法によるべきことを確認して、原審が③しか考慮せず①、②の算定を行わなかった点を問題とした（判旨3(2)）。一日・一週の所定労働時間の定めが法定労働時間内の場合の算定には言及されていない（これは本件事案の性格と賃金をめぐる契約上の取り決めを考慮してのことと考えられ、判旨の紹介では省略したが、前後の文脈からすれば、最高裁はこの場合は法定労働時間を超える時間を時間外労働と考えていると思われる）が、とにかく最高裁によりかかる確認がなされたことは実務上大きな意義を有するといえる。

（1）荒木尚志『労働時間の法的構造』二〇九頁以下、二五八頁以下、二七三頁以下。

（2）かかる可能性については、荒木尚志・本件一審判例研究・ジュリスト一〇三五号一五九頁参照。

（3）土田道夫・三菱重工長崎造船所事件最高裁判例解説・労働判例七八六号六頁以下、石橋洋・同事件判例研究・法律時報七二巻一〇号一〇八頁、野田進・同事件判例研究・労働法律旬報一四九三号一七頁以下。

（4）金子征史・本件一審判例研究・法律時報六六巻六号一三三頁。

（5）菅野和夫『労働法　第四版』二四〇頁、荒木・前掲注（1）書三〇四頁以下。

（6）以上同旨、荒木・前掲注（1）書三〇六—三〇八頁。

（7）緒方桂子・本件原審判例研究・民商法雑誌一一七巻三号一三一頁以下など。

（8）「通常の賃金」に関しては、東京大学労働法研究会『注釈労働時間法』五一三頁以下。

（みつい　まさのぶ）

パートタイム労働研究会の中間とりまとめ報告について

斉藤善久
（日本学術振興会特別研究員）

一 背景

わが国において、パート労働者はこの二〇年間で倍増し、被用者全体の約二割、一千万人以上を占めるにいたった[1]。ただし、そのほとんどが、正社員に比して労働条件に格差を設けられ、雇用のバッファーとして不安定な立場に甘んじていることは周知のとおりである。

この問題に対する立法面での取り組みとしては、平成五年にいわゆるパートタイム労働法が制定、施行されたところであるが、事業主に対しては数条の努力義務を定めるに止まった同法には、今後とも大きな効果は期待し得ない。

一方、昨年七月に五％台に乗った失業率は未だ回復の兆しを見せず、一つの対処策として、ワークシェアリングに関する議論が熱を帯びている。同じく高い失業率に直面していたオランダ（八三年時点で一二％）では、政労使がそれぞれ減税、賃上げ要求の抑制、時短と雇用確保を約した八二年のワッセナー合意等に基づく取り組みが功を奏し、二〇〇一年には失業率が二％台にまで回復したことが知られている[2]。わが国においても、今年三月、公労（連合）使（日経連）がワークシェアリングを推進することで合意したところである。

このような中、昨年三月以来我が国における今後のパートタイム労働のあり方について検討を進めてきたパートタイム労働研究会の中間報告、「パート労働の課題と対応の方向性――パートタイム労働研究会の中間とりまとめ報告――」（厚生労働省、平成一四年二月五日、以下「中間報告」）が発表された。

二 中間報告の要旨

（※「 」内は中間報告からの引用）

1 現状認識

従来、わが国の労働市場は、フルタイム正社員を中心とする内部労働市場と、パート労働者等からなる外部労働市場の双方が補完しあう形で機能してきた。

しかし、現在、企業側は雇用調整や人件費コストの柔軟化、サービス経済化の進展に伴う繁閑業務の拡大や営業時間の延長を必要とし、労働者個々人は時間的な自由度を求めている。[3] このように、柔軟で多様な働き方を求める傾向は「需要供給両面のニーズ」であって、パートなどの働き方が拡大していくのは不可逆的な流れである。

このような中、パート労働者が急増する一方で正社員は大幅に減少し、前記相互補完構造は大きく変化しつつある。また、「激しい国際経済環境の変化の下で、正社員の強固な雇用保障や年功的処遇システムにも変革を迫られている」。

2　問題点と課題

わが国では、昭和六〇年代以降、パート労働を良好な雇用形態として社会的に確立することを目的とする諸施策が進められてきたが（パート労働法、都道府県労働局や二一世紀職業財団の活動等）[4]、通常労働者と比べた処遇格差は依然大きいのが現状である。

しかも、右処遇格差の中で、「正社員からパートへのシフトが加速しており、正社員雇用の入り口が狭まるなど、労働市場のアンバランスも広がっている。近年、若年のパート入職が急増している背景にも、若年者の意識の問題のみならず、こうした労働市場の問題が内在している」。

ここにおいて、前述したように働き方の多様化が企業、個人双方のニーズの合致によるものであり、不可逆的な流れであることをも考え併せるならば、「多様な働き方」をより「望ましい」形で拡大するための方策が求められる。

3　あるべき雇用システム

今日のパート労働者人口の大きさや、「フルタイムも含めた就業意識の変化」に鑑みれば、部分的なパートの処遇改善ではなく、「フルタイム正社員の働き方や処遇のあり方も含めた雇用システム全体の見直し」が必要である。

(1)　ヨーロッパの経験

ヨーロッパ諸国においては、一九八〇年代前半から労働時間の長短を理由とする差別的取り扱い禁止の立法化が進み[5]、一九九七年のEUパートタイム指令[6]によって共通のルールとなった。

ただし、これは、ヨーロッパ諸国において「職種ごとの賃金が産業別協約により存在し、これにより賃金と職務とのリンクが明確になっていることから、同一労働同一賃金を受け入れる社会的基盤を有していた」、「パートの活用が本格化する比較的初期の段階において、労使によりパート活用のいわば前提条件として均等原則を受け入れることが可能であった」（オランダ）などの背景事情があればこそ実現できたものである。

現在、わが国企業においても、従来の「必要に応じた処遇」から「働きに応じた処遇」へと処遇制度が変化しつつあるが、そこでは「能力」や「成果」に対する評価基準が重視されており、「職務」を重視するヨーロッパ型の均等原則、同一労働同一賃金原則に立脚する前記ルールは、わが国の状況に照らして適合的でない。

　さらに、わが国においては、高い拘束性を伴うフルタイム正社員のキャリア形成システムが「企業の活力や環境変化適応の面で重要な役割を果たしてきた」のであり、「このような基幹的な社員の層も今後、ある程度は存続していく」であろうことから、「パートと正社員の処遇の均衡を考える際には、このようなわが国の雇用・処遇システムの特性についても十分考慮する必要がある」。

(2)　日本型均衡処遇ルール

　わが国の実情に適合的な処遇ルールのあり方については、「パートタイム労働に係る雇用管理研究会報告」（平成一二年四月）が既に、「正社員との職務の同一性を第一の判断基準としつつ、同じ職務であっても、能力や成果などの他の諸要素や、配置転換の有無等働き方の違いによって処遇が違いうる」との「わが国の実態に深く配慮した」方向性を示しており、今後はこの考え方に沿った立法が妥当である。ただし、右「日本型均衡処遇ルール」は画一的な規制になじまない性質を有するため、「法律で基本的な原則を示し、これを具体的な例示を含むガイドラインで補う手法が望ましいと考えられる[7]」。

　なお、パートタイム労働研究会では、法制の内容について、「事業主に対し労働時間の長短による合理的理由のない処遇格差を禁止する」「均等処遇原則タイプ」と、「事業主に対して労働時間の長短による処遇の格差について均衡に向けた配慮を義務づける」「均衡配慮義務タイプ」の二つにつき議論された。

(3)　均衡処遇ルールの影響を想定した道筋のあり方

　しかし、こうした日本型の均衡処遇ルールを導入した場合であってもなお、パート以外の外部労働者への代替や、「低技能・低賃金の業務が明確に分離され、パートの業務として固定化する」事態の進行が懸念される。

　そこで、法制の道筋を考えるにあたっては、「企業の雇用意欲を削ぐことのないように時機を計ること」、「今後のワークシェアリングの議論などを通じた労使の合意形成により（中略）正社員も含めた処遇システムの変革が促進されるように図ること」、「企業にとって雇用の柔軟性を増す他の制度改革とあわせ、総合的なパッケージの中で有機的に打ち出していくこと」が重要である。

(4)　多様な働き方を行き来できる連続的な仕組みの促進

「就業意識の多様化の中でフルタイムであっても拘束性の少ない働き方を希望する層も増えて[8]」おり、一つの方向性として、「短時間正社員制度」など、従来の正社員とパートの「中間形態」（第三の選択肢）の形成が考えられる。

　たとえば、「より拘束性の少ないフルタイム」やそれに近い役割を果たす「基幹的パート」などの働き方と、当該働きに見合った雇用保障や処遇の組み合わせを中間形態として同じ枠組みの中に位置づけ、労働者個々人がそのライフスタイルやライフステージに応じて適合的な働き方を行き来できる「連続的な仕組み」を構築することが望ましい。

4　政策課題

このような仕組み作りは、「既に進みつつある複線型人事管理や成果主義的処遇制度の流れの延長線上にあるものであり、企業の雇用処遇システムは、こうした仕組みを形成する途上にある」と考えられる。また、労使間でワークシェアリングの議論が活発化している現況は、右仕組み作りに関して「大所高所から」議論を行う好機である。そうした議論の中で、「企業は、自らの活性化のために、パートの戦力化や働きに見合った処遇を進めることの重要性を」、「労働側は、パートのみならず、正社員の雇用安定のためにも、パートの処遇向上を正社員の処遇を見直してでも進めることの重要性を」認識した上で、右仕組みの構築につき、「労使間の包括的な合意に至ることが期待される」。

ここにおいて政府が果たすべき役割は、こうした労使の取り組みを後押しする制度改革である。

具体的には、派遣労働者・有期労働契約・裁量労働制等の拡大といった就労形態の多様化を可能とする制度改革と、前述の「フルとパートの行き来ができる仕組みの推進」に加え、いわゆる就業調整行動の弊害などに鑑み、「働き方に中立的な税・社会保険制度の構築」、すなわち、「パートへの適用拡大を行う方向で検討を進めること」が必要である。

三　検　討

1　中間報告のリアリティー

現下の不況による高失業率と、その解決策としての側面を有するワークシェアリングの議論の高まりについては冒頭でみたとおりであるが、パートタイム労働研究会はそもそも失業対策の検討を旨とするものではなく、したがって中間報告もまた、右議論の論点を取り込みつつも、それとは一応距離を置くものとなっている。

しかし、そのこともあってか、中間報告が想定する労働者像（フル・パート）については、処遇や雇用の安定と私生活上のゆとりとを天秤に掛けられるような、ある程度めぐまれた層に偏っていると思われる節が多い。

たとえば中間報告は、「フルタイムも含めた就業意識の変化」が進んでおり、柔軟で多様な働き方を求める傾向は「需要供給両面のニーズ」であるという現状分析を前提として論を進めているものと思われるが、少なくとも高失業率のもとで雇用の継続に不安を抱えている正社員層については、そのように言えるための根拠はあまり明確でない。[9]

　このように、想定する労働者像やその就業意識・ニーズの分析がリアリティーに欠けるものとなっていることは、当然、中間報告のスタンスや方向性にも重大な影響を与えている。

2　中間報告のスタンス

　労働市場における国の役割が公正な競争とセイフティーネット（従属労働論の観点からは両者は密接不可分な関係に立つのだが）の確保だとすれば、中間報告には後者を顧みる視点が不足している。すなわち、ライフスタイルの多様性を言いながら、当該多様性を担保するために国としてどのような下支えのシステムを労働者に提供しようとしているのかが明らかでない。

　たとえば、単親世帯の生計を想定していない最賃額（フルタイム勤務でも世帯あたりの生活保護支給額を下回る）の引き上げ、単親世帯生計保持者・主婦パート等の正社員化を阻害している保育・介護体制の改善や、職業訓練サービスの拡充など労働市場への参入・復帰を援護する諸施策、社会保険の適用対象を拡げるとしてどの程度の所得層にどれだけの負担を求める（求め得る）のかといった、本来国が担当すべき事項に対する考察が不十分と思われる。

3　中間報告の提示する方向性

　中間報告は、今後わが国において柔軟で多様な働き方を「望ましい」形で拡げていくための方策として、「日本型均衡処遇ルール」の確立や、「多様な働き方の行き来ができる仕組み」の醸成、および「社会保険制度の適用拡大」が必要であることを提言し、政府には、雇用における規制緩和と「フルとパートの行き来ができる仕組み」の推進や、パートに対する社会保険制度の適用拡大といった制度改革が求められるとしている。

　しかし、これらの内容には、（現段階ではやや抽象的ながら、）労働者に対して雇用の安定性を含めた労働条件の低下や新たな経済的負担を求めることになる可能性のあるものが多いことは、中間報告も自認するところである。

　たとえば、雇用における規制緩和と社会保険制度の適用拡大は、少なくとも短期的には正社員の雇用の安定を損ね、パート労働者には苦しい家計をさらに逼迫させることになる。[10]

　労働者に対してこのようなリスクを負担せしめるための理由付けが、前述のようにリアリティーに欠ける「需要供給両面のニーズ」だというのでは、いかにもバランスの悪い議論であるというべきだろう。

　なお、「フルとパートの行き来ができる仕組み」の構築については、それが真に労使双方のニーズなのであれば、労働市場内部において自然に形成されていくものと思われ、国が介入すべき問題かどうかそもそも疑問である。中間報告は「日本型均衡処遇ルール」の確立などの側面からこれを後押しすることを考えているようだが、いずれの法制案（「均等処遇原則タイプ」・「均衡配慮義務タイプ」）を採るにしても、そのような法制は労働者に対して処遇格差の改善を闘う上での論拠を与え、利益闘争を権利闘争に転化するものとなりうる一方で、本来労働組合が担うべき役割を侵奪し、わが国労働組合の斜陽傾向に拍車を掛けるおそれも大きいものである。

4　おわりに

中間報告の目的につき、敢えて穿った見方をすれば、第三号被保険者（国年法）などに対して社会保険制度の適用を拡大したい政府の意向と、解雇法理に守られた正社員の「強固な雇用保障」を含む処遇について規制緩和[11]を求める経済界の意向に、予め強く規定され、これを実現しようとするものであると思われる。

中間報告が打ち出した方向性が今後どのように具現化されていくのかは今のところ明らかでないが、「多様な働き方の行き来ができる仕組み」の醸成を法制面からも目指すのであれば、当該仕組みの中で、労働者主導の「行き来」をいかに保障するか、使用者によるコストダウン・雇用調整の道具としての濫用をいかに抑止するか、また、もちろん、ライフスタイルの多様性を担保し得るセイフティーネットをいかに構築するか、が要点となろう。

パートタイム労働研究会は、中間報告を基にして今年六月を目処に最終報告をとりまとめるとのことであるが、正社員を含めたわが国労働者の処遇やニーズの実態について、さらに慎重な調査と検討を継続し、右報告に反映することが望まれる。

（1）「産業別に見ると、「卸売・小売業、飲食店」（三六四万人）、「サービス業」（三三九万人）、「製造業」（一六三万人）の三業種に八割以上が集中している」。（中間報告）

（2）「九三年には、あらゆる分野でのパート勤務の推進に労使が合意。九六年に労働時間の違いによる雇用差別の禁止など、制度整備が進んだ。今では週三〇時間未満のパート比率が三二％と、世界一の『パート大国』だ」。二〇〇二年五月二一日付朝日新聞二〇面「パート化進め　雇用創出」（林美子記者）。なお、「ワークシェア／オランダの経験と日本の課題」『週刊労働ニュース』（二〇〇二年五月二〇日）参照。

（3）中間報告は、パート労働者となった理由を「正社員として働ける会社がなかったから」とする者が一割弱に止まっていること（図表一〇）等をその根拠としているようである。

（4）中間報告によれば、パートの所定内給与（時間換算）は、男性で正社員の五割強、女性で七割弱であり、その格差は拡大傾向にある。また、賞与・退職金制度についても、適用を受けるパートは（正社員の九割超に対して）それぞれ四割強、一割弱に止まっている。なお、中間報告は、賃金格差を生じる要因として、職種構成の変化（賃金水準の低い職種でのウェイト増）、就業調整の影響（所得税、社会保険料、配偶者手当などの関係で就業調整を行う層が約四割存在）、時短の影響（月給制の多い正社員に時短を実施すると時給換算賃金が上昇する）をあげている。

(5) フランス、ドイツにおけるパートタイム労働に関する労働法規制の展開について、水町勇一郎『パートタイム労働の法律政策』（有斐閣、一九九七年三月）、同「『パート』労働者の賃金差別の法律学的検討——わが国で採られるべき平等原理はいかなるものか？——」法学第五八巻第五号六四頁以下（わが国「パート」（非正社員一般）の低拘束性は「賃金差別を法的に正当化する論拠たり得る」とする）参照。また、フランス、ドイツ、ベルギー、イギリスについて、日本労働研究機構編『資料シリーズ 1994 No. 43 諸外国のパートタイム労働の実態と対策』（一九九四年八月）参照。

(6) ＥＵパートタイム指令の詳細については、濱口桂一郎『ＥＵ労働法の形成——欧州社会モデルに未来はあるか？——』（日本労働研究機構、一九九八年）一三四頁以下参照。

(7) 中間報告は、「雇用管理における透明性・納得性の向上」、「雇用管理における公正なルールの適用」および「能力や意欲に応じ雇用管理区分の転換が可能であること」の三点からなるガイドライン案を提示している。

(8) 「フルタイム正社員より一週間の所定労働時間は短いが、フルタイム正社員と同様の役割・責任を担い、同様の能力評価や賃金決定方式の適用を受ける労働者」（中間報告）

(9) たとえば、「短時間正社員制度」の利用希望に関する調査（図表三六）によれば、「利用したい」とする正社員は一九・二％に止まっており、その理由も、「収入減でも仕事以外を大切にしたい」と前向きなものは半数に満たず、「現在の拘束時間が長すぎる」がほぼ同数を占めている。もっとも、中間報告は、同じ統計（「将来利用する可能性有り」と併せると五四・八％）を根拠として、「利用への期待が高い」と分析している。

(10) たとえば主婦パートのいる世帯の収入の逆転現象に関し、（税制上は既に手当がなされているとしても）配偶者手当や社会保険料の問題は依然解決されていない。なお、「社会保障法の主要な構成要素である被用者保険は、労働市場に対する中立性の確保を主たる目的としているわけではない」とする、倉田聡「短期・断続的雇用者の労働保険・社会保険」『講座21世紀の労働法第2巻』（有斐閣、二〇〇〇年五月）二六一頁参照。

(11) 解雇に関する規制緩和必要論に反駁する論文は多数発表されているが、最近の代表的なものとして、西谷敏「整理解雇判例の法政策的機能」ジュリスト一二二一号二九頁以下参照。また、雇用分野の規制緩和全般に関する問題点を提起するものとして、萬井隆令・脇田滋・伍賀一道編『規制緩和と労働者・労働法制』（旬報社、二〇〇一年二月）など参照。

（さいとう　よしひさ）

有期労働契約・専門業務型裁量労働制に関する告示改正

小西康之
（明治大学専任講師）

はじめに

一九九〇年代初頭のいわゆるバブル経済の崩壊後、構造的不況が長期化しており、そのなかで行財政改革や規制緩和が主要な政策課題とされている。この動きは雇用分野においても妥当し、二〇〇一年三月三〇日に閣議決定された「規制改革推進三か年計画」では、有期労働契約の拡大や裁量労働制の拡大など、労働市場に対する規制の緩和が主張されている。このような流れのなかで、二〇〇二年二月一三日に、「労働基準法一四条第一号及び第二号の規定に基づき厚生労働大臣が定める基準を定める件の一部を改正する告示」（有期労働契約に関する告示改正）、および、「労働基準法施行規則第二四条の二の二第二項第六号の規定に基づき厚生労働大臣の指定する業務を定める件の一部を改正する告示」（専門業務型裁量労働制に関する告示改正）が公示された。[1]本稿においては、この両告示の改正について考察することとする。

一　告示の改正内容

1　有期労働契約に関する告示

(1)　改正の背景

従来労基法は、長期間の労働契約は労働者の人身を拘束するおそれがあるとして、労働契約は、一定の事業の完了に必要な期間を定めるもののほかは、一年を超える期間について締結してはならない、と規定してきた。しかし、長期間の労働契約によって労働者の人身が拘束されるおそれは減退し、また、雇用をめぐる状況が構造的に変化するなかで、当該規定の改正が主張されてきた。そこで一九九八年の改正労基法においては、雇用期間の上限を一年とする従来の原則は維持されるものの、①新商品、新役務、新技術の開発または科学に関する研究に必要な専門的知識、技術または経験が不足している事業場において、これらについての高度な専門的知識等を有する労働者との間に締結される労働契約、②事業の開始、転換、拡大、縮小または廃止のための業務であって一定の期間内に完了することが予定されているものに必要な専門的知識等が不足している事業場において、これらについての高度な専門的知識等を有する労働者との間に締結される労働契約、③満六〇歳以上の労働者との間に締結される労働契約、に限っては、雇用期間の上限が三年とされた（労基法一四条）。そして、ここでいう「高度な専門的知識等」とは、厚生労働大臣が定めるものとされており、告示において[2]、⑴博士の学位を有する者、⑵修士の学位を有する者であって、実務経験が三年以上のもの、⑶公認会計士や医師などの有資格者、⑷特許発明の発明者、登録意匠の創作者、登録品種の育成者で実務経験が五年以上のもの、⑸国等により有する知識等が優れたものと認定されている者で実務経験が五年以上のもの、が有する専門的な知識、技術、または経験をいうものとされた（旧平成一〇年労働省告示一五三号）。

ただし、この旧告示は、対象となるべき「高度な専門的知識等」を有する者を、当面のものとして、指定したものであった。そのため、旧告示の公示後においても、産業界のニーズ等も踏まえた上で「高度な専門的知識等」を有する者にはどのような者が該当するかについて改めて検討する必要があると考えられた[3]。また、二〇〇一年三月に閣議決定された「規制改革推進3か年計画」においても、労働契約期間の特例の上限を三年から五年に延長し、適用範囲を拡大する等について、早期の法改正に向けて速やかに調査検討を進めること、そして、当面の措置として、旧告示によって定められた専門職の範囲についてその範囲を一層拡大する方向で見直しを行うことが明記された。このようななか、二〇〇二年二月に旧告示が改正されるに至った（平成一四年労働省告示二二号）。

⑵　改正の内容

今回の告示改正は、厚生労働大臣が定める「高度な専門的知識等」の基準を変更するものである。この変更により、(a)専門的知識等を有し、企業の枠を超えて柔軟な働き方を求める労働者がその能力を発揮するための環境が整備されるとともに、(b)企業がこのような労働者を活用して積極的な事業展開を促進することが可能となること、が期待されている[4]。

本改正は以下の五点についてなされた。

第一に、⑵につき、必要とされる実務経験が一年短縮された。三年を二年と短縮しても高度の専門性の水準は担保されると考えられたことがその理由である[5]。

第二に、新告示において新たに、税理士、中小企業診断士[6]、そして一定の情報処理技術者試験の能力評価試験合格者が「高度な専門的知識等」を有するものとして追加された。

第三に、⑷につき、特許発明の発明者、登録意匠の創作者、登録品種の育成者については、それぞれ発明、創作、育成すること自体で高度な専門性を有していると考えられることから、本告示においては、実務経験五年の基準が廃止された。

第四に、⑸については、認定対象ごとに取り巻く状況が異なり、具体的に認定する際に「高度の専門的知識等」の有無を判断すれば足りることから、本告示においては、(4)と同様に、実務経験五年の基準が廃止された。

第五に、本告示においては新たに、実際にニーズが存することに対応して、一定の学歴および実務経験（大学卒の者については実務経験五年以上、短大または高専卒の者については実務経験六年以上、高卒の者については実務経験七年以上）を有する(ア)農林水産業の技術者、(イ)鉱工業の技術者、(ウ)機械・電気技術者、(エ)建築・土木技術者、(オ)システムエンジニア、(カ)デザイナー、で年収が五七五万円以上のものは、「高度の専門的知識等」を有するものとされた。また、システムエンジニアとしての実務経験五年以上を有するシステムコンサルタントで年収が五七五万円以上のものについても、「高度の専門的知識等」を有するものとされた。ここで年収が要件とされていることについては、労働政策審議会労働条件分科会事務局によると、一定の学歴と実務経験を満たすものであれば、「高度の専門的知識等」という法律の基準には合致していると考えられるが、今回の改正により、契約期間の上限を三年とする有期雇用を認める範囲を定めるにあたっては、このうち相対的により高度の、あるいは専門的な範囲に限ることとして、その範囲を明確にするために当該年収要件が設定されたものと説明されている[7]。また、年収要件として設定されている五七五万円という額は、従業員一〇〇人以上の企業における三〇歳前後の技術係長や技術主任の平均給与月額から算定された年収レベル（臨時賞与を含む）を水準とし、これらの上位四分の一に該当する層の収入ラインを参考にして算出されたものである[8]。

2　専門業務型裁量労働制に関する告示

(1)　改正の背景

裁量労働制の対象業務については、裁量労働制が設けられた当初においては、通達において例示列挙されていたが、裁量労働制の対象業務に対する関心が高まってきたことなどにかんがみて、一九九三年の改正により、対象業務が限定的に定められ、明確化された。すなわち、具体的な対象業務としては、①新商品・新技術の研究開発、人文・社会科学に関する研究の業務、②情報処理システムの分析・設計の業務、③新聞・出版事業における記事の取材・編集、放送番組制作のための取材・編集の業務、④衣服、室内装飾、工業製品、広告等の新たなデザインの考案の業務、⑤放送番組、映画等の制作の事業におけるプロデューサー・ディレクターの業務、が労基則で明示列挙されているほか、⑥コピーライターの業務、⑦公認会計士の業務、⑧弁護士の業務、⑨一級建築士の業務、⑩不動産鑑定士の業務、⑪弁理士の業務、が告示によって定められていた（労基則二四条の二の二、旧平成九年労働省告示七号）。

規制緩和が重要な政策課題とされるなか、労働者がより創造的な能力を発揮できる環境を整備すべく、裁量労働制を拡大する必要性が主張された。その一方策として、専門業務型裁量労働制については、その対象業務を拡大することが求められた。このような専門業務型裁量労働制の対象業務を見直そうとする動きのなかで、二〇〇二年二月に旧告示が改正されるに至った（平成一四年労働省告示二二号）。

(2)　改正の内容

本改正においては、従来から専門業務型裁量労働制の対象業務とされていたもののほかに、新たに、(ア)システムコンサルタントの業務、(イ)インテリアコーディネーターの業務、(ウ)ゲーム用ソフトウェアの創作の業務、(エ)証券アナリストの業務、(オ)金融工学等の知識を用いて行う金融商品の開発の業務、(カ)税理士の業務、(キ)中小企業診断士の業務、が追加された。また、従来から一級建築士は対象業務に含まれていたが、今回の改正により、新たに、二級建築士および木造建築士の業務も対象業務に含まれることとなった。

二　検　討

1　有期労働契約に関する告示

今回の告示改正は、雇用期間の上限が三年とされる例外的場合を定める労基法一四条一号および二号を維持した上で、その具体的基準を変更し、対象範囲を拡大するものである。したがって、今回の改正により、有期労働契約の上限は原則一年であり、例外的な場合にのみ上限を三年とする有期労働契約の締結が可能であるという、労基法一四条の枠組みは変更されるものではなく、また、そうであってはならない。

新たな告示においては、従来から設定されていた基準が緩和の方向で変更されているほか、一定の学歴・実務経験・収入を満たすことが新たな基準として設定され、当該基準をみたす技術者は、三年を上限とする有期契約の対象となることとされた。この新たな基準の設定については最も議論の余地があるものと考える。

第一に、今回の改正においては、一定の学歴・実務経験を有するほぼ全分野の技術者につき、年収が五七五万円以上である場合には、当該労働者は「高度の専門的知識等」を有するとして、三年を上限とする有期契約の対象とされている。すなわち、一定額の年収を得ることが「高度な専門的知識等」を有する基準として設定されることとなった。

しかし、職種横断的な労働市場がいまだ十分に形成されておらず、企業規模などの事情による賃金格差が大きいというわが国の現状にかんがみるならば、「高度の専門的知識等」の有無につき、ほぼ全分野の技術者に年収要件を一律に適用することについては問題があるように思われる。すなわち、たとえば、大学を卒業した後五年間実務を経験し、年収五七五万円以上が見込まれる者すべてが、「高度の専門的知識等」を有しているといえるかは疑問である。これらの要件を満たすものであっても、「高度の専門的知識等」を有しているとはいえない者が少なからず存在するように思われる。その結果、労基法一四条の本来予定する範囲を超えた労働者が実際上、上限三年の有期労働契約の対象とされることが危惧される。

また、五七五万円という額の年収要件を設定することにより、賃金額を比較的低額に設定するベンチャー企業においては、実際には高度な専門的知識を有する技術者と、三年を上限とする有期契約を締結することができないといった場合が生じうることとなる。労基法一四条において、一定の場合には三年を上限とする有期契約の締結が可能とされているのは、高度な専門的知識を有する労働者がその能力を発揮することとともに、企業がこのような労働者を活用して積極的な事業展開を行うことを促進することを企図したものであること、ベンチャー企業等が成長することによりわが国の経済が興隆し雇用の促進が見込まれること、といった事情をも考慮するならば、年収要件の再検討が一層強く求められることとなる。

第二に、今回の告示改正によると、どんなに高度な専門的知識等を有している者であっても、一定の年収のほか、一定の学歴・実務経験を備えていない限り、三年を上限とする有期契約の対象にはならない。したがって、たとえば非常に高名なデザイナーであっても、学歴要件（高卒以上）を満たしていない場合には、当該デザイナーは三年を上限とする有期契約の対象とはならないこととなる。

2　専門業務型裁量労働制に関する告示

わが国においては、サービス経済化・ソフト化・情報化の進展が著しく、今後もこの傾向は続くことが予想されること、そして、専門労働者にとって主体的・裁量的に業務遂行することは意義を有することからすると、当該裁量労働制における対象業務を拡大することは必要であり、その限りにおいて今回の告示改正は妥当であるといえよう。

ただし、現行の法制度のもとでは、新たに追加された業務が、実際に、「その遂行の方法を大幅に当該業務に従事する労働者の裁量にゆだねる必要がある」こと、そして、「当該業務の遂行の手段及び時間配分の決定等に関し具体的な指示をすることが困難なもの」であること、が要請される（労基法三八条の三第一項参照）。したがって、この観点から専門業務型裁量労働制の対象業務として妥当であるかどうかが常に検証される必要がある。[9]

三　今後の課題

1　有期労働契約に関する告示

今回の告示改正は、上限が三年となる有期契約の対象となる者を追加するものであり、それにより、より多くの高度な専門的知識等を有する者が自らの働き方を選択できることとなる。この点については、一定の意義を見出すことはできよう。しかし、今回の告示改正によってはなお、「高度な専門的知識等」を有し、上限三年の雇用契約の対象となることが望まれる者がその対象に含まれない一方、「高度な専門的知識等」を有していないと思われる者がその対象として扱われる可能性を含んでいる。今回の告示改正は、規制緩和とその一方策としての有期労働契約の適用拡大という流れのなかでなされたものであるが、現行法制の枠組みの変更は法律の改正によってなされなければならず、告示の改正によって実質的に現行法制の枠組みが変容されてはならない。「高度な専門的知識等」を有している者にのみ上限三年の雇用契約の対象とする現行法の枠組みを維持するのであれば、「高度な専門的知識等」についての基準を示す告示についてさらに見直す必要性があろう。

ただし今日、有期契約を一年に限定する意義は失われつつある。したがって、有期雇用法制の今後の課題としては、たんに「高度な専門的知識等」についての基準を検討するだけでなく、例外的に三年を上限とする有期契約を許容するならばその対象範囲をいかに画すべきか、さらには、有期契約を一年に限定するという労基法一四条の枠組みは現在においてもなお維持されるべきか、現行の枠組みを変更するならば新たにどのような法的枠組みが構築されるべきか、といったことについて検討する必要があると考える[10]。

2　専門業務型裁量労働制に関する告示

現行の専門業務型裁量労働制の対象業務は、今回の告示改正により一八業種に拡張された。しかし、今後、多様かつ新たな分野・領域で専門的に業務を行う労働者が増大することが予想されることからすると、現行制度のように対象業務を列挙する方式について、再検討する必要があろう。ただし、裁量労働制を広く認めるシステムを構築するとしても、そこでは労働者の自律性・主体性が担保される必要がある。たとえば、現在の専門業務型裁量労働制においては、企画業務型裁量労働制と異なり、裁量労働を行うにあたって労働者本人の同意を得るなど、労働者の自律性・主体性を担保する法制度が設けられていない。専門業務型裁量労働制においても、労働者が自律的・主体的に働くことを通じてその能力を発揮することが望まれることからすると、この点につき検討する必要があると考える。

（1）本稿においては、両告示改正につき検討することを主眼とする。有期契約法制および裁量労働制全般については、必要最小限言及するにとどめる。

（2）法律ではなく告示というかたちがとられたのは、産業界のニーズに対して弾力的に対応するとともに、対象範囲を法律の解釈に委ねるのではなく明確化することが企図されていたためである。平成一三年一一月二九日第一〇回労働政策審議会労働条件分科会議事録 http://www.mhlw.go.jp/shingi/0111/txt/s1129-2.txt 参照。

（3）平成一三年一一月一九日第九回労働政策審議会労働条件分科会議事録、http://www.mhlw.go.jp/shingi/0111/txt/s1119-3.txt 参照。

（4）平成一四年二月一三日基発〇二一三〇〇二号。

（5）今回の告示改正において、修士の学位を有する者になお二年以上実務に従事することを必要としたことには、若年定年制を防止しようという意図も含まれているようである。前掲平成一三年一一月二九日第一〇回労働政策審議会労働条件分科会議事録参照。

（6）二〇〇〇年に中小企業支援法が改正され、中小企業診断士が国家資格として位置づけられたことに対応する。

（7）平成一三年一二月一一日第一一回労働政策審議会労働条件分科会議事録、http://www.mhlw.go.jp/shingi/0112/txt/s1211-2.txt 参照。

（8）前掲平成一三年一二月一一日第一一回労働政策審議会労働条件分科会議事録参照。

（9）対象業務の具体的な内容については、平成一四年二月一三日基発〇二一三〇〇二号を参照。

（10）有期雇用労働者の保護という観点からは、契約期間の上限だけでなく、いわゆる有期契約の雇止めに対する規制のあり方が問題となる。この点については、二〇〇〇年一二月に「有期労働契約の締結及び更新・雇止めに関する指針」が策定されている。

（こにし　やすゆき）

〈学会誌100号記念企画〉

日本労働法学会誌　総目次
第1号～100号

第1号（一九五一年）

論　説

労働法の解釋と法的傳統……末弘嚴太郎
労働法における道義則……沼田稲次郎
——特に解雇をめぐる信義則と労働良識について——
労働争議と第三者……有泉　亨
賃金遲配と労働法理論……吾妻　光俊
經營秩序と就業規則……後藤　清
——就業規則の變更の問題を中心として——

資　料

不當労働行爲の救濟手續に關する實態調査……比較労働法研究會
——裁判所に對する労働者個人の救濟申立事件について——

文献解題

文献解題（一）論文・雑誌

報　告

日本労働法學會創立總會及び第一囘大會記事
日本労働法學會第二囘大會記事
《宿題報告》
各國就業規則の比較研究　フランス（石崎政一郎）／米國（宮島尚史）／ドイツ（三宅正男・楢崎二郎）
就業規則論序説……林　迪廣
労働法における信義誠實の原則……沼田稲次郎
會員名簿

第2号（一九五二年）

論　説

労働協約と就業規則……石井　照久
各國労働協約制度比較研究序説……藤田　若雄
労働契約書より見たわが國の労働關係の特質……外尾　健一
労働争議調整機構論……松岡　三郎
——その觀方を中心として——

資　料

女子労働者の生活實態……石崎政一郎
戰後労働協約の分析……東京大學社會科學研究所　木村　愼一
——ショップ制條項及び採用・解任に對する組合參加條項——

展　望

労働法規の改正……吾妻　光俊
交渉單位制をめぐる諸問題……野村　平爾
最高裁の生産管理違法論……峯村　光郎
臨時工問題……有泉　亨

會　報

日本労働法學會第三回大會記事
公共企業労働法の一考察……峯村　光郎
社會保障と労働者保護……片岡　昇・久保　敬治・淺井　清信
労働協約の本質……藤田　若雄・恒藤　武二
日本労働法學會第四回大會記事
労働委員會制度……色川幸太郎
争議行爲……吾妻　光俊
文献解題（二）
名簿追録

第3号（一九五三年）

論　説

民法と労働法……津曲藏之丞
組織强制と組合員の權利……三島　宗彦
アメリカの會社支配組合……佐藤　進

資　料

中華人民共和國の労働紛争にかんする法規について……向山　寛夫

回顧と展望

労働法の變動……沼田稲次郎
駐留軍をめぐる労働法上の問題……野村　平爾
炭労・電産ストと緊急調整第一號……峯村　光郎
三井美唄江の島事件……有泉　亨

會　報

日本労働法學會第五回大會記事
労働組合という團體の法的性格……石川吉右衛門
労働法における總則的課題……廣濱　嘉雄
不當労働行爲論……荒木　誠之
團體交渉の當事者と労働協約の効力の及ぶ範圍……松崎　芳伸
アメリカ資本主義と労働關係法……櫻林　誠
雇傭の再検討……三宅　正雄
法廷闘爭と實力闘爭……森長英三郎
労働裁判における三者構成制度の意義……河野　廣
解雇協議約款の法的性格……中村　正
アメリカにおける鐵道労働關係立法……川田　壽

日本勞働法學會第六回大會記事

ドイツにおける經營協議會制度の發展とその背景……横井 芳弘

勞働者の經營參加に關する問題…中村 武

勞働協約の一般的拘束力……正田 彬

勞働協約の法規的性質と契約的性質……石黑 拓爾

失業勞働法の政策的背景……角田 豊

文獻解題（三）

第4号（一九五四年）

論 説

就業規則の法的性質……沼田稲次郎

勞働組合法第十七條論……正田 彬

失業勞働法の政策的背景……角田 豊

資 料

戰後勞働判例の推移……森長英三郎
——最高裁判例を中心としつつ——

回顧と展望

日産爭議・日産分會「自己批判」案の焦點
——第二組合について——
……藤田 若雄

公共企業體等の仲裁裁定……峯村 光郎

三井三池の企業整備反對鬪爭……林 迪廣
——十一號ないし十八號——

日本勞働法學會第七回大會記事

米國における支配介入について…瀬元美知男

不當勞働行爲の救濟手續參與…林 信雄

勞働協約の構造について……後藤 清

組合保障條項と勞働組合……西川 達雄

會員名簿

第5号（一九五四年）

同盟罷業と労働災害……石崎政一郎
——フランス法における問題点の考察——

ドイツ労働協約の実証的研究序説…久保 敬治
——一九一三年以前の事情を中心として——

労働協約の余後効にかんする再論…後藤 清

資 料

外国労働法学会見たまま・聞いたまま……松岡 三郎

回顧と展望

国鉄労組被解雇役員再選をめぐる労働法上の問題点……野村 平爾

旭丘中学事件と労働法上の問題点…西村 幸雄

最近の経営参加問題について……三輪政太郎
——当面する組合運動の課題として——

炭労争議における部分ストと賃金カット……宮島 尚史

近江絹糸争議の問題点……正田 彬
——中間報告として——

「尼鋼争議」……片岡 昇

会 報

日本労働法学会第八回大会記事

団結強制に関する一考察……深瀬 義郎

戦後の労働立法批判……北岡 寿逸

諸外国の労働法学の現状……松岡 三郎

ドイツ労働協約の実際……久保 敬治

組合員の協約に対する関心度について……野村 平爾

文献解題（四）

第6号（一九五五年）

論 説

行動の法的自由と現在の同意に基づく統制
——自主的統制と法的効力——
……三宅 正男

就業規則の再檢討……淺井 清信

就業規則と労働契約……萩澤 清彦
——判例を中心として——

イギリス労働組合法史におけるコンスピラシー
——Crafter Co. Case（1942. A.C.）に關連して——
……秋田 成就

資 料

常盤炭鑛における労働者の規範意識の實態……青木 宗也

判 例

一九五四年度労働判例概觀……高木 右門
宮原 守男

回顧と展望

労働政策の回顧と展望……菊池 勇夫

ピケに關する次官通達……後藤 清

地方銀行・證券取引所ストライキ…川田 壽

日鋼室蘭爭議……沼田稲次郎

會 報

日本労働法學會第九回大會記事

近江絹糸の労働基準法違反について……外尾 健一

近江絹糸爭議における不當労働行爲……本多 淳亮

近江絹糸爭議におけるロック・アウト並びにピケッティングについて……片岡 昇

無協約狀態下の就業規則の效力…川口 義明

補充の原則と法益權衡の原則について……色川幸太郎
就業規則と勞働契約——判例を中心として——……萩澤　清彦
組織强制に關する一試論……阿久澤龜夫

第7号（一九五五年）

論　説
ユニオン・ショップと不當勞働行爲……木村　愼一
失業勞働法の最低性と勞働運動……角田　豊
資　料
米國自動車産業における勞働協約の實證的考察……蓼沼　謙一
回顧と展望
上部遮斷ストについて——關西電力京都支店事件〔京都地裁三〇・三・一七判決〕——……恒藤　武二
シンポジウム
爭議權の構造と解釋……宮島　尙史
爭議の實態と法の解釋適用について……三輪政太郎
會　報
第十回大會記事
ユニオン・ショップと不當勞働行爲……木村　愼一
社會紛爭の處理機構について……日外喜八郎
文獻解題

第8号（一九五六年）

論　説
勞働法の解釋……西川　達雄
懲戒權と刑罰權についての若干の考察……熊倉　武
懲戒權の法理……花見　忠
資　料
日鋼室蘭爭議とその「鬪爭資金」……横井　芳弘
回顧と展望
昭和三一年春期賃上鬪爭……沼田稻次郎
綿紡スト……後藤　清
鐵鋼・賃上げ鬪爭と職場交流……角田　豊
公勞法の一部改正法案批判……峯村　光郎
會　報
第十一回大會記事
シンポジウム
懲戒權の基本問題……浪江　源治
懲戒權の法理……花見　忠
私企業に於ける退職手當規定の諸問題……中濱　虎一
自由勞働者をめぐる勞働法上の若干の問題……近藤　正三
會員名簿

第9号（一九五六年）

論　説
勞働法の國際性——その歴史的考察——……菊池　勇夫
社會保障と勞働法——序論として——……吾妻　光俊
懲戒權の法的限界……花見　忠
資　料
日鋼室蘭爭議における「就勞鬪爭」をめぐる初期的段階……宮島　尙史
回顧と展望
官公勞の春季鬪爭——全國稅東京勞組事件、全電通千代田丸事件及び國鐵西宇部要員鬪爭を中心に——……沼田稻次郎
中小企業勞働者の組織化と合同組合主義……久保　敬治
朝日新聞の停年制……本多　淳亮
いわゆる臨時職員の鬪い……青木　宗也
全鑛の共同交涉方式……横井　芳弘
會　報
第十二回大會記事
職場團交の法律問題……舟橋　尙道
職場團交をめぐる法的諸問題……窪田　隼人
シンポジウム「職場團交の諸問題」
公務員の爭議權——特に非現業公務員について——……宮島　堯
日鋼室蘭爭議におけるピケッティングの實態とピケ法理の一考察……島田　信義
企業別組合における協約機能と職場活動の關連について……佐藤　進
文獻解題

第10号（一九五七年）

論　説
就業規則の效力の淵源……川崎　武夫
就業規則論における契約說と法規說……本多　淳亮
組合における制裁とその法的規制——米國における場合——……瀬元美知男
資　料
日本海重工勞働爭議における企業再建鬪爭の意義と問題點……佐藤　進
回顧と展望

勞働次官通牒「團結權・團體交渉その他の團體行動權に關する勞働教育行政の指針について」……淺井　清信
生産性向上運動と東北電力の勞働協約……島田　信義
人事院勸告……慶谷　淑夫
勞働時間短縮の問題……古田　芳三
會　報
第十三回大會記事
シンポジウム
就業規則の效力の根源……川崎　武夫
就業規則の本質をめぐる問題點……川口　實
討　論
研究報告
勞働協約の平和義務……恒藤　武二
組合幹部犠牲論の反省……沼田稲次郎
英國の初期工場監督制
——一八三三年工場法を中心として——荒木　誠之
經歴詐稱の總括
——判例を中心として——……森山　滋雄
一、二の職場闘争について……林　迪廣
外國文献解題（一）
總目録（自第一號至第一〇號）

第11号（一九五八年）

論　説
爭議權の性格……片岡　昇
ユニオンショップの三面構造論序説
——ショップ條項分析の一視角——
……宮島　尚史
反組合的意圖とその立證責任……籾井　常喜
——勞組法第七條第一號における不當勞働行爲の立證責任をめぐって——
資　料
判例にあらわれたピケット論……佐藤　昭夫
——その發展をかえりみて——
回顧と展望
佐賀縣教組事件……宮島　堯
杵島争議……三輪政太郎
閣議了解「公共企業體等職員の勞働組合の争議行爲について」……正田　彬
國鐵の闘争と藤林あっせん案、機勞判決の問題點……林　迪広
會　報
第十四回大會記事
シンポジウム「勞働協約の一般的拘束力」
勞働協約の一般的拘束力……片岡　昇
勞働協約の一般的拘束力……横井　芳弘
——勞組法第十七條を中心として——
討　論
被解雇者と社宅の使用問題……池田　直視
最低賃金制の意義及び本質……水島密之亮
休暇闘争の法律問題……東城　守一
第十五回大會記事
シンポジウム「公勞法の諸問題」
實定勞働法上の公共企業體と行政法學
……山田　幸男
公勞法上の團結權、團體交渉權について
……林　迪広
公企體勞働者の争議權……宮島　尚史
討　論
勞基法における過半數勞働者の代表者の行う協定……三浦　恵司
不當勞働行爲救濟手續に關する勞働委員會と裁判所との關係……石川吉右衛門
年次有給休暇請求權の法的性格……後藤　清
內國文献解題（七）

第12号（一九五八年）

論　説
平和義務條項の實態からみた理論の諸系譜
……松岡　三郎
不當勞働行爲制度における使用者の地位
——不當勞働行爲論の反省——荒木　誠之
西獨における解雇制限の法理……近藤　正三
——解雇制限法を中心にして——
資　料
スト投票についての調査……秋田　成就
回顧と展望
日本勞働協會法……中島　正
全遞「職場大會」事件……宮島　尚史
非組合員の範圍……窪田　隼人
會　報
第十六回大會記事
共同決定權に關する一考察……門田　信男
——主として勞働重役の役割について——
緊急命令制度について……玉置　保
シンポジウム「社外工の法律問題」
下請制の發展と社外工制度……大山　吉雄
——鋼造船業を中心として——
社外工について……森長英三郎
討　論
外國文献解題（二）
會員名簿

日本労働法学会誌　総目次（第1号～100号）

第13号（一九五九年）

論説
- 労働災害補償の法理 …… 安屋 和人
- 教育公務員の権利意識と権利斗争 …… 宮島 尚
- 地域合同労組の実態と問題点 …… 三島 宗彦

資料
- ILO条約第八七号（結社の自由・団結権擁護に関する条約）批准をめぐる問題 …… 佐藤 進
- 最近の労働刑事事件にあらわれた争議行為の「煽動」と「教唆」について …… 内藤 功
- 「全逓・教組・全農村事件」
- 王子争議

会報
- 第一七回大会記事

シンポジウム
- 平和義務違反の争議行為について …… 恒藤 武二
- 討論
- 内国文献解題 …… 熊倉 武

第14号（一九五九年）

論説
- 原子力平和利用と労働法問題 …… 菊池 勇夫
- 企業の譲渡と労働関係 …… 中村 武
- 両罰規定と使用者の責任 …… 津曲蔵之丞
- 労働者経営参加の性格 …… 池田 直視

資料
- 回顧と展望
- 雇傭の安定について …… 石崎 政一郎

第15号（一九六〇年）

論説
- 団体行動としての争議行為 …… 浅井 清信
- ロックアウトの限界 …… 後藤 清
- 団結権の保障とILO条約 …… 三島 宗彦
- 不当労働行為の不服申立制度の諸問題 …… 古西 信夫
- 海上労働に関する問題のとらえ方と若干の実態について …… 笹木 弘

資料
- 回顧と展望
- 三井三池炭鉱の合理化反対争議・全逓労組の「団交再開闘争」 …… 中山 和久・荒木 誠之

第16号（一九六〇年）

学会創立十周年記念号

- 日本労働法学会十年のあゆみ …… 菊池 勇夫

論説
- 戦後労働法と法理論 …… 吾妻 光俊
- 20年法体制から24年法体制への転換 …… 沼岡 稲次郎
- 不当労働行為制度・政治スト・同情スト・争議法 …… 松岡 三郎
- 争議中の操業について …… 片岡 昇
- 公務員法・公労法 …… 本多 淳亮
- 労働基準法の十三年 労働時間・休憩・休日・休暇 …… 後藤 清
- 戦後日本における失業労働法の展開 …… 有泉 亨
- 戦後外国労働法の展開
  - アメリカ …… 浅井 清信
  - 西ドイツ …… 久保 敬治
  - フランス …… 西谷 敏
  - イギリス …… 恒藤 武二

資料
- 国際社会法学会の設立と活動 …… 佐藤 進
- 会報（第二〇回大会記事）・会員名簿 …… 石崎 政一郎

シンポジウム
- 合同労働組合の法理 …… 林 信雄
- 平和義務の法的性質 …… 清水 一行
- 内国文献解題（9）

会報 第一九回大会記事

- 公務員組合の専従者問題 …… 窪田 隼人
- 海上労働における共同雇用 …… 阿久沢 亀夫

- 最低賃金法の制定・実施 …… 角田 豊
- 主婦と生活社の争議 …… 青木 宗也
- 全農林事件 …… 横井 芳弘
- 公務員労働組合の登録問題 …… 中山 和久
- ILO条約八七号批准をめぐる問題 …… 角田 豊

- 回顧と展望
- フランスにおける政治ストの法理 …… 青木 宗也
- イギリスにおける政治ストの法的効果について …… 秋田 成就
- ドイツにおける政治ストの法理 …… 久保 敬治
- わが国における政治ストの法律問題 …… 蓼沼 謙一
- シンポジウム（政治ストについて）
- 外国文献解題（三）

第17号（一九六一年）

論　説

在籍専従制度について……中山　和久

労働争議と事業法適用の問題……熊倉　武

資　料

若干の協約例における平和義務の実態……清水　一行

回顧と展望

ＩＬＯ条約87号の批准と国内法の改正……窪田　隼人

安保斗争について……古西　信夫

三井三池争議の解決……荒木　誠之

会　報　第二一回大会記事

ＩＬＯ条約に表われた労働時間……高橋　武

地方公務員団体に於ける専従制限の問題点……橋本　敦

シンポジウム（専従制度の反省）

内国文献解題（10）

病院争議……川口　実

昭和36年春闘・スト宣言……中山　和久

政暴法案……吉川　経夫

ＩＬＯ結社自由委員会勧告の問題点——とくに第32次、第41次、第54次報告を中心として——……佐藤　進

会　報

第二二回大会記事

福岡県の職場協定について……吉岡卯一郎——資料を中心とする福岡県庁職場協定の検討——

フランス労働争議調整制度の変遷に現われた争議権理論の展開について……深山喜一郎

討　論

外国文献解題

イギリス

イタリア

ソビエト

第18号（一九六一年）

特集　争議中の労働関係

争議中の労働関係……窪田　隼人——スト参加労働者の賃金請求権を中心として——

争議中の労働関係……近藤　正三——スト不参加労働者の個別的労働関係について——

争議中における就業規則の効力……青木　宗也

争議中の労働協約・協定……本多　淳亮

争議中における不当労働行為制度…籾井　常喜

回顧と展望

第19号（一九六二年）

特集　合同労組の実態と法律問題

合同労組運動の意義……沼田稲次郎

組合資格審査をめぐる問題点……川口　実

合同労組の組織形態とその問題点…三島　宗彦

合同労組の団体交渉をめぐる問題点……蓼沼　謙一

協同組合の団体交渉および協約締結能力……島田　信義

合同労組と争議……片岡　曻

合同労組と労働協約……窪田　隼人

時　評

西独の労働事情と日本……浅井　清信

回顧と展望

炭労の〈政策転換闘争〉について……三輪政太郎・平原　哲平

労働時間短縮のいみするもの……松岡　三郎

改正刑法準備草案は何を準備するか……上田　誠吉

第二三回大会記事

合同労組の実態と法理……青木　宗也

不当労働行為制度を支える法理……籾井　常喜

ストライキを犯罪視する見方について……松岡　三郎

労災補償の生活保障理論……荒木　誠之

外国文献解題（4）

第20号（一九六二年）

特集　団体交渉と協議制

事前協議と団体交渉・経営参加……片岡　曻

団体交渉と労使協議制……正田　彬

海員組合と団体交渉……笹木　弘

統一交渉・統一闘争上の問題点……横井　芳弘

「交渉権」の権利性について……宮島　尚史

資　料

トラック・アクトに関する報告書…秋田　成就

アメリカ合衆国の州労働関係法における二つの潮流……坂本　重雄

回顧と展望

病院争議とスト規制通達……窪田　隼人

全逓中郵事件判決について……宮内　裕

学力テスト阻止闘争……青木　宗也

その後のＩＬＯ87号条約批准問題…中山　和久

第二四回大会記事
学会員名簿

第21号　（一九六三年）

特集　団体交渉と労働協約
協議条項の法的効力……………………藤田　若雄
労働協約の形態と機能…………………久保　敬治
労働協約と私的自治……………………花見　忠
相対的平和義務と遵守義務（履行義務）との関連性について……………………清水　一行
団体交渉の法的構造……………………松浦千鶴子
資　料
今秋ひらかれる社会法の国際大会について……………………石崎政一郎
イギリス労働関係における現実的視点……………………佐藤　進
回顧と展望
バック・ペイに関する最高裁判決…島田　信義
新日本窒素水俣の安定賃金争議……荒木　誠之
炭労〈政策転換闘争〉その後の経過……………………角田　豊
失対問題の経過と問題点……………徳江　健
全逓・盛岡局事件……………………桑原　昌宏
第二五回大会記事
公務員―公労法の適用を受けない―の交渉権……………………松岡　三郎
公企体等における団体交渉…………石川吉右衛門
シンポジウム

第22号　（一九六三年）

特集　合理化をめぐる法律問題
合理化下の労働基準法の地位とその役割……………………松岡　三郎
合理化と解雇……………………………林　迪広
深山喜一郎
合理化と配置転換……………………本多　淳亮
合理化に伴う雇用形態の変化と労働者の地位……………………山本　吉人
資　料
西独金属産業の争議……………………正田　彬
合理化をめぐる団体交渉構造の変化と米国労使関係法……………………坂本　重雄
イタリア組合費の一資料……………山口浩一郎
回顧と展望
難航を続けるＩＬＯ87号条約批准問題……………………三島　宗彦
三・一五判決の波紋…………………佐藤　昭夫
教組関係の三判決について…………尾山　宏
全電通千代田丸事件…………………窪田　隼人
林野庁による労働協約破棄通告……中山　和久
治安立法の一環としての新暴力法案……………………桜木　澄和
失対法改正の問題点…………………徳江　健
第二六回大会記事
解雇の法的意義とその修正理論……池田　直視
帰朝報告
外国文献解題（５）

第23号　（一九六四年）

特集　組合の組織と運営の法理
労働組合の内部統制に関する若干の法的考察……………………秋田　成就
労働組合の政党支持と統制権………窪田　隼人
労働組合の資格審査制度についての再検討……………………本田　尊正
労働組合の財政をめぐる実態と法理……………………佐藤　進
回顧と展望
和歌山県教組事件判決………………片岡　曻
生存権闘争としての朝日訴訟………小川　政亮
三池炭鉱三川鉱の爆発災害…………荒木　誠之
全逓中郵事件控訴審判決……………佐藤　昭夫
公労協の年末闘争……………………宮島　尚史
鶴見事故と運転保安闘争……………古西　信夫
海外学会報告
国際社会法学会の第五回国際会議…菊池　勇夫
国際社会法学会のリヨン国際大会（報告）……………………石崎政一郎
第二七回大会記事
不当労働行為における企業者責任…岸井　貞男
エィジェンシィ・ショップ…………外尾　健一
バック・ペイの諸問題………………島田　信義
シンポジュウム
学会員名簿

第24号　（一九六四年）

特集　労働法学の方法と課題
「労働法社会学」の課題と方法…蓼沼　謙一
――渡辺教授の提言をめぐって――
労働法学の方法と課題………………宮島　尚史
労働法の解釈…………………………横井　芳弘
――二、三の方法論的疑問について――
市民法と労働法の接点にかんする一考察
労働法と経済法の関係についての試論……………………島田　信義

……正田 彬
労働法と社会保障法との連関性……佐藤 進
——生存権理念の構造的認識を中心として——
資料
韓国労働法の現況……朴 元錫
回顧と展望
大教組判決の意義と教育公務員の権利闘争……日外喜八郎
4・17ストと統制問題……籾井 常喜
労災防止法の成立……荒木 誠之
憲法改正の動向と労働法……安屋 和人
第二八回大会記事
最近のアメリカ協約法理に関する一考察……本田 尊正
公務員と団体交渉・労使協議制……中山 和久
労働組合の内部統制について……秋田 成就
シンポジウム

第25号（一九六五年）

特集・労働災害に関する諸問題
労災問題をとらえる法的視点について……沼田稲次郎
労働災害とその補償責任の法構造……林 迪広 宮崎 鎮雄
保安闘争の正当性……籾井 常喜
論説
試用期間中の労働関係……後藤 清
教育における団結権の機能……宮島 尭
資料
ドイツにおける政治ストと不法行為責任……水野 勝
回顧と展望
「同盟」の発足……角田 豊
航空運輸労組とストライキ……門田 信男
——日航ストを中心に——
国労東三条駅事件……三島 宗彦
ドライヤー委員会の来日と調停……中山 和久
安西郵便局控訴事件……青木 宗也
港湾労働法をめぐる諸問題……秋田 成就
社会保障の改正問題……近藤 正三
——失保・保健・厚生年金——
労働法学会会員名簿

第26号（一九六五年）

労働時間をめぐる法解釈
労働時間短縮と組合運動……角田 豊
交替制について……松岡 三郎
——時短との関係における道路公団の料金収受員の場合——
時間外労働協定……青木 宗也
宿直・日直について……近藤 正三
非常災害と労働時間……林 迪広
——主として日鉄法第三三条について——
内外労働時間資料……市毛 景吉
回顧と展望
全逓大阪地本事件判決……佐藤 進
ＩＬＯ関係国内法改正と公務員制度審議会……本多 淳亮
山野鉱業ガス爆発事件……深山喜一郎
官公労のストと大量処分……山本 博
大会記事
立法過程……松岡 三郎
現行法における労災補償……林 迪広 宮崎 鎮雄
研究1……雑賀 芳三
労働災害に関する協約・規則・慣行等の実証的研究2……桑原 昌宏
労働災害に関する協約・規則・慣行等の実証的
労働災害をめぐる諸問題〈シンポジュウム1〉
労働組合の内部統制〈シンポジュウム2〉
外国文献解題 西ドイツ・アメリカ

第27号（一九六六年）

官公労働者の基本権
わが国における官公労働者の労働基本権
官公労働関係規制立法の回顧と展望……浅井 清信
官公労働運動と労働基本権……吾妻 光俊
団交権・争議権制限の代償措置の機能……後藤 清
——とくに地方公務員について——
官公労働法のアポリア……沼田稲次郎
諸外国における官公労働者の労働基本権
イギリスの官公労働者の労働基本権……前田 政宏
アメリカ官公労働者の労働基本権……花見 忠
——その一 連邦——
アメリカ官公労働者の労働基本権……松田 保彦
——その二 州及び市町村——
西独公務員の労働基本権と労働組合……久保 敬治
フランスの官公労働者の労働基本権……山口 俊夫
比較研究—官公労働者の労働基本権
回顧と展望
ドライヤー報告書の意義……三島 宗彦

和教組事件（最高裁判決）および都教組事件（東京高裁判決）……石橋　主税
労災保険法の改正……橋詰　洋三
日本労働法学会第三〇回大会記事

第28号（一九六六年）

労使紛争と労働委員会

不当労働行為制度における二律背反……吾妻　光俊
労働委員会の組織及び機能の問題…玉置　保
沿革的にみた労働委員会の思想……大和　哲夫
労働委員会の機能——その実際と反省——……塚本　重頼
労働委員会と裁判所……本多　淳亮
諸外国における労使紛争の処理制度　森本弥之介
イギリスの労使紛争とその調整機構……佐藤　進
NLRBの機構と手続……岸井　貞男
西独の労働紛争処理機構……清正　寛
フランスの労使紛争解決制度とその機能……阿久沢亀夫
第三者の強制による不当労働行為…鎌田　庄造
——小川調教師不当労働行為救済命令取消請求事件——
回顧と展望
労働組合法の一部改正……青木　宗也
公務員制度審議会の答申……木村　慎一
企業合併と組合分裂の法律問題……東城　守一
日本労働法学会第三一回大会記事
＜シンポジュウム＞
わが国における労働委員会制度の問題点
＜資料＞官公労と労使紛争
国家公務員関係……本田　尊正
地方公務員関係……門田　信男
公共企業体等労働関係……竹下　英男

第29号（一九六七年）

企業合同と労使関係

企業合併と労働法の問題……峯村　光郎
企業合併における労働法上の諸問題——組合組織と個別労働者の権利の側面——……宮島　尚史
企業法からみた合併と労働関係……富山　康吉
企業合同の労働関係に及ぼす影響…丹宗　昭信
諸外国における企業合同と労使関係——経済法的側面からのアプローチ——
最近のイギリスにおける産業再編成の動向と労使関係……市毛　景吉
米国における企業合同と労使関係…岸井　貞男
西独における企業の集中合併と労使関係……久保　敬治
フランスにおける企業合併と労働者の権利保護……山口　俊夫
日本労働法学会第三二回大会記事
＜シンポジュウム＞
企業合併と労使関係
回顧と展望
IMF・JCの提起した問題点……横井　芳弘
公務員における管理職などの範囲…大和　哲夫
「一〇・二一反戦統一行動」……片岡　曻
全逓中郵事件最高裁判決……佐藤　昭夫

第30号（一九六七年）

戦後二〇年の労働法と労働法学

労使関係論……浅井　清信
世界の中の労働法……菊池　勇夫
労働争議……有泉　亨
労働組合の組織——労働法の妥当を規定した企業別組合——……沼田稲次郎
労働基準法……松岡　三郎
回顧と展望
朝日訴訟……小川　政亮
政治資金規制の問題……秋田　成就
最低賃金・家内労働法案をめぐって……外尾　健一
住友セメント事件東京地裁判決……石松　亮二
労使関係法研究会報告書……桑原　昌宏
＜研究＞
労働法における市民法の修正論序説——その一　個別労働者の権利を中心に——……宮島　尚史
日本労働法学会第三三回大会記事
労使慣行をめぐる法律問題
報告要旨……籾井　常喜
本多　淳亮
シンポジュウム要旨
日本労働法学会会員名簿

第31号（一九六八年）

争議行為——その実態と法理

＜論説＞
組合の分裂と組合財産分割請求権…野村　平爾
争議行為——その実態と法理——

争議行為における対抗関係の特殊性と労働法学説の機能的関連について……藤田　若雄
同情ストの合法性……三島　宗彦
西独争議行為の態様……久保　敬治
回顧と展望
山陽電軌強窃盗事件……清水　一行
みすず豆腐事件長野地裁判決……石井　宣和
ＩＬＯ一〇〇号条約の批准とその後の動き
……石松　亮二
健保臨時特例法と医療保険制度改革試案
……坂本　重雄
〈特別研究〉
未成年者の労働契約……明石千鶴子
タフト・ハートレー法下における二次的ボイコット……高木　紘一
日本労働法学会第三四回大会記事
〈シンポジュウム〉
争議行為の形態

第32号（一九六八年）

労働争訟――その実態と法理
最近の労働仮処分をめぐる問題点…萩沢　清彦
不当労働行為制度における行政訴訟運用上の問題点……高橋　貞夫
立入禁止仮処分……山本　博
西ドイツの労働裁判とわが国の問題点……花見　忠
フランスにおける労働争訟……山口　俊夫
――労働審判所 Conseil des prud'hommes における労働争訟を中心として――
アメリカ・ソ連における労働争訟
アメリカにおける労働争訟……松田　保彦
ソ連における労働争訟制度……中村賢二郎
回顧と展望
勤評反対闘争事件判決の前進と問題点
……角田　豊
国鉄労組の職場団交制度……野村　晃
〈特別研究〉
フランス労働協約制度と企業協定
……石橋　主税
日本労働法学会第三五回大会記事
〈シンポジュウム〉
労働争訟
〈座談会〉
労働争訟をめぐる問題
――労働仮処分を中心として――
色川幸太郎・園部　秀信・沖野　威
横井　芳弘・松岡　三郎・花見　忠
古西　信夫

第33号（一九六九年）

教育行政と労使関係
教育政策と教育労働……中山　和久
――実態の中から――
教育労働者の特殊性……兼子　仁
――教育法学の立場から――
教員と教員団体……窪田　隼人
――教員の地位勧告を中心にして――
教員の労使関係……三島　宗彦
――比較法的考察――
教育労働者の労働条件……山本　吉人
〈資料〉
ＩＬＯ八七号条約からユネスコ勧告へ
……宮島　堯
回顧と展望
猿払事件……山本　博
三井美唄事件上告審判決……菊谷　達彌
労働行政機構改革案について……竹下　英男
最近における民間労組の動向……角田　豊
「地方事務官」制度廃止問題……小川　政亮
――社会保険と職業安定行政における――
〈特別研究〉
労働法における市民法の修正論序説（続）
――その二　団結権・団体行動権を中心に――
……宮島　倘史
使用者の労働受領義務……下井　隆史
イギリス労災補償の制度と理論（一）
……桑原　昌宏
日本労働法学会第三六回大会記事
〈シンポジュウム〉
教育労働者の労働法上の地位

第34号（一九六九年）

争議行為と民事責任
争議行為の民事免責の構造……窪田　隼人
争議行為のいわゆる民事免責の法理
……喜多　実
官公労働者の争議行為と民事責任…橋詰　洋三
争議行為と民事責任……青木　周三
――ドイツにおける法理――
〈回顧と展望〉
沖縄・「総合労働布令」と「二・四ゼネスト」
……幸地　成憲
秋北バス事件……川口　実
社会保障関係法改正の動向……佐藤　進

第35号 (一九七〇年)

労働組合の政治活動

労使関係と組合の政治活動……沼田稲次郎
労働組合の政治活動……清正　寛
判例よりみた労働組合の政治活動……馬渡淳一郎

〈特別研究〉
生活関係法案の一括成立……木村五郎
出勤途上災害の取扱いと協約化……清水一行
職業訓練法の改正……常盤忠允
婦人労働をめぐる裁判例の動向……桑原昌宏
我が国における同盟罷業権の生成……角田邦重
官公労働者の争議行為と懲戒処分……橋詰洋三

〈津曲追悼〉
故津曲蔵之丞教授の業績について……菊池勇夫
津曲さんを想う……石崎政一郎

〈回顧と展望〉

〈海外学会消息〉

第36号 (一九七〇年)

労働基準法と労働政策

労災補償と労災保険……有泉　亨
労働基準法の現状と展望……松岡三郎
労働時間の特例的規制について──交通、教育労働者を中心に──……青木宗也
労働基準法と労働政策……山本吉人
女子労働について……角田　豊
ILOと安全衛生・災害補償……坂本重雄

〈特別研究〉
第二次公務員制度審議会……萬井隆令
ビラ貼りと軽犯罪法……福島　淳
三井三池大量解雇仮処分判決……保原喜志夫
通勤途上の災害……井上　浩
「協約化闘争」の法理と「協約法理論」……宮島尚史
「就業規則法理論」の破綻……石崎政一郎
労働協約をめぐる労働基準法……
労働基準法と労働政策……

〈海外学会消息〉
ドイツとフランスとのあいだの社会法研究の交流……

〈回顧と展望〉

〈シンポジウム〉
日本労働法学会第三九回記事

第37号 (一九七一年)

七〇年代の労働法学と労働運動の課題
──学会創立二〇周年記念号──

〈記念論説〉
日本労働法学会創立二十周年を迎えて──学会の足跡とその課題について……沼田稲次郎
労働法学周辺記……菊池勇夫
労働法五十年の素描……浅井清信

〈論説〉
労働者の公害反対闘争をめぐる法的諸問題……田端博邦
少数組合員の権利と使用者の団結承認義務……近藤昭雄
労働組合の統制機能と少数組合員の権利……西谷　敏
社会政策と労働法……大河内一男
労働人格と労働法……常盤忠允
労働法学と労働法……孫田秀春

〈記念対談〉
聞き手　峯村光郎・松岡三郎・平野義太郎・手塚和彰・古西信夫

〈座談会〉
戦前の労働法学
聞き手　石井照久・後藤清
武井武・外尾健一・松岡三郎・片岡昇・林迪広

戦後の労働法学
聞き手　中村昇
青木宗也・外尾健一・松岡三郎・花見忠・松井常喜・片岡信義
横井芳弘・川口実・島田信義
古西信夫・片岡昇・本多淳亮

〈海外学会消息〉
国際社会法学会第七回大会……角田　豊
〈シンポジウム〉
七〇年代の労働法学と労働運動の課題
日本労働法学会第四〇回大会記事
日本労働法学会誌「労働法」総目録（第一号～第三六号）

第38号（一九七一年）

七〇年代の協約自治と団結の諸問題
労働関係の解約告知……後藤　清
協約自治と組合をめぐる諸問題……萩沢　清彦
協約自治と個別労働者の法的地位……渡辺　章
協約自治と争議行為……手塚　和彰
――少数者集団の争議行為を中心にして――
犠牲者救援補償をめぐる法律問題……山口浩一郎
――Ein Diskussionsbeitrag――
〈回顧と展望〉
司法の危機と労働組合の対応……竹下　英男
ILO「第一回公務員合同委員会」決議……坂本　重雄
教職特別措置法……青木　宗也・野村　晃
健保法改正の動向……片岡　直
公害闘争をめぐる論争……前田　達男
職業訓練基本計画の問題点……常盤　忠允
〈特別研究〉
米軍支配下の沖縄における労働立法の展開過程……幸地　成憲
〈海外学会消息4〉
イタリア労働法学会研究集会……山口浩一郎
日本労働法学会第四一回大会記事

第39号（一九七二年）

官公労働関係と労働法
官公労働法上のスト禁止と団結承認義務……籾井　常喜
官公労働者の争議行為に対する懲戒処分に関する判例の動向……竹下　英男
公共企業体等における団体交渉と労働協約
――その具体的事例と問題点――……深山喜一郎
外国官公労働法の最近の動向……桑原　昌宏
――加・米・英の争議権を中心に――
〈回顧と展望〉
第三次公務員制度審議会の発足……坂本　重雄
労働基準法研究会……手塚　和彰
〈特別研究〉
労災・公害の犯罪構造……宮島　尚史
――労働者の職場における――
〈海外学会消息5〉
フランスの企業委員会……菊池　高志
――合理化下の企業内労使関係――
全国労働関係局（NLRB）改革論争の概況……松田　保彦
熊倉武会員の御逝去を悼む……宮島　尚史
日本労働法学会第四二回大会記事
〈シンポジウム〉
協約自治と組合をめぐる諸問題

第40号（一九七二年）

労働法と社会保障法
現代社会保障法の課題……角田　豊
労働法と社会保障法の異質性と同質性……河野　正輝
労災保険の「社会保障化」と労災補償・民事責任……西村健一郎
労働運動における社会保障闘争の法的評価……棚田　洋一
〈回顧と展望〉
政治活動・政治ストをめぐる判例の動向……馬渡淳一郎
「返還」と沖縄の労働問題……幸地　成憲
――本土との一体化措置を中心に――
〈特別研究〉
社会保障の保障主体と社会保障法論
――フランス社会保障における労使の主体的役割りを通じて――……上村　政彦
ダム建設における労働関係……岸井　貞男
〈海外学会消息6〉
ベルギーにおける社会保障研究……上村　政彦
〈資料〉具体的事例による社会保障闘争の類型
――組合活動としての保障闘争――……山田　耕造
石崎政一郎名誉会員の御逝去を悼む……外尾　健一
日本労働法学会第四三回大会記事
〈シンポジウム〉
労働法と社会保障法

第41号（一九七三年）

イギリス労使関係法
労働法の国際的動向と労働法学の課題……片岡　昇
労働組合の登録制度……桑原　昌宏

イギリス労使関係法の不公正労働行為
……………………本多　淳亮
イギリスの新協約法制に関する一考察
――アメリカとの比較検討――
……………………本田　尊正
イギリス争議行為法の変革………菅野　和夫
――新たな争議行為法の体系と性格――
〈回顧と展望〉
最近の労働者福祉立法の制定動向とその特質
……………………佐藤　進
官公労組のＩＬＯ提訴問題………古西　信夫
――結社の自由委第一三二次・第一三三次報告など――
「堀木訴訟」判決をめぐる福祉行政の問題
……………………林　弘子
〈海外学会消息７〉
イタリア労働法学会シエナ研究集会山口浩一郎
吾妻光俊先生の御逝去を悼んで……蓼沼　謙一
日本労働法学会第四四回大会記事
イギリス労使関係法
□報告要旨……………前田　政宏・近藤　享一
本田　尊正・菅野　和夫
□シンポジウム

第42号　（一九七三年）

労働契約論の再構成

労働契約概念を規定するもの……浅井　清信
労働契約法における基礎理論的問題をめぐって
――〈懲戒権の根拠〉と〈解雇の自由〉についての覚書――
……………………下井　隆史
親子会社における使用者概念………伊藤　博義
親子会社に特殊的な労働者の地位…高木　紘一
――出向と労働契約――
特殊雇用形態と労働者概念………国武　輝久
〈回顧と展望〉
最高裁三・二判決……………阿原　稔
最高裁四・二五判決……………日外喜八郎
ＩＬＯ結社の自由委員会………中山　和久
最終段階の第三次公制審………坂本　重雄
年金をめぐる動向……………角田　豊
〈海外学会消息８〉
フランスの新しい解雇保護法………山口　俊夫
――解雇正当事由説の採用――
石井照久先生の御逝去を悼む……石川吉右衛門
日本労働法学会第四五回大会
労働契約
□大会記事・シンポジウム

第43号　（一九七四年）

労働災害と労災裁判

通勤途上災害の労災保険法適用問題
――その本質をめぐって――
……………………松岡　三郎
「労災裁判」の総論的課題………宮島　尚史
――既存の「損害塡補」及び「社会保障」の概念又は体系批判――
労災責任の規範的論理構造………岡村　親宜
労災予防訴訟と「労働環境権」……桑原　昌宏
労働災害上積み補償……………橋詰　洋三
――その実態と法理論（上）――
労働災害としての国鉄三河島事故…古西　信夫
〈回顧と展望〉
第三次公制審答申をめぐる動向……坂本　重雄
ＩＬＯ結社の自由委員会第一三九次報告
……………………金子　征史
官公労働者の争議行為と懲戒処分…長渕　満男
――和高教組事件・国労熊本地本事件判決――
全逓プラカード事件……………深山喜一郎
〈海外学会消息９〉
国際社会法学会第八回国際会議の開催について
……………………山口　俊夫
日本労働法学会第四六回大会記事
〈シンポジウム〉
労災訴訟

第44号　（一九七四年）

官公労働者とストライキ権

ストライキ権論の特質と問題………中山　和久
――公共部門における立法構想にかかわって――
調停前置の制度の合憲性…………金子　征史
――争議調整制度の合憲性にふれて――
「国民生活」と争議権制約の立法上の限界
……………………野村　晃
公共部門におけるスト権の国際的動向とスト規制……石田　眞・井上　英夫・清水　敏
〈回顧と展望〉
雇用保険法案の問題点とその背景…松林　和夫
日教組弾圧とその意味するもの……青木　宗也
刑法改正問題……………上条　貞夫
五項目合意とスト権問題のその後…安枝　英訷
動労盛岡地本・公労法一七条違憲判決
……………………角田　邦重
〈外国労働法の動向〉

フランスの新解雇保護法……山口　俊夫
日本労働法学会第四七回大会記事
＜シンポジウム＞
官公労働者とストライキ権

第45号（一九七五年）

労働法制の立法論的検討

転機にたつ労働立法の原理……沼田稲次郎
官公労働法の再検討と立法論上の課題……久保　敬治
労働時間制度改正問題の一考察……蓼沼　謙一
——改正諸案を主な素材として——
最低賃金法制の理論的諸問題……角田　豊
雇用保障法制の理論課題……松林　和夫
＜回顧と展望＞
特定政党支持決議と組織統制……辻　秀典
組合分裂と組合財産の帰属……藤田　若雄
——国労大分地本事件をめぐって——
ユネスコ「科学研究者の地位に関する勧告」……小川　政亮
猿払事件最高裁判決……村上　健
＜第四八回大会報告要旨＞
労働権の今日的意義……馬渡淳一郎
雇用保障法の概念と若干の問題……清正　寛
ILOとフランスにおける雇用保障……石橋　主税
戦後「雇用保障」法の展開と労働権保障……松林　和夫
日本労働法学会第四八回大会記事
＜シンポジウム＞
労働権と雇用保障
＜外国労働法の動向＞
イギリス労使関係法の改正……本田　尊正
＜海外学会消息10＞
国際社会法学会第八回国際会議報告……山口　俊夫

第46号（一九七五年）

労務管理と労働法

労務管理の展開と労働法……青木　宗也
近代的労働法と労働管理の法理……掛谷力太郎
最近の労務管理の動向と団結の法理……佐川　一信
戦後労働法の展開と労務管理……山本　吉人
——労働条件、管理者の地位——
婦人労働者に対する労務政策・労務管理と労働法の展開……島田　信義
＜回顧と展望＞
転機に立たされた春闘……角田　豊
スト権問題をめぐる動向……中山　和久
七五年選挙二法改悪と労働組合……岡村　親宜
——立法経過と労働組合の対応に焦点をあてて——
国際婦人年と婦人労働者をめぐる諸問題……浅倉むつ子
＜外国労働法の動向＞
解説……中山　和久
イタリアの政治スト処罰規定違憲判決……脇田　滋
ベルギー公務労使関係法……田端　博邦
＜シンポジュウム＞
労務管理と労働法
日本労働法学会第四九回大会記事
故菊池先生を偲ぶことば……浅井　清信
菊池勇夫名誉会員の御逝去を悼む……林　迪広
三島宗彦教授の死を悼む……佐藤　進

第47号（一九七六年）

労働基本権と市民的自由

労働基本権と市民的自由……片岡　曻
——総論的考察——
イタリアの団結権と争議権の特質……脇田　滋
——個人たる労働者の集団的権利——
労働者の政治・経済社会への「参加」と団結・団結活動……前田　達男
労働組合の政治活動と統制権についての一試論……安枝　英訷
＜回顧と展望＞
雇用保障闘争の問題状況……清正　寛
組合費をめぐる最高裁判決……野村　晃
使用者概念をめぐる判例動向……今野　順夫
——徳島船井電機事件判決
同情ストと損害賠償……林　和彦
——炭労「同情スト」事件判決の問題点
労働委員会三〇年の軌跡と問題点……森本弥之助
「スト権スト」と問題の現局面……菊池　高志
組合間差別をめぐる判例・命令の動向
——賃金・一時金差別を中心として——……千々岩　力
男女差別をめぐる判例動向……佐川　一信
＜外国労働法の動向＞
フランスの一九七五年集団的解雇規制法……中村　紘一
＜シンポジウム＞
労働基本権と市民的自由
日本労働法学会第五〇回大会記事

第48号（一九七六年）

労働法学と隣接科学

労働法学と隣接社会諸科学との方法的関連……川口　実
労働組合把握についての労働法学と社会政策……宮本　安美
労働法学と社会政策論……小松　隆二
労働法学の諸前提と社会学……稲上　毅
——「理想主義的」労働法学の批判——
労働経済学と労働法……島田　晴雄
——労働市場における労働法制の役割——
〈回顧と展望〉
企業内組合活動をめぐる判例の動向……光岡　正博
国労・動労に対する損害賠償請求事件……清水　敏
最高裁学力テスト事件判決と地公法争議行為禁止規定の合憲性……高橋　貞夫
三菱樹脂事件和解……外尾　健一
〈外国労働法の動向〉
イギリス雇用保護法の成立……馬渡淳一郎
西ドイツにおける新共同決定法……加藤　俊平
〈シンポジュウム〉
労働法学と隣接科学
日本労働法学会第五一回大会記事
浪江源治先生の御逝去を悼む……岸井　貞男

第49号（一九七七年）

労働委員会制度の現状と展望

労働委員会の制度と機構からみた問題点……岸井　貞男
労働委員会における不当労働行為事件審査の運用からみた問題点……森本弥之助
不当労働行為事件審査制度の日米比較……千々岩　力
労働委員会の役割と性格……本多　淳亮
——総論的考察——
労働委員会改善の障害とその問題点……山本　博
〈回顧と展望〉
組合休暇の不許可と支部組織の団体交渉権
——全逓都城郵便局最高裁判決——……蔦川　忠久
労災保険法・厚生年金法の一部改正……良永弥太郎
「賃金の支払の確保等に関する法律」の制定過程と問題点……井上　英夫
最低賃金法とその動向……山本　吉人
〈シンポジウム〉
労働委員会制度の現状と展望
日本労働法学会第五二回大会記事
名誉会員・故孫田秀春先生を偲んで……後藤　清
藤田若雄先生の憶い出……氏原正治郎
日本労働法学会会員名簿

第50号（一九七七年）

労働基準監督制度の再検討

戦後労働基準監督行政の歴史と問題点……松林　和夫
企業における自主的災防活動の限界と今後の災防行政について……会田　朋哉
路面交通労働と基準監督行政……小池　郁雄
婦人労働に関する基準監督行政の動向と問題点……浅倉むつ子
ＩＬＯにおける労働監督制度……平野　毅
比較法検討・フランス……中村　紘一
西ドイツの労働監督制度……毛塚　勝利
イギリス工場監督官の組織と活動……林　和彦
〈回顧と展望〉
バック・ペイ最高裁大法廷判決……脇田　滋
労基法四一条二号の管理監督者の範囲
——昭和五二年新通達に関連して——……阿部　和光
雇用安定資金……内山　恵子
全逓名古屋中央郵便局事件最高裁判決……小川　環
〈シンポジウム〉
労働基準監督制度の再検討
日本労働法学会第五三回大会記事
昭和八年（京大事件）頃の末川先生をしのぶ
——追悼の辞にかえて——……浅井　清信

第51号（一九七八年）

経営参加と労働法

労働者の経営参加の権利構造……宮島　尚史
——社会経済的背景と若干の国際比較をふまえて——
経営参加の可能性と参加論の課題……菊池　高志
イギリスにおける経営参加……長渕　満男
公共部門における団体交渉と経営参加
——事前協議制をめぐる問題を中心に——……深山喜一郎

＜回顧と展望＞
労働基準法の三〇年……………………荒木　誠之
消防職員の団結権……………………井上　修一
雇用問題……………………砂山　克彦
――特定不況業種離職者臨時措置法をめぐって――
労使関係法研究会報告書の検討…石橋　洋
看護職員の雇用及び労働・生活条件に関する条約・勧告……………………山口　春子
＜シンポジウム＞
経営参加と労働法
日本労働法学会第五四回大会記事
峯村光郎先生の御逝去を悼む……川口　実
日本労働法学会会員名簿

第52号（一九七八年）

婦人労働の立法論的検討
雇用における男女平等と労基法の再検討……………………入江　信子
アメリカにおける女子労働保護法の改廃とその諸背景……………………木村　愛子
労基法三規定（労働時間、深夜業、危険有害業務）にかかわる「過保護」論の検討……………………広田　寿子
母性保護規定の再検討……………………大脇　雅子
医学的立場からみた女子の特質と労働保護……………………斉藤　一
＜回顧と展望＞
企業秩序と労働者の権利・義務……吉田美喜夫
――目黒電報電話局事件・富士重工業事件最高裁判決――
全税関神戸事件最高裁判決……………………辻　秀典
職業病補償の新局面……………………良永弥太郎
――労基則三五条（業務上疾病の範囲）の全面改正――
公務員条約の成立……………………渡　寛基
基本問題会議とスト権の行方……………………籾山　錚吾
＜特別報告＞
海上労働基準法……………………武城　正長
＜シンポジウム＞
婦人労働の立法論的検討
角田豊教授の御逝去を悼む……………………坂本　重雄
日本労働法学会第五五回大会記事

第53号（一九七九年）

労働争議と不法行為
労働争議と不法行為……………………窪田　隼人
「違法」争議行為と不法行為責任…大沼　邦博
違法争議行為に関する「損害賠償責任の帰属方」論再考……………………浜田冨士郎
法規違反の争議行為と労働組合の不法行為責任……………………西谷　敏
フランスにおける「違法」争議と民事責任……………………大和田敢太
＜回顧と展望＞
六・二三労働時間短縮通達……………………保原喜志夫
国公法・地公法改正問題……………………奥山　明良
――法人格付与および管理職員等の範囲をめぐって――
佐世保重工業再建と労基法違反問題……………………石橋　主税
服装戦術の禁止と支配介入……………………木村　五郎
働く婦人の権利と労基法研究会報告の検討……………………入江　信子
＜シンポジウム＞
労働争議と不法行為
野村平爾先生を悼んで……………………松岡　三郎
日本労働法学会第五六回記事

第54号（一九七九年）

複数組合併存下の法律問題
複数組合併存と労使関係……………………萩澤　清彦
複数組合併存下の法律問題……………………松田　保彦
誠実団交義務と自由取引……………………道幸　哲也
――組合併存下の団体交渉――
賃金・昇格差別と不当労働行為…香川　孝三
組合併存と労働協約等の効力・適用に関する問題点……………………楢崎　二郎
＜回顧と展望＞
山陽電気軌道事件最高裁決定……………………清正　寛
――争議中における使用者の操業継続の内容と威力業務妨害罪――
各種の争議・闘争形態と賃金カット
――府中自動車教習所事件・水道機工事件・沖縄全軍労事件を契機として――……………………盛　誠吾
吉野石膏緊急命令却下決定……………………上条　貞夫
――東京地裁五四・二・一決定――
国際人権規約の批准によせて……………………深谷　信夫
関西電力ビラ配布事件控訴審判決…木下　秀雄
――労働者の「就業時間外」「企業施設外」のビラ配布と懲戒処分――
＜シンポジウム＞
複数組合併存下の法律問題
日本労働法学会第五七回記事

第55号（一九八〇年）

整理解雇の法理
日本の労使関係と整理解雇……外尾　健一
整理解雇の法律問題……下井　隆史
整理解雇基準とその適用をめぐる問題点……小川　賢一
諸外国における整理解雇の規制……保原喜志夫
〈回顧と展望〉
労委命令の事実認定と司法審査——寿建築研究所救済命令取消請求事件——……岸井　貞男
採用内定の法的性格と内定取消——大日本印刷採用内定取消事件——……萬井　隆令
減量経営下の労使関係——沖電気とその後の佐世保重工業の場合——……石橋　主税
ＩＬＯ第一〇五号（強制労働廃止）条約報告書の検討……島田　陽一
労働基準法研究会報告——労働契約・就業規則・賃金関係——……渡辺　裕
国労札幌ビラ貼り事件判決……竹下　英男
〈外国労働法の動向〉
アメリカ連邦公務員制度改組法の制定……桑原　昌宏
タフトハートレー法改正の動向……道幸　哲也
〈シンポジウム〉
整理解雇の法理
日本労働法学会第五八回記事

第56号（一九八〇年）

定年制の法理——学会創立三〇周年記念号
〈論説〉
定年制と労使関係……荒木　誠之
定年制をめぐる法的問題……木村　五郎
定年制の基本問題と公務員の定年制……馬渡淳一郎
定年制と雇用政策……清正　寛
定年退職者と社会保障法制……良永弥太郎
〈記念論説〉
日本労働法学会の三〇年とその将来……片岡　曻
〈記念随想〉
私と労働法学……浅井　清信
私の労働法学事始め……有泉　亨
戦前の労働判例……後藤　清
日本労働法学会の一隅にありて……沼田稲次郎
〈記念座談会〉
戦後労働法形成期の労働裁判……佐伯　静治・西川　美数・古山　宏・和田　良一・松岡　三郎・萩澤　清彦
〈回顧と展望〉
労働基準法の改正問題……西村健一郎
争議行為法理論の動向……菅野　和夫
雇用保障……佐藤　進
労働委員会制度……川口　実
官公労働法……中山　和久
〈シンポジウム〉
定年制の法理
日本労働法学会第五九回記事
日本労働法学会誌「労働法」総目録（第一号～第五五号）

第57号（一九八一年）

企業内組合と団結権
企業内組合と団結権——組合活動権保障の今日的課題——……角田　邦重
労働契約と組合活動の法理……毛塚　勝利
施設管理権と組合活動の正当性……石橋　洋
企業内組合活動と「便宜供与」……深谷　信夫
諸外国における企業内組合活動と法理……坂本　重雄
〈回顧と展望〉
職業安定法の「改正」問題と理論状況……松林　和夫
婦人に対するあらゆる形態の差別の撤廃に関する条約……木村　愛子
実行義務と書面なき労働協約の法的効力——佐野安船渠事件大阪高裁判決——……名古　道功
家内労働法——その問題点を中心として——……山田　耕造
〈シンポジウム〉
企業内組合と団結権
日本労働法学会第六〇回大会記事
日本労働法学会会員名簿

第58号（一九八一年）

労委命令と司法審査の限界
アメリカにおけるＮＬＲＢ命令の司法審査——いわゆる実質的証拠原則について——……橋詰　洋三
不当労働行為の成否と司法審査の限界……喜多　實
不当労働行為救済の方法……平川　亮一
緊急命令の申立に対する司法審査の限界

……………………………………宮崎　鎮雄
＜回顧と展望＞
日産自動車男女差別定年制事件……福島　淳
——最高裁三小判昭五六・三・二四——
企業内併存組合による共同交渉要求と使用者の
団交応諾義務……………光岡　正博
——旭ダイヤモンド工業事件東京地判昭五
四・一二・二〇——
労働時間の特例の廃止について……約仕憲一郎
国際障害者年と障害者の労働……井上　英夫
公務員の政治的行為の制限と懲戒処分
——全逓プラカード事件最高裁判決を中心
に——
…………………………………奥山　明良
＜外国労働法の動向＞
ドイツ連邦共和国（BRD）の連邦労働裁判所
（BAG）の最近のロックアウトの三判決二決
定について…………………宮島　尚史
＜シンポジウム＞
労働委員会命令と司法審査の限界
日本労働法学会第六一回大会記事

第59号（一九八二年）

不安定雇用をめぐる法律問題——派遣労働者
問題を中心に
派遣労働者の諸問題………………小室　豊允
労働者派遣事業制度化問題の検討…松林　和夫
——職業安定法との関係を中心にして——
派遣労働者の保護についての国際比較
…………………………………………脇田　滋
派遣労働者の実態と労働契約関係…豊川　義明
＜回顧と展望＞
ストライキ中の賃金カットの範囲…村下　博
——三菱重工長崎造船所事件最高裁二小判
昭五六・九・一八——
ＩＬＯ・団体交渉の促進に関する条約・勧告
…………………………………………菊池　高志
行政改革と公務員制度………………田端　博邦
——第二臨調の動きをめぐって——
大量観察による不利益取扱の認定…籾山　錚吾
——北辰電機製作所事件東京地判昭五六・
一〇・二二——
＜外国労働法の動向＞
小集団活動と労働時間法……………唐津　博
人事院勧告・公労委仲裁裁定………小川　環
ソ連の最近の労働立法………………中村賢二郎
——労働移動抑止にかんする一九七九年一
二月決定をめぐって——
＜シンポジウム＞
不安定雇用をめぐる法律問題——派遣労働者問
題を中心に——
日本労働法学会第六二回大会記事

第60号（一九八二年）

団結自治と組合民主主義
団結自治と組合民主主義との関係…佐藤　昭夫
組合規約の実際と分析………………島田　陽一
組合民主主義と統制権………………遠藤　昇三
組合役員選挙と組合民主主義………伊藤　幹郎
＜回顧と展望＞
リボン闘争の正当性…………………小嶌　典明
——大成観光事件最高裁三小判昭五七・
四・一三——
休暇期間直前になされた時季指定と年休の成否
——此花電報電話局事件最高裁一小判昭五
七・三・一八——
…………………………………………加藤　峰夫
男女平等問題専門家会議報告書……石橋　敏郎
不当労働行為事件審査の迅速化……香川　孝三
——労使関係法研究会報告書——
労組の参院選特定候補者推薦決定の効力と組合
員の政治的行動の自由………………野田　進
——全電通大阪東支部事件大阪地判昭五
六・九・二八——
時間外労働の規制と行政指導基準…梅田　武敏
——労基法施行規則の一部改正とのかかわ
りにおいて——
＜外国労働法の動向＞
イギリス一九八二年雇用法案………山田　省三
＜シンポジウム＞
団結自治と組合民主主義
日本労働法学会第六三回大会記事
日本労働法学会会員名簿

第61号（一九八三年）

労働協約と労働契約
協約自治論……………………………片岡　曻
協約自治とその限界…………………西村健一郎
——わが国の判例を素材として——
ドイツにおける労働協約と労働契約
——協約自治の限界を中心として——
…………………………………………名古　道功
フランス法における労働協約と労働契約
…………………………………………矢部　恒夫
イギリスにおける労働協約と雇用契約の関係
…………………………………………安枝　英訷

〈回顧と展望〉
全逓昭和郵便局事件最高裁判決……後藤　勝喜
——官公労組による「掲示板」利用関係の法的性質と組合活動の権利——
堀木訴訟最高裁大法廷判決……藤原　精吾
——昭五七・七・七——
「パートタイマーに係る『雇入通知書』のモデル様式について」をめぐって……中嶋士元也
——労働省労働基準局長通達（昭五七・一二・一七基発第七九〇号）——
職業病と国の民事賠償責任……岡村　親宜
——大東マンガン製錬所事件・大阪地裁昭五七・九・三〇判決——
人事院勧告の〝凍結〟……前田　達男
〈外国労働法の動向〉
スウェーデン共同決定法の運用実態……青野　覚
〈シンポジウム〉
労働協約と労働契約
日本労働法学会第六四回大会記事

第62号（一九八三年）

労使慣行論
労使慣行の法理……金子　征史
労働時間に関する労使慣行をめぐる法理……野村　晃
人事慣行の法理……萬井　隆令
組合活動慣行……中村　和夫
労使慣行破棄の法律問題……深谷　信夫
〈回顧と展望〉
大槌郵便局ビラ貼り事件……佐藤　昭夫
——大槌郵便局事件最高二小判昭五八・四・八——
鈴鹿市女子職員昇格差別事件控訴審判決
——名古屋高判昭五八・四・二八——……清正　寛
「あおり」無罪の新判例……吉田美喜夫
——岩手県教組事件盛岡地判昭五七・六・一一——
賞与支給日に労働者が在籍することを賞与支給の要件とする旨の就業規則改訂の効力
——大和銀行事件最一小判昭五七・一〇・七——……土田　道夫
小集団活動と業務災害の成否……加藤　智章
——ブリジストンタイヤ事件佐賀地判昭五七・一一・五——
〈特別論説〉
船員制度「近代化」船員三法の改正……武城　正長
〈シンポジウム〉
労使慣行論
日本労働法学会第六五回大会記事
日本労働法学会会員名簿

第63号（一九八四年）

企業間人事移動をめぐる法律問題
企業間人事移動に伴う法的問題……秋田　成就
出向命令権の根拠……和田　肇
出向時の労働条件……渡辺　裕
企業間人事移動と団体的労働関係の法的問題……渡辺　章
〈回顧と展望〉
関西電力ビラ配布事件最高裁判決…野村　晃
——就業時間外で企業外のビラ配布と懲戒処分——
計画休暇と時季変更権の行使時期…上村　雄一
——高知郵便局事件最高裁二小判昭五八・九・三〇——
派遣労働者と派遣先会社間の労働契約関係
——サガテレビ事件福岡高判昭五八・六・七——……滝沢　仁唱
混合組合の協約締結権、仲裁申請資格
——帯広市職労事件——……道幸　哲也
〈外国労働法の動向〉
フランスにおける労働法制改革の動向……大和田敢太
〈特別論説〉
パート労働法の立法論（構想・過程・技術）と私案について……宮島　尚史
〈シンポジウム〉
企業間人事移動をめぐる法律問題
日本労働法学会第六六回大会記事

第64号（一九八四年）

パートタイム労働の法的諸問題
パートタイム労働者の法的保護……下井　隆史
パートタイム雇用と労働契約・就業規則……鈴木　芳明
パートタイム労働者の労働条件……野田　進
パートタイム労働者と集団的労使関係……小嶌　典明
〈回顧と展望〉
企業内における労働者の政治活動の自由

――明治乳業事件・最三小判昭五八・一一・一――……浜村 彰
就業規則の変更の合理性とその判断基準
――タケダシステム事件・最二小判昭五八・一一・二五――……小西 國友
新宿郵便局事件……藤内 和公
――最三小判昭五八・一二・二〇――
郵政職員の時間外労働義務……一之瀬高博
――静内郵便局事件・最三小判昭五九・三・二七――
男女雇用機会均等法……中村 和夫
電電公社の民営化に伴う労調法附則の改正……岸井 貞男
雇用保険法の「改正」と問題点……古川 陽二
精神障害と業務上認定……柳沢 尚武
＜特別論説＞
ユーゴスラヴィア労働法小史……網屋 喜行
＜シンポジウム＞
パートタイム労働をめぐる法的諸問題
日本労働法学会第六七回大会記事

第65号（一九八五年）

男女雇用平等法論
男女雇用平等法の課題と問題点……島田 信義
性差別の類型と法規制の態様……浅倉むつ子
雇用における男女差別の撤廃と実効性確保制度……石田 眞
保護と平等……大脇 雅子
――移行期における保護見直しの視点――
＜回顧と展望＞
組合併存下における同一条件の提示と不当労働行為……野川 忍
――日本メール・オーダー事件・最三小判昭五九・五・二九――
安全配慮義務違反の成否――宿直社員が窃盗に殺害された場合……加藤 峰夫
――川義事件・最三小判昭五九・四・一〇――
賃金仮払仮処分の必要性……名古 道功
――ダイハツ工業事件・大阪高決昭五九・四・九――
労働者派遣法による職安法「改正」と派遣事業の合法化……松林 和夫
労働基準法研究会中間報告……柳沢 旭
――労働時間関係――
＜シンポジウム＞
男女雇用平等法論
日本労働法学会第六八回大会記事

第66号（一九八五年）

ME技術革新と労働法
ME技術革新と労働問題……外尾 健一
ME化の雇用・労働に及ぼす影響…今野 順夫
ME化と労働組合の対応……高木 紘一
ME化による雇用形態の変化とその法理
――情報処理産業における派遣労働をめぐって――……伊藤 博義
MEと労災職業病……水谷 英夫
＜回顧と展望＞
組合間差別と不当労働行為……西田 康洋
――日産自動車事件・最三小判昭六〇・四・二三――
出向復帰命令と労働者の同意の要否
――古河電気工業・原子燃料工業事件・最二小判昭六〇・四・五――……新谷 真人
「労働者派遣法」の成立と今後の課題……脇田 滋
男女雇用機会均等法……松田 保彦
職業能力開発促進法の成立と課題……清正 寛
――職業訓練法の一部改正――
＜シンポジウム＞
ME技術革新と労働法
日本労働法学会第六九回大会記事
日本労働法学会会員名簿

第67号（一九八六年）

労働時間をめぐる立法的考察
労働時間政策の再検討……野沢 浩
現行労働時間法制の解釈・適用上の限界と法改正問題……盛 誠吾
ILO＝国際労働基準とわが国労働時間制の問題点……松尾 邦之
労働時間制と立法構想……水野 勝
――時短推進の観点から――
＜回顧と展望＞
生理休暇の取得と精皆勤手当の減額
――エヌ・ビー・シー工業事件・最三小判昭六〇・七・一六――……中島 正雄
病院の被申立人適格……道幸 哲也
――済生会中央病院事件・最二小判昭六〇・七・一九――
男女雇用機会均等法……中野 麻美

第68号 （一九八六年）

雇用就業形態と保護法制

〈シンポジウム〉
労働時間をめぐる立法的考察
日本労働法学会第七〇回大会記事

雇用・就業形態の多様化と労働者保護法体系……西谷 敏
雇用・就業形態の多様化と労働者概念
——労基法上の「労働者」の判断基準を中心として——……吉田美喜夫
雇用・就業形態の多様化と労働時間規制……木下秀雄
派遣労働者と労働者保護法制……中島正雄

〈回顧と展望〉
賞与に関する組合間差別事件の審査方式と救済内容
——紅屋商事事件・最二小判昭六一・一・二四……安枝英訷

「労働者派遣法」の施行をめぐる動向と問題点……井上英夫
中高年齢者雇用促進特別措置法の改正——中高年齢者雇用安定法……馬渡淳一郎
国鉄改革関連法案と労働者の雇用……野間 賢
〈シンポジウム〉
雇用就業形態と保護法制
日本労働法学会第七一回大会記事

国鉄乗車証団交拒否事件
——東京地判昭六一・二・二七……林 和彦

第69号 （一九八七年）

労働組合法理の新展開——公正代表義務をめぐって

労働組合の公正代表義務
——新法理への模索——……道幸哲也
公正代表義務と組合の内部手続……小宮文人
労働協約による労働条件の不利益変更と公正代表義務……辻村昌昭
組合加入をめぐる法律問題……島田陽一
〈回顧と展望〉
頸肩腕症候群総合精密検診命令と労働者の受診義務
——電電公社帯広局事件・最一小判昭六一・三・一三……奥山明良
組合員資格喪失者と労働組合の被救済利益
——旭ダイヤモンド工業事件・最三小判昭六一・六・一〇……石橋 洋

転勤命令権と権利の濫用
——東亜ペイント事件・最二小判昭六一・七・一四……村中孝史
労働時間法制の改正と各界の論議……近藤 昭雄
イギリス炭鉱ストの一断面
——提起されている論点を中心に……古川陽二
〈シンポジウム〉
労働組合法理の新展開——公正代表義務をめぐって
日本労働法学会第七二回大会記事

第70号 （一九八七年）

高齢化社会と労働法

高齢化社会における雇用政策と労使関係
——雇用と引退をめぐる法的問題——……清正 寛
高齢者雇用に伴う法律問題……柳沢 旭
高齢者雇用安定法の成立を契機として……福島 淳
労働力人口の高齢化に伴う退職手当制度の問題……片岡 直
高齢化社会と企業年金……渡 寛基
国鉄民営移行と法的課題——労組法上の雇用関係……キャバレーの楽団員と労組法上の雇用関係
——阪神観光事件・最一小判昭六二・二・二六……山川隆一
不況を理由とする人員整理と臨時工の契約更新拒否の効果
——日立メディコ事件・最一小判昭六一・一二・四……川口美貴
「男女別コース制」に伴う男女間格差の合理性
——日本鉄鋼連盟事件・東京地判昭六一・一二・四……浅倉むつ子
〈外国労働法研究〉
アメリカにおける年齢差別禁止法……石橋敏郎
〈シンポジウム〉
高齢化社会と労働法

第71号（一九八八年）

就業規則法理の新たな課題

就業規則法理の構造と機能……諏訪 康雄
——なぜ不利益変更論か——

就業規則の不利益変更をめぐる判例法理……柳屋 孝安

就業規則の不利益変更と手続要件論……唐津 博

就業規則の不利益変更紛争と労働団体法……浜田冨士郎

〈回顧と展望〉

部分スト不参加組合員の賃金・休業手当請求権
——ノースウエスト航空事件・最二小判昭六二・七・一七——……福島 淳

バックペイからの中間収入控除の要否
——あけぼのタクシー（バックペイ）事件・最一小判昭六二・四・二——……品田 充儀

事務所等貸与の組合間差別
——日産自動車事件・最二小判昭六二・五・八——……道幸 哲也

新労働時間法制の概要と問題点……近藤 昭雄

〈シンポジウム〉

就業規則法理の新たな課題

日本労働法学会第七四回大会記事

第72号（一九八八年）

行政救済と司法救済

救済システムとしての労働委員会…中窪 裕也
——アメリカ法との対比——

労委における不当労働行為救済の特徴
——団体交渉拒否事件を中心として——……原田 賢司

不当労働行為救済規定の解釈……中嶋士元也
——行政救済命令取消判決と私法的基準——

不当労働行為の司法救済……山川 隆一
——意義と限界——

〈回顧と展望〉

企業秩序と労働者の思想・信条の自由
——東京電力塩山営業所事件・最二小判昭六三・二・五——……島田 陽一

最高裁における就業規則の変更法理
——大曲市農協事件判決（最三小判昭六三・二・一六）に至る判例法理の推移——……唐津 博

退職願撤回の自由と使用者の承諾…名古 道功
——大隈鉄工所事件・最三小判昭六二・九・一八——

外国人労働者問題……下井 隆史

労働組合法改正問題……鈴木 隆

〈シンポジウム〉

行政救済と司法救済

日本労働法学会第七五回大会記事

第73号（一九八九年）

日本的雇用慣行と労働契約論

日本的雇用慣行の形態と実態……嶺 学

日本的雇用慣行と労働契約……土田 道夫

日本的雇用慣行と非正規従業員……山下 幸司

日本的雇用慣行の変容と集団的労使関係……林 和彦

〈回顧と展望〉

定年延長に伴う労働条件の「不利益」変更
——第四銀行事件・新潟地判昭六三・六・六——……後藤 勝喜

一審無罪判決後の起訴休職処分の継続
——福岡中央郵便局事件・最一小判昭六三・六・一六——……松下 乾次

パートタイム労働政策の進展と立法的規制の動き……唐津 博
——パートタイム労働問題専門家会議の中間的整理を承けて——

〈外国労働法研究〉

ソ連邦における就職斡旋手続……中村賢二郎

〈シンポジウム〉

日本的雇用慣行と労働契約論

日本労働法学会第七六回大会記事

第74号（一九八九年）

新労働時間法の法律問題

新労働時間規制の導入に伴う法律問題……和田 肇

改正労働時間法における労使協定…藤内 和公

労働時間規制の弾力化について……萬井 隆令

計画年休をめぐる法律問題……名古 道功

〈回顧と展望〉

合理化により廃止された「事務補職」者の「専用ガイド」への配転……小宮 文人
——神姫バス事件・神戸地姫路支判昭六三・七・一八——

家族手当の支給と世帯主条項……武井　寛
――日産自動車事件・東京地判平元・一・一六――
使用者からの仮払い金返還請求……野川　忍
――宝運輸事件・最三小判昭六三・三・一五――
ＪＲ関係救済命令に関する法的諸問題
――ＪＲ九州等採用差別事件・福岡地労委平元・三・二四――
……西田　康洋
〈シンポジウム〉
新労働時間法の法律問題
日本労働法学会第七七回大会記事

第75号（一九九〇年）

国際化の中の労働法

外国人労働者問題の性格と課題……本多　淳亮
国際労働市場管理の論理……永山　利和
外国人労働者と労働法上の諸問題……村下　博
外国人労働者の権利救済上の問題点
……寺澤　勝子
〈回顧と展望〉
脳・心臓疾患の業務上外認定の動向とデュープロセス……古川　景一
――医証の取扱を巡る検討と考察――
労使協定の実態と問題点……長渕　満男
――「過半数代表の選出方法・過程および労使協定締結過程に関する実態調査」報告の検討――
パートタイム労働指針……福島　淳
市議会議員に当選した郵政省職員の地位
――小林郵便局事件・最一小判平元・四・二七――
……渡辺　賢
〈外国労働法研究〉
韓国労働法と労働運動の現状……宋　剛直
〈シンポジウム〉
国際化の中の労働法
日本労働法学会第七八回大会記事

第76号（一九九〇年）

労災補償法の理論的課題

労災補償制度の理論的課題……水野　勝
労災補償制度の比較法的考察……岩村　正彦
労災保険の社会保障化と認定基準……近藤　昭雄
労災保険給付の諸問題……馬渡淳一郎
〈回顧と展望〉
ユニオン・ショップ協定の効力……砂山　克彦
――三井倉庫港運事件・最一小判平元・一二・一四――
――日本鋼管鶴見製作所事件・最一小判平元・一二・二一――
チェック・オフと労働基準法二四条
――済生会中央病院事件・最二小判平元・一二・一一――
……盛　誠吾
稼働率八〇パーセント条項の効力……石橋　洋
――日本シェーリング事件・最一小判平元・一二・一四――
出入国管理及び難民認定法の改正……村下　博
第五回労働法社会保障法アジア会議
……荒木　尚志
〈シンポジウム〉
労災補償法の理論的課題
日本労働法学会第七九回大会記事

第77号（一九九一年）

労働契約論・団結権論
――学会創立四〇周年記念号――

〈論説〉　労働契約論
労働法理論における法規的構成と契約的構成
――法理論構成における事実と擬制――
……渡辺　章
労働契約論――渡辺章報告について
……秋田　成就
配転・出向法理と労働契約……高木　紘一
〈論説〉　団結権論
団結権論の回顧と展望……西谷　敏
不当労働行為制度とわが国の労働法
……浜田冨士郎
労働基本権の基礎構造をめぐって……中山　和久
わが国の不当労働行為制度の特質……岸井　貞男
――団結権保障制度の日本的特質――
団結権と労働者個人の自由……角田　邦重
〈記念論説〉
労働法学に問われているもの……籾井　常喜
――日本労働法学会創立四〇周年を迎えて――
日本労働法学会最近の一〇年とこれからの課題……山本　吉人
男女雇用平等をめぐる今日的課題……浅倉むつ子
雇用・就業形態の多様化と労働法学の課題
……伊藤　博義
労働時間法制の課題……安枝　英訷
不当労働行為制度の現代的課題……道幸　哲也
協約法理はどこへ向かうのか……諏訪　康雄
〈記念随想〉
学会創立四〇周年を記念して……青木　宗也

労働法学会創設のころ……石川吉右衛門
労働法学会発足のころ……蓼沼　謙一
日本労働学会誌の編集……外尾　健一
〈回顧と展望〉
高年齢者雇用安定法の改正と今後の課題……清正　寛
夜間労働に関する新しいＩＬＯ基準の採択……斎藤　周
性別を理由とする昇格差別——社会保険診療報酬支払基金事件・東京地判平二・七・四——……小畑　史子
労働契約に付された期間の法的性質——神戸弘陵学園事件・最三平二・六・五——……矢野　昌浩
〈シンポジウム〉
労働契約論
団結権論
日本労働法学会第八〇回大会記事
日本学術会議だより
日本労働法学会誌「労働法」目録（第五六号～七六号）

第78号（一九九一年）

企業と人権
企業社会における労働者人格の展開……角田　邦重
職場における労働者のプライヴァシー保護……山田　省三
企業における労働者の人格権侵害の法的救済——侵害の類型化を手がかりに——……渡　寛基
〈回顧と展望〉
単身赴任者に関する通勤災害の認定とその課題——単身赴任者の途上災害の通達（平成三・二・一基発七四号）および裁判例（三原労基署・竹内組事件、広島地判平成二・八・三〇）をふまえて——……西村健一郎
育児休業法……藤本　茂
労働時間法制の〝見直し〟について——法定労働時間に関する「暫定政令」・省令（労基則）の改正をふまえて——……松尾　邦之
住宅購入資金融資をめぐる退職金債権の合意相殺と賃金の全額払原則・直接払原則——日新製鋼事件・最高裁第二小判平成二・一一・二六（労判五八四号）——……遠藤　隆久
降格処分……坂本　宏志
——星電社事件・神戸地判平三・三・一四——
〈シンポジウム〉
企業と人権
日本労働法学会第八〇回大会記事

第79号（一九九二年）

従業員代表制論
従業員代表制と日本の労使関係……坂本　重雄
——団交・協議・過半数代表制——
「過半数代表」制の性格・機能……川口　美貴
労使協議制の現状と機能……中村　和夫
わが国における従業員代表法制の課題——過半数労働者代表制度の法的整備のための検討課題——……毛塚　勝利
〈回顧と展望〉
ドイツ統一と労働法の変容……西谷　敏
外国人労働者政策と労働法の今日的課題——外国人研修制度と不法就労の問題を中心として——……後藤　勝喜
既婚女子職員らに対する配転命令の効力——チェース・マンハッタン銀行事件・大阪地決平三・四・一二——……新谷　眞人
救済命令と労働委員会の裁量権——組合員資格喪失と救済利益、遅延損害金支払命令、ポストノーティス命令……藤川　久昭
——亮正会高津中央病院事件・最三小判平二・三・六——
〈シンポジウム〉
従業員代表制論
日本労働法学会第八二回大会記事
追想　後藤清先生……久保　敬治

第80号（一九九二年）

労使紛争の解決システム
労使紛争解決システムの現状と課題——解決システムの多様性に着目して——……安枝　英訷
企業内における紛争解決……小嶌　典明
労使紛争の解決と和解——裁判外の紛争処理手続——……西村健一郎
労使紛争解決システム——法社会学の視角から——……樫村　志郎
〈回顧と展望〉
「時短促進法」の成立……野田　進

――時短政策の「日本的」スタイル――
人員整理の必要性を理由とする雇止めと有期・パートタイム契約の終了……川口　美貴
――三洋電機（パート雇止め）事件・大阪地判平三・一〇・二二――
セクシャル・ハラスメント……大脇　雅子
――福岡地判平四・四・一六――
時間外労働義務とその法的根拠……鈴木　照夫
――日立製作所武蔵工場事件・最一小判平三・一一・二八――
〈シンポジウム〉
労使紛争の解決システム
日本労働法学会第八三回大会記事
追悼　浅井清信先生……片岡　昇

第81号　（一九九三年）

多様化する雇用形態と労働法理
多様化する労働者の実態とその法理
――非正規雇用労働者を中心として――……伊藤　博義
多様化するパート労働者の就業形態と保護法理……高木龍一郎
派遣労働の現状と労働法的課題……砂山　克彦
特殊な雇用・就業形態の労働者……大山　宏
――契約社員、ワーカーズ・コープを中心に――
フランスの非典型雇用……岩村　正彦
〈回顧と展望〉
性別を理由にする既婚女子労働者に対する賃金差別と損害賠償請求権……小西　國友
――日ソ図書事件・東京地判平四・八・二七・労判六一一号――
長期休暇請求と時季変更権行使……中村　和夫
――時事通信社事件・最三小判平四・六・二三・労判六一三号――
介護休業制度等に関するガイドライン……清水　敏
労働時間法制の見直しと労基研報告……柳屋　孝安
〈シンポジウム〉
多様化する雇用形態と労働法理
日本労働法学会第八四回大会記事

第82号　（一九九三年）

労働契約法制の立法論的検討
労働契約法制の立法論的検討の方法と対象……金子　征史
労働契約の締結をめぐる立法論的検討……斎藤　周
労働契約関係の変動をめぐる立法論的検討……浅倉むつ子
労働契約関係の終了をめぐる立法論的検討……藤本　茂
就業規則法制の立法論的検討……深谷　信夫
労働契約と紛争処理制度……浜村　彰
〈回顧と展望〉
計画年休……森戸　英幸
――三菱重工業長崎造船所事件・長崎地判平四・三・二六・労判六一九号――
パート労働法……松下　乾次
雇用調整をめぐる法的問題……有田　謙司
労災保険法施行前の業務により同法施行後に発病した疾病等に対する労災保険法の適用の可否
――和歌山労基署長事件・最三小判平五・二・一六・労判六二四号――……片桐　由喜
追憶　色川幸太郎先生……石川吉右衛門
〈シンポジウム〉
労働契約法制の立法論的検討
日本労働法学会第八五回大会記事

第83号　（一九九四年）

労働時間法の現状と課題――比較法を中心として
労働時間法の現状と課題……岸井　貞男
――総説――
ドイツの労働時間短縮……藤内　和公
フランスにおける労働時間法改革と労働時間短縮……三井　正信
アメリカの労働時間法制の現状と課題……西田　康洋
オーストラリアの労働時間法の特質……長淵　満男
〈回顧と展望〉
改正労働基準法の政省令について……中窪　裕也
仮眠時間の労働時間性……小宮　文人
――大星ビル管理事件・東京地判平五・六・一七――
降灰除去作業命令と慰謝料請求……山本　圭子
――国鉄鹿児島自動車営業所事件・最二小判平五・六・一一――
〈シンポジウム〉
労働時間法の現状と課題
日本労働法学会第八六回大会記事

第84号（一九九四年）

労働者の会社間移動と労働法の課題

労働者の会社間移動と労働法の課題
——問題の所在——……菊池　高志

出向合意と使用者の責任……上村　雄一

労働移動にともなう労働条件の変更……野田　進

労働移動をめぐる雇用保障法制と労働契約……有田　謙司

会社間労働移動と競業避止義務……石橋　洋
——退職後の労働者の競業避止義務を中心に——

〈回顧と展望〉

JR不採用事件中労委命令……野村　晃

思想・信条による差別的取扱と損害賠償
——東京電力（山梨）事件・甲府地判平五・一二・二二を中心に——……柳沢　旭

雇用保険法改正の問題点について……関川　芳孝

女子労働政策の最近の動向……黒川　道代

〈シンポジウム〉

労働者の会社間移動と労働法の課題

日本労働法学会第八七回大会記事

第85号（一九九五年）

国際的労働関係の法的課題

国際的労働関係の法律問題……山川　隆一

ヨーロッパにおける国際労働法
——ドイツにおける労働準拠法——……米津　孝司

国際私法学から見た国際的労働関係……陳　一

国内における国際的労働関係をめぐる法的諸問題……荒木　尚志
——適用法規の決定問題を中心に——

国外における国際的労働関係をめぐる法的諸問題……野川　忍

〈回顧と展望〉

高年齢者雇用安定法の改正……西村健一郎

ＩＬＯパートタイム労働条約の採択……斎藤　周

組合員によるチェック・オフ中止の申入の可否
——エッソ石油事件、最一小判平五・三・二五、労判六五〇号——……水町勇一郎

日々雇用国家公務員の任用更新拒否の法的効果
——大阪大学図書館事件、最一小判平六・七・一四、労判六六五号——……青野　覚

〈シンポジウム〉

国際的労働関係の法的課題

日本学術会議だより

日本労働法学会第八八回大会記事

第86号（一九九五年）

産業医をめぐる法律問題

産業医をめぐる法律問題—問題の所在……保原喜志夫

産業医活動の実際……荘司　榮徳

フランスにおける産業医制度……加藤　智章

ドイツの産業保健・産業医制度……倉田　聡

アメリカにおける産業保健・産業医制度……品田　充儀

イギリスにおける産業保健制度……片桐　由喜

産業医の活動とプライバシー……渡辺　賢

〈回顧と展望〉

裁量労働制に関する研究会報告書……香川　孝三

介護休業法……関　ふ佐子

ＨＩＶ感染労働者の人権……上村　雄一
——ＨＩＶ感染者解雇事件・東京地判平七・三・三〇——

下請従業員で組織される労働組合に対する就労先企業の団交応諾義務の存否……中内　哲
——朝日放送事件・最三小判平七・二・二八——

〈シンポジウム〉

産業医をめぐる法律問題

日本学術会議だより

日本労働法学会第八九回大会記事

第87号（一九九六年）

雇用の流動化と労働法の課題——職業紹介システムと労働契約法ルールの再検討

労働市場をめぐる法政策の現状と課題
——職業紹介システムの法と政策——……小嶌　典明

労働市場の変化とドイツ労働法……柳屋　孝安
——民営職業紹介規制の変遷——

わが国における労働市場の現状……寺井　基博
——聞き取り調査の結果を中心に——

長期雇用慣行の変容と労働契約法理の可能性
——解雇・整理解雇の法理と労働条件変更の法理——……唐津　博

〈回顧と展望〉

併存組合間の残業差別と不当労働行為
——高知県観光事件最高裁判決——……林　和彦
変更解約告知……坂本　宏志
——スカンジナビア航空事件・東京地決平七・四・一三——
最高裁における企業内組合活動法理
——企業内組合ビラ配布と企業内組合集会——……藤川　久昭
労働基準法研究会報告と労働時間法改革の動向……矢野　昌浩
過労死をめぐる新認定基準と行政・判例の動向……石田　道彦
＜シンポジウム＞
雇用の流動化と労働法の課題
日本学術会議だより
日本労働法学会第九〇回大会記事

第88号　（一九九六年）

管理職組合／変更解約告知／チェック・オフ
＜特別報告＞
労働委員会制度の五〇年……籾井　常喜
＜個別報告＞
ドイツのコンツェルン（Konzern）における企業間人事異動の法理に関する基礎的考察
——三当事者間の法律関係の解明に向けて……中内　哲
労働安全衛生法の労働関係上の効力……小畑　史子
＜ミニ・シンポジウム＞
第一部会「管理職組合」
管理職組合の問題状況……コーディネーター渡辺　章
集団としての管理職クラスと労働組合……久本　憲夫
管理職組合をめぐる法的問題……大内　伸哉
労働委員会における管理職組合問題……成川美恵子・直井　春夫
第二部会「変更解約告知」
「変更解約告知」の記録……コーディネーター野田　進
変更解約告知の意義……野田　進
——フランス法研究の視点から——
ドイツ変更解約告知制の構造……野川　忍
——制度を有する国の処理——
変更解約告知をめぐる法的状況……藤川　久昭
——その現状と課題——
第三部会「チェック・オフ」
チェック・オフの法理論
——コメントと議論の状況——……コーディネーター道幸　哲也
チェック・オフと協約法理……鈴木　隆
チェック・オフと不当労働行為……倉田　聡
＜追悼＞
青木宗也先生の思い出……石橋　洋
——良き師、良き友、集い結べり——
日本学術会議だより
日本労働法学会第九一回大会記事

第89号　（一九九七年）

賃金処遇制度の変化と法
賃金処遇制度の変化と労働法学の課題
——能力・成果主義賃金制度をめぐる法的問題を中心に——……毛塚　勝利
日本企業における賃金・処遇制度の現状……廣石　忠司
年俸制・裁量労働制の法的問題……盛　誠吾
最近の賃金処遇の動向と人事考課をめぐる法的問題……石井　保雄
退職金・諸手当・福利厚生制度の変化と法的問題……山﨑　文夫
——能力・成果主義的処遇と退職金・諸手当・福利厚生制度——
＜回顧と展望＞
障害者雇用促進法……増田　幸弘
男女雇用機会均等法見直しの問題点……笹沼　朋子
労働協約に基づく労働条件の不利益変更と未組織労働者への拡張適用……土田　道夫
——朝日火災海上保険事件・最三小判平成八・三・二六——
賃金差別の認定手法と均等待遇の理念の実効化
——丸子警報器事件・長野地裁上田支部平八・三・一五判決——……紺屋　博昭
＜シンポジウム＞
賃金処遇制度の変化と法
日本労働法学会第九二回大会記事

第90号　（一九九七年）

パートと均等待遇／協約の拡張適用／過労死
＜特別報告＞
労働争議の調整制度について……秋田　成就
＜個別報告＞
職務著作（法人著作）と使用従属関係論

――日米比較法の視点から――……永野 秀雄
電子メールのモニタリングと嫌がらせメール
――職場のコンピュータ・ネットワーク化に伴う労働法上の諸問題――……竹地 潔
看護労働におけるバーンアウト症候群の補償と予防……宮崎 和子
賃金控除の理論的基礎……坂本 宏志
〈ミニ・シンポジウム〉
（第一部会）パートタイム労働者と均等待遇原則
パートタイム労働と均等待遇原則―総括……コーディネーター浅倉むつ子
「パートタイム」労働と均等待遇原則
――経済学的アプローチ――……大沢 真理
パートタイマーに対する均等待遇原則
――法律学の視点から――……山田 省三
（第二部会）労働協約の拡張適用
労働協約の拡張適用
――シンポにおける議論の状況――……村中 孝史
労働組合法一七条とは何だったのか？……諏訪 康雄
労働協約の拡張適用による労働条件の不利益変更について……村中 孝史
（第三部会）過労死をめぐる法律問題
過労死をめぐる法律問題
――予防と補償の促進の視点から――……コーディネーター水野 勝
過労死と安全配慮義務の履行請求
――富士保安警備事件判決（東京地判・平八・三・二八）――……望月浩一郎
過労死の業務上外判断……上柳 敏郎
〈追悼〉
沼田稲次郎先生と労働法学……籾井 常喜
学術会議だより
日本労働法学会第九三回大会記事

第91号（一九九八年）

アジア諸国の労働法

アジア諸国の労働法を考える視点……香川 孝三
アジア諸国の集団的労働法制の現状と特徴……藤川 久昭
アジア諸国の労働法と法の継受……神尾真知子
アジア諸国における「民主化」の進展と労働法
――韓国、台湾、タイを対象として――……吉田美喜夫
アジア諸国の経済発展と労働法……林 和彦
〈回顧と展望〉
民間職業紹介所に関するＩＬＯ条約（第一八一号）の意義……鎌田 耕一
男女雇用機会均等法等の改正……斎藤 周
セクシュアル・ハラスメントと使用者の職場環境配慮義務……野間 賢
車持ち込み運転手の労災保険法上の労働者性
――横浜南労基署長事件・最一小判平八・一一・二八――……藤原 稔弘
賃金等の減額を伴う定年延長を定めた就業規則変更の効力……小西 康之
――第四銀行事件（最二小判平九・二・二八民集五一巻二号七〇五頁）――
〈シンポジウム〉
アジア諸国の労働法
日本労働法学会第九四回大会記事・九五回大会案内

第92号（一九九八年）

中国労働法／女性保護規定の廃止／就業規則変更法理

〈特別報告〉
不当労働行為事件における判断基準の形成……萩澤 清彦
〈ミニ・シンポジウム〉
（第一部会）中国労働法の変化と展開
中国労働法の理解を深めるために……香川 孝三
中国における労働制度改革と労働契約法制……劉 波
中国の労使紛争処理法制……楊 坤
（第二部会）女性保護規定の廃止
女性保護規定の廃止に伴う法律問題―総括……菅野 和夫
女性保護規定の廃止に伴う法律問題
――時間外・休日労働、深夜業を中心に――……奥山 明良
女性保護規定の廃止による労働者への影響と課題……コメンテーター今野 久子
（第三部会）就業規則変更法理
就業規則変更に関する判例法理の到達点と問題点―総括……毛塚 勝利
判例における合理性判断法理の到達点と課題……青野 覚
労働条件変更手段からみた就業規則に関する

判例法理の問題点と課題……島田　陽一
〈個別報告〉
フランスにおける労働条件決定システムの変容と労働協約の機能……奥田　香子
企業内労使関係と「非典型協定」…矢野　昌浩
イギリス労働審判所における上訴に関する一考察……表田　充生
契約労働（Contract Labour）をめぐる法的問題……鎌田　耕一
――ＩＬＯ第八六回総会討議をふまえて――
学術会議だより
日本労働法学会第九五回大会記事

第93号　（一九九九年）

労働法における規制緩和と弾力化

労働法における規制緩和と弾力化…西谷　敏
イギリスにおける労働法の規制緩和と弾力化……古川　陽二
ドイツ労働法の変容……和田　肇
――標準的労働関係概念を中心に――
フランスにおける労働法の規制緩和と弾力化……盛　誠吾
労働法の規制緩和と弾力化……中窪　裕也
――アメリカ――
〈回顧と展望〉
ＪＲ不採用事件（中労委命令取消訴訟）……野村　晃
地方公務員と出向制度……上村　雄一
――茅ヶ崎市事件（最二小判平一〇・四・二四）――
自宅治療命令と賃金請求権の有無…山田　哲
――片山組事件（最一小判平一〇・四・九）――
〈追悼〉
故恒藤武二先生を偲んで……片岡　曻
〈シンポジウム〉
労働法における規制緩和と弾力化
日本労働法学会第九六回大会記事・九七回大会案内

第94号　（一九九九年）

セクシュアル・ハラスメント／営業譲渡と労働関係／救済命令の取消訴訟

〈特別報告〉
労働法理論の継承と発展……片岡　曻
〈ミニ・シンポジウム〉
（第一部会）セクシュアル・ハラスメント
セクシュアル・ハラスメント―総括……高木　紘一
セクシュアル・ハラスメント／シンポジウム・コメント……山田　省三
アメリカにおけるセクシュアル・ハラスメント法理の再検討……林　弘子
――最近の連邦最高裁判決を中心に――
日本におけるセクシュアル・ハラスメント裁判例の検討……水谷　英夫
（第二部会）営業譲渡と労働関係
営業譲渡と労働関係―趣旨説明と総括……石田　眞
和田　肇
営業譲渡と労働関係……山下　眞弘
――商法学の立場から――
フランスにおける企業移転と労働契約……本久　洋一
営業譲渡と労働関係……武井　寛
――労働法の視角から――
（第三部会）救済命令の取消訴訟
救済命令の取消訴訟―総括……渡辺　賢
救済命令と取消訴訟……秋山　義昭
――シンポジウムの議論を中心に――
〈個別報告〉
不当労働行為の成否判断基準……道幸　哲也
ＥＵ（欧州連合）における営業譲渡法
――イギリス労働法へのＥＵ労働法の影響――……家田　愛子
フランス法・共同体法（ＥＣ法）における国際社会法の展開……川口　美貴
解雇法理における「最後的手段の原則（ultima ratio Grundsatz）」と「将来予測の原則（Prognoseprinzip）」……根本　到
――ドイツにおける理論の紹介と検討――
アメリカ・プロスポーツにみるＮＬＲＡと反トラスト法の関係……川井　圭司
――Brown 判決の意味――
日本学術会議報告
日本労働法学会第九七回大会記事・第九八回日本労働法学会ご案内

第95号　（二〇〇〇年）

立法史料からみた労働基準法

立法史料からみた労働基準法……渡辺　章
――労働基準法立法史料研究の序説――
立法史料から見た労働基準法……野川　忍
労働時間規制立法の誕生……野田　進
――規制と団交から契約と参加へ――
労働保護法から労働基準法へ……中窪　裕也

――労働憲章、賃金、女子・年少者の起草過程――
労働基準法の国際的背景……遠藤　公嗣
労働基準法とは何だったのか？……土田　道夫
――労基法の変遷・方向性をその制定過程から考える――
〈回顧と展望〉
労働基準法の改正について……上田　達子
労働者派遣法の改正……斉藤　善久
職安法の改正……小俣　勝治
〈追悼〉
有泉亨先生を悼む……秋田　成就
〈シンポジウム〉
立法史料からみた労働基準法
日本労働法学会第九八回大会記事・九九回大会案内

第96号（二〇〇〇年）

雇用調整と雇用保障／改正労働者派遣法／労使関係法制

〈特別報告〉
労働契約の基本概念……外尾　健一
〈シンポジウム①〉
雇用調整と雇用保障
雇用調整と雇用保障―総括……清正　寛
――日本・韓国・中国――
韓国における雇用調整と雇用保障制度……李　鋌
中国における雇用調整と雇用保障制度……山下　昇
〈シンポジウム②〉
改正労働者派遣法
「改正労働者派遣法の意義と検討課題」の討議内容―総括……鎌田　耕一
労働者派遣法改定の意義と法見直しに向けた検討課題……脇田　滋
改正労働者派遣法の実務上の問題と課題……安西　愈
〈シンポジウム③〉
労使関係法制
労使関係法制の見直し―総括……島田　陽一
――シンポジウムの議論から――
労使関係法と見直しの方向……小嶌　典明
労使関係法政策見直しのための諸論点に関する覚書……藤川　久昭
〈個別報告〉
労働法における平等取扱原則……蛯原　典子
――ドイツ法を手がかりとして――
労働科学と法の関連性……三柴　丈典
――日独労働安全衛生法の比較法的検討――
公務員制度上の非正規職員に関する法的問題……川田　琢之
フランスにおける労働者の個人情報保護……砂押以久子
日本学術会議報告
日本労働法学会第九九回大会記事・第一〇〇回日本労働法学会ご案内

第97号（二〇〇一年）

21世紀の労働法――学会創立50周年記念号

〈50周年に想う〉
労働法の転機と日本労働法学会の五〇年……片岡　曻
半世紀の今昔……蓼沼　謙一
様変わりした労働関係と労働法……横井　芳弘
――五〇年を閲して――
日本労働法学会創立時の思い出……本多　淳亮
労働法学会と私……島田　信義
世代交替の妙……籾井　常喜
創造的法学として……中山　和久
労働法学会の回想……山本　吉人
労働法学の回顧と今後への期待……坂本　重雄
労働法学会、昔と今……下井　隆史
比較法研究今昔……秋田　成就
学会と学界……石川吉右衛門
〈50周年によせて・労働界からのメッセージ〉
協力関係の質的発展を期待する……河野　正輝
戦後労働法学再検討の議論のさらなる深化を……上井　喜彦
日本労働法学会に期待される大なる役割……山本　博
変化に富み、複雑且つ多様な時代にふさわしい労働法を担う日本労働法学会……角山　一俊
〈21世紀の労働法―シンポジウム①〉
労働市場と労働法
「労働市場と労働法」のテーマをどう見るか―はじめに……菅野　和夫
労働市場と労働法……荒木　尚志
外部労働市場と労働法の課題……鎌田　耕一
「労働」「市場」と「法」……水町勇一郎
――「労働」の「市場」化と「法」の役割――
「労働市場と労働法」―総括……菅野　和夫
〈21世紀の労働法―シンポジウム②〉
企業組織と労働法
問題設定と各報告の位置―はじめに

……毛塚　勝利
企業組織の変容と労働法学の課題……盛　誠吾
歴史の中の「企業組織と労働法」·石田　眞
——企業組織の変容と労働法——
解雇法理における「企業」……野田　進
あらたな議論の視角と課題と—総括……毛塚　勝利
＜21世紀の労働法—シンポジウム③＞
労働者組織と労働法
労働者組織について論じる意味…西谷　敏
——テーマ設定の趣旨——
労使関係法の将来……道幸　哲也
労働者組織と法……田端　博邦
——立法政策の可能性——
労働者代表に関する立法政策上の課題……大内　伸哉
労働組合の現在と未来—シンポジウムの総括……西谷　敏
＜回顧と展望＞
労働契約承継法……本久　洋一
就業規則の不利益変更をめぐる最高裁三判決……中村　涼子
雇用保険法の改正……有田　謙司
電通事件……三柴　丈典
——過失相殺の類推適用に関する判断を中心に——
『講座　21世紀の労働法』の刊行を終えて……角田　邦重
日本学術会議報告
日本労働法学会第一〇〇回大会記事・第一〇一回日本労働法学会のご案内

第98号（二〇〇一年）

整理解雇法理の再検討／司法制度改革と労働裁判／企業倒産と労働法

＜特別報告＞
労働法における法創造的機能……中山　和久
＜シンポジウム①＞
整理解雇法理の再検討
整理解雇法理の再検討—趣旨と総括……野田　進
和田　肇
経営上の理由による解雇規制法理の再構成……川口　美貴
整理解雇の事案類型と判断基準…奥田　香子
＜シンポジウム②＞
司法制度改革と労働裁判
司法制度改革と労働裁判—趣旨と要約……角田　邦重
司法制度改革と労働裁判……菅野　和夫
実務家からみた労働裁判の現状と改革……井上　幸夫
実務法曹からみた現状と改革の方向……牛嶋　勉
＜シンポジウム③＞
企業倒産と労働法
企業倒産と労働法—趣旨と総括…宮里　邦雄
企業倒産と労働法……塚原　英治
法的整理を行わない倒産手続における労働法の問題点……木下　潮音
＜個別報告＞
雇用差別訴訟における立証責任の分配方法に関する再検討……相澤美智子
——アメリカ法からの示唆——
アメリカ合衆国の職業教育・訓練に関する法制度……沼田　雅之
アメリカ移民法における雇用主〈懲罰〉制度……紺屋　博昭
従業員代表と従業員集団の関係……勝亦　啓文
——フランス法の視点——
＜回顧と展望＞
労働時間の適正な把握のために使用者が講ずべき措置に関する基準……大石　玄
最近の裁判例にみる性差別雇用管理と公序良俗……緒方　桂子
雇用対策関連法改正の問題点と課題……山下　昇
＜追悼＞
安枝さんの思い出……西村健一郎
坂本重雄先生を悼む……毛塚　勝利
日本労働法学会第一〇一回大会記事・第一〇二回日本労働法学会のご案内

第99号（二〇〇二年）

解雇法制の再検討

解雇法制と労働市場政策の今日的課題—本学会報告の趣旨……浜村　彰
解雇制限の規範的根拠……本久　洋一
雇用終了における労働者保護の再検討
——解雇規制の実質化のために——……小宮　文人
解雇事由の類型化と解雇権濫用の判断基準
——普通解雇法理の検討を中心として——……根本　到
解雇規制をめぐる立法論の課題…島田　陽一
解雇法制の論議について……玄田　有史

——一経済研究者の感想——
□シンポジウムの記録□ 解雇法制の再検討
〈回顧と展望〉
「公務員制度改革大綱」の閣議決定……川田 琢之
個別労働関係紛争の解決の促進に関する法律……柳澤 武
募集・採用時における年齢制限緩和の努力義務……大原 利夫
確定拠出年金法と労働法上の問題点……山田 哲
〈追悼〉
惜別 本多淳亮先生……中山 和久
学術会議報告
日本労働法学会第一〇二回大会記事・第一〇三回日本労働法学会のご案内

第100号（二〇〇二年）

労働法における労使自治の機能と限界／女性賃金差別の法的救済／労働事件の専門性と労働法教育

〈巻頭言〉
学会誌一〇〇号の刊行にあたって…毛塚 勝利
〈特別講演〉
フーゴ・ジンツハイマー研究余聞…久保 敬治
〈シンポジウム①〉
労働法における労使自治の機能と限界
総括 シンポジウムの趣旨と討論……西谷 敏
労働者保護手段の体系的整序のための一考察
——労使自治の機能と立法・司法の介入の正当性——……大内 伸哉
労働法における労使自治の機能と限界
——立法・司法の介入の法的正当性——……土田 道夫
〈シンポジウム②〉
女性賃金差別の法的救済
女性賃金差別の法的救済—総括…林 弘子
男女賃金差別裁判における理論的課題……宮地 光子
労働基準法第四条の法解釈と法的救済……神尾真知子
〈シンポジウム③〉
労働事件の専門性と労働法教育
労働事件の専門性と労働法教育——趣旨と総括……中窪 裕也・山川 隆一
労働法教育の課題と展望……村中 孝史
法科大学院における労働法教育…塚原 英治
司法修習教育及び継続教育と労働法……中山 慈夫
〈個別報告〉
人事考課に対する法的規整……永由 裕美
——アメリカ法からの示唆
アメリカにおける雇用差別禁止法理の再考察……井村 真己
フランス労働法制の歴史と理論……水町勇一郎
——労働法学の再生のための基礎的考察
〈回顧と展望〉
仮眠時間の労働時間性と使用者の時間外・深夜割増賃金支払義務……三井 正信
——大星ビル管理事件最一小判平一四・二・二八労判八二二号五頁——
パートタイム労働研究会の中間とりまとめ報告について……斉藤 善久
有期労働契約・専門業務型裁量労働制に関する告示改正……小西 康之
〈学会誌100号記念企画〉
日本労働法学会誌総目次（第1号～100号）
日本労働法学会第一〇三回大会記事
日本労働法学会第一〇四回大会のご案内

▨日本労働法学会第一〇三回大会記事▨

日本労働法学会第一〇三回大会は、二〇〇二年五月一二日（日）明治大学において、個別報告、特別講演およびミニ・シンポジウムの三部構成で開催された（敬称略）。

一　個別報告

〔第一会場〕

「人事考課に対する法的規整――アメリカ法からの示唆」

司会　角田邦重（中央大学）
報告　永由裕美（中央大学）

「アメリカにおける雇用差別禁止法理の再考察」

司会　大内伸哉（神戸大学）
報告　井村真己（沖縄国際大学）

〔第二会場〕

「労働法・社会保険法の適用対象者――ドイツ法における労働契約と労働者概念」

司会　菅野和夫（東京大学）
報告　橋本陽子（学習院大学）

「フランス労働法制の歴史と理論――労働法学の再生のための基礎的考察」

司会　渡辺章（東京経済大学）
報告　水町勇一郎（東北大学）

二　特別講演

久保敬治（神戸大学名誉教授）

「ジンツハイマー研究余聞」

三　ミニ・シンポジウム

〔第一会場〕テーマ「労働法における労使自治の機能と限界」

司会　西谷敏（大阪市立大学）
報告　大内伸哉（神戸大学）、土田道夫（同志社大学）

〔第二会場〕テーマ「女性賃金差別の法的救済」

司会　林弘子（福岡大学）
報告　神尾真知子（尚美学園大学）、宮地光子（弁護士）

〔第三会場〕テーマ「労働事件の専門性と労働法教育」

司会　中窪裕也（千葉大学）、山川隆一（筑波大学）
報告　村中孝史（京都大学）、塚原英治（弁護士）、中山慈夫（弁護士）

四　総会

1　代表理事選挙の結果について

渡辺章前代表理事より交代の挨拶及び毛塚勝利新代表理事の紹介が行われた。また、毛塚新代表理事より、着任の挨拶が行われた。

2　二〇〇一年度会計報告

山田事務局長より、二〇〇一年度会計報告がなされ、承認された。

3　二〇〇二年度予算と学会費の値上げについて

山田事務局長より、学会費三〇〇〇円の値上げを前提とした予算が提示され、承認された。

また、学会費の値上げが二〇〇二年度から実施されることに伴い、今秋までに今年度学会費の追加分として三〇〇〇円を各会員に対して請求することが報告され、承認された。

4　学会誌について

深谷編集委員長より、出版社選定の経緯が説明され、その結果、法律文化社が学会誌の新出版社に決定したこと、および、出版社の変更に伴い、①完成原稿（シンポジウムを含む）を渡すところまでが編集委員会の責任となること、②今後、締め切り期日が大幅に早まること、③学会誌の定価が頁数および発行部数によって変動すること、④執筆者に原稿料が支払われないことが報告された。

また、従前の編集委員会会計繰越金一三七万二千円は、日本労働法学会と総合労働研究所の間で、学会誌バックナンバーの物納により相殺されることになった旨報告され、承認された。

なお、学会誌一〇〇号より、盛理事が編集委員長に就任することが報告された。

5　第一〇四回大会について

第一〇三回大会前日の理事会において選出された萬井企画委員長より、第一〇四回大会について報告がなされた。内容は左記の通り（以下敬称略）。

1　開催日及び開催校：二〇〇二年一〇月六日（日）
山口大学

2　統一テーマ「公務員制度改革と労働法」
司会：中嶋士元也（上智大学）、和田肇（名古屋大学）
報告：①「公務員労使関係法制の改革と公務員の法的地位」　清水　敏（早稲田大学）
②「公務員制度の多様化・柔軟化」　川田琢之（東海大学）
③「行政機関の多様性と労働条件決定システム」　渡辺　賢（帝塚山大学）
④「公務員労働団体の代表法理——公務員の労働条件決定システム——」　道幸哲也（北海道大学）
⑤コメント：「行政法学の立場から見た公務員制度

改革」　晴山一穂（専修大学）

なお、大会当日のスケジュールについて、開始を九時一五分からとし、①から④の報告を午前中に終了させ、午後は⑤及び質疑応答にあてる予定であると報告された。

あわせて、前日理事会において、以下の五名が新企画委員として承認されたことが報告された（敬称略）。

青野覚（明治大学）、有田謙司（山口大学）、今野順夫（福島大学）、土田道夫（同志社大学）、両角道代（明治学院大学）

6　日本学術会議報告について

西谷理事（日本学術会議会員）より、活動報告がなされた。内容は左記の通り。

①　科研費の「分化細目表」の見直し作業に伴い、従来の八分野が「人文社会系」、「理工系」、「生物系」、「総合・新領域系」の四つの系に再編され、「法学」は「人文社会系」に位置づけられた。また、法学の分野では、新しく環境、ジェンダー、EUなどを対象とする「新領域法学」が加わった。

②　学術会議のあり方について、学術会議の方から、現行法における性格規定を継承しつつ、会員数を現行の二一〇名から二五〇〇名に増加させ、組織を再編成する提案を行っているが、総合科学技術会議がどのような判断をするのか、現在のところは不明である。

③　第一九期の会員選出については、学会登録などの手続は予定どおり進行しているが、制度改正との関係で、一八期の会員が一年ほど継続して勤めることになる可能性も残されている。今秋には、事態は明らかになっていると思われる。

7　国際労働法社会保障学会について

荒木理事より、国際労働法社会保障学会について報告がなされた。内容は左記の通り。

①　二〇〇一年一一月二二日から二四日までマニラで第七回国際労働法社会保障学会アジア地域会議が開催された旨報告された。

②　今後の国際労働法社会保障学会の予定として、第七回ヨーロッパ地域会議が二〇〇二年九月四日から六日までスウェーデンのストックホルムで開催されること、第一七回世界会議が二〇〇三年九月三日から五日までウルグアイのモンテビデオで開催され、諏訪康雄会員がジェネラル・レポーターを勤めること、第六回アメリカ地域会議が二〇〇四年にメキシコで開催されること、第八回欧州地域会議が二〇〇五年九月にイタリアのボローニャで開催されること、第一八回世界会議が二〇〇六年フランスのパリで開催されることが報告された。

③　日本支部会員の外国語論文・著書のリストを作成し、

今後逐次会報に掲載する予定である旨報告された。

④　イタリアのモデナ大学のマルコ・ビアジ教授が殺害されたことについて、国際労働法社会保障学会日本支部と日本労働法学会から弔辞の手紙を送った旨の報告がなされた。

8　入退会について

山田事務局長より、四名の退会者及び以下の新入会員が理事会にて承認された旨報告された（五十音順、敬称略）。

飯島正樹（ピーシーエー生命保険株式会社）
植松真美（(株)三和総合研究所）
岡田夕佳（名城大学大学院）
河田裕之（ＮＥＣネットワーク・センサ(株)）
北岡大介（北海道大学大学院）
高木早知子（岡山大学大学院）
田島啓己（弁護士　ゆあ法律事務所）
千葉晃平（弁護士　吉岡和弘法律事務所）
中山慈夫（弁護士　中山慈夫法律事務所）
朴承斗（日本比較法研究所　客員研究員）
帆足まゆみ（中央大学大学院）

9　学会誌の査読について

毛塚代表理事より、第一〇〇号の査読委員長は野田理事が担当する旨報告された。

日本労働法学会第一〇四回大会のご案内

1　日時　二〇〇二年一〇月六日（日）午前九時一五分
　～午後五時

2　場所　山口大学　経済学部棟
〒七五三-八五一四　山口県山口市吉田一六七七—一
電話　〇八三—九三三—五五五一
（有田謙司研究室）

3　統一テーマ「公務員制度改革と労働法」
司会：中嶋士元也（上智大学）、和田肇（名古屋大学）

報告：①「公務員労使関係法制の改革と公務員の法的地位」　清水　敏（早稲田大学）
②「公務員制度の多様化・柔軟化」　川田琢之（東海大学）
③「行政機関の多様性と労働条件決定システム」　渡辺　賢（帝塚山大学）
④「公務員労働団体の代表法理——公務員の労働条件決定システム——」　道幸哲也（北海道大学）
⑤コメント：「行政法学の立場から見た公務員制度改革」　晴山一穂（専修大学）

日本労働法学会規約

第一章　総　則

第一条　本会は日本労働法学会と称する。

第二条　本会の事務所は理事会の定める所に置く。（改正、昭和三九・四・一〇第二八回総会）

第二章　目的及び事業

第三条　本会は労働法の研究を目的とし、あわせて研究者相互の協力を促進し、内外の学会との連絡及び協力を図ることを目的とする。

第四条　本会は前条の目的を達成するため、左の事業を行なう。

一、研究報告会の開催

二、機関誌その他刊行物の発行

三、内外の学会との連絡及び協力

四、公開講演会の開催、その他本会の目的を達成するために必要な事業

第三章　会　員

第五条　労働法を研究する者は本会の会員となることができる。本会に名誉会員を置くことができる。名誉会員は理事会の推薦にもとづき総会で決定する。

（改正、昭和四七・一〇・九第四四回総会）

第六条　会員になろうとする者は会員二名の紹介により理事会の承諾を得なければならない。

第七条　会員は総会の定めるところにより会費を納めなければならない。会費を滞納した者は理事会において退会したものとみなすことができる。

第八条　会員は機関誌及び刊行物の実費配布をうけることができる。（改正、昭和四〇・一〇・一二第三〇回総会、昭和四七・一〇・九第四四回総会）

第四章　機　関

第九条　本会に左の役員を置く。

一、選挙により選出された理事（選挙理事）二〇名及び理事会の推薦による理事（推薦理事）若干名

二、監事　二名

（改正、昭和三〇・五・三第一〇回総会、昭和三四・一〇・一二第一九回総会、昭和四七・一〇・九第四四回総会）

第十条　選挙理事及び監事は左の方法により選任する。

一、理事及び監事の選挙を実施するために選挙管理委員会をおく。選挙管理委員会は理事会の指名する若干名の委員によって構成され、互選で委員長を選ぶ。

二、理事は任期残存の理事をのぞく本項第五号所定の資格を有する会員の中から十名を無記名五名連記の投票により選挙する。

三、監事は無記名二名連記の投票により選挙する。

四、第二号及び第三号の選挙は選挙管理委員会発行の所定の用紙により郵送の方法による。

五、選挙が実施される総会に対応する前年期までに入会し同期までの会費を既に納めている者は、第二号及び第三号の選挙につき選挙権及び被選挙権を有する。

六、選挙において同点者が生じた場合は抽せんによって当選者をきめる。

推薦理事は全理事の同意を得て理事会が推薦し総会の追認を受ける。

代表理事は理事会において互選し、その任期は一年半とする。

（改正、昭和三〇・五・三第一〇回総会、昭和三四・一〇・一二第一九回総会、昭和四四・一〇・七第三八回総会、昭和四七・一〇・九第四四回総会、昭和五一・一〇・一四第五二回総会）

第十一条　理事会及び監事の任期は三年とし、理事の半数は一年半ごとに改選する。但し再選を妨げない。

補欠の理事及び監事の任期は前任者の残存期間とする。

第十二条　代表理事は本会を代表する。代表理事に故障がある場合にはその指名した他の理事が職務を代行する。

（改正、昭和三〇・五・三第一〇回総会）

第十三条　理事は理事会を組織し、会務を執行する。

第十四条　監事は会計及び会務執行の状況を監査する。

第十五条　理事会は委員を委嘱し会務の執行を補助させることができる。

第十六条　代表理事は毎年少くとも一回会員の通常総会を招集しなければならない。

代表理事は必要があると認めるときは何時でも臨時総会を招集することができる。総会員の五分の一以上の者が会議の目的たる事項を示して請求した時は、代表理事は臨時総会を招集しなければならない。

第十七条　総会の議事は出席会員の過半数をもって決する。総会に出席しない会員は書面により他の出席会員にその議決権を委任することができる。

第五章　規約の変更

第十八条　本規約の変更は総会員の五分の一以上又は理事の過半数の提案により総会出席会員の三分の二以上の賛成を得なければならない。

学会事務局所在地

〒一九二―〇三九三　東京都八王子市東中野七四二ノ一

中央大学法学部研究室内

電話・FAX　〇四二六（七四）三二四八

（事務局へのご連絡は毎週月曜日

午後一時より四時までの間に願います）

編集後記

□日本労働法学会誌は、本号をもって記念すべき第一〇〇号を迎えた。そこで本号では、一九五一年の学会創設以来、脈々と続けられてきた学会活動の足跡を振り返るべく、一〇〇号記念企画として、第一号から第一〇〇号までの総目次を掲載した。

□本号は、学会誌の編集体制が変更されてから二号目である。そのこともあって、今回の学会誌編集にあたっては、日本労働法学会第一〇三回大会での報告者には、学会報告からわずか一か月余という短期間で原稿を執筆いただくことになった。執筆者各位のご努力とご協力に対し、深甚の謝意を表したい。

□前号の学会誌編集をもって、これまで学会誌編集委員長を務められた深谷信夫会員が退任された。深谷会員は、学会誌編集の実務作業に携わってこられただけでなく、学会誌編集体制の変更という困難な課題に尽力された。長年のご苦労に感謝したい。

□編集委員会では、現在、一〇一号以降の学会誌編集のあり方について検討している。その一端は、本号の毛塚勝利・代表理事の巻頭言でも触れられているが、学会誌の刷新については、あくまで学会員の意見を反映することにしたい。会員各位には、忌憚のないご意見を学会事務局あてにお送りいただくよう、お願いする。

□本号の編集については、法律文化社編集部の秋山泰さんと田多井妃文さんにすっかりお世話になった。厚くお礼申し上げる。

（盛／記）

労働法における労使自治の機能と限界
女性賃金差別の法的救済
労働事件の専門性と労働法教育　　日本労働法学会誌100号

2002年10月10日　印 刷
2002年10月20日　発 行

編 集 者
発 行 者　日 本 労 働 法 学 会

印刷所　株式会社　共同印刷工業　〒615-0064　京都市右京区西院久田町78
電　話　(075)313-1010

発売元　株式会社　法 律 文 化 社　〒603-8053　京都市北区上賀茂岩ヶ垣内町71
電　話　(075)791-7131
F A X　(075)721-8400

ISBN4-589-02609-0

Über den Menschen Hugo Sinzheimer

Keiji KUBO

1) Hugo Sinzheimer (1875-1945), jüdischer Rechtsanwalt und ordentlicher Honorarprofessor für Arbeitsrecht (ab 1920) in Frankfurt, nach Vertreibung 1933 besonderer Professoren in Amsterdam und Leiden.

2) Sinzheimer, der bis zur letzen Stunde seines Lebens die juristische Anthropologie weiterverfolgte, hatte viele Seiten: er war Humanist, Anti-Marxist, Pluralist, menschliche Sozialist.

3) Der Mensch ist ein Wesen voller Rätsel, das die anderen Mitmenschen nicht immer verstehen können. Deshalb sollte man auch der Beschreibung des Gesichtsausdrucks einen gewissen Stellenwert zubilligen, um sich dem gesamten Erscheinungsbild einer Person zu nähern, gleichgültig, aus welchem sozialen Umfeld sie stammt. Ich habe daher gehofft, an ein Foto von Sinzheimer zu gelangen.

4) Am Mitte Juni 1999 erhielt ich von Sinzheimers ältester Tochter Gertrud Mainzer, einer Rechtsanwältin und inzwischen Grossmutter geworden, Fotos von Sinzheimer. Frau Mainzer schickte mir den Brief mit den Fotos, bevor sie New York verliess, um wie jedes Jahr ihre Ferien in der Schweiz zu verbringen. Frau Mainzer hat die Fotos ihres Vaters, die sie am meisten liebte, aus ihrem Album gelöst und mir gegeben. Dieses Foto ist für mich das kostbarste Geschenk.

5) In Sinzheimers Schrift "Die soziologische Methode in der Privatrechtswissenschaft", das 1909 auf der Grundlage eines im desselben Jahres gehaltenen Vortrags erschienen ist, finden wir die Grundlagen seiner in Niederlande ausgearbeiteten Forschungen zur Rechtssoziologie. Das wichtigste Werk, das Sinzheimer als Rechtssoziologie im niederländischen Exil verfasst hat, ist das "De taak der rechtssociologie" von 1935, das er neben seinen Verpflichtungen an der Universität Amsterdam schrieb.

Mini-Symposium "Funktionen und Grenzen der Autonomie im Arbeitsrecht" Einführung und Zusammenfassung

Satoshi NISHITANI

Es war für Arbeitsrechtler zwar ein gemeinsamer Ausgangspunkt, dass das moderne Arbeitsrecht aus dem Arbeitnehmerschutzrecht und der Autonomie der Parteien von Arbeitsbeziehungen besteht, aber es ist bisher nicht ausreichend geklärt worden, wie die beiden Faktoren miteinander zusammenhängen sollen, m. a. W. wieweit und aus welchem Grund der Gesetzgeber und Richter in die Autonomie der Parteien eingreifen dürfen bzw. sollen. Das ist das Thema dieses Mini-Symposiums.

Bei der Diskussion ging es vornehmlich um die Einschätzung der beiden Referaten, die sich für mehr Autonomie und wenigere Staatseingreifung einsetzten. Die Meinungen waren geteilt. Ich persönlich halte den Standpunkt der beiden Referanten für etwas zu idealistisch. Unter der gegenwärtigen Situation der Gewerkschaften und des Rechtsbewusstseins von Arbeitnehmern darf man die Bedeutung der Autonomie nicht überschätzen. Das Staatsrecht muss für Verwirklichung des menschenwürdigen Lebens von Arbeitnehmern immer noch eine wichtige Rolle übernehmen.

Autonomy and Intervention in the Labor Law

Shinya OUCHI

There are various types of legal measures for the protection of the right or interest of employees, such as labor protective laws, judicial decisions and judge-made laws, collective bargaining of trade union and individual bargaining of employees. Taking it into consideration that the Japanese Constitution guarantees the self-determination of individual persons and the right of organization to individual employees,

the autonomous and self-protective measures should precede in legal or judicial intervention.

The legal intervention is justified, only if it's purpose is to protect the fundamental rights of employees, to fill in the failure of the autonomous and self-protective measures and to make effective the self-determination of individual employees. On the other hand, the judicial intervention can be justified if law does not regulate the matters, which need the legal intervention. However the judge should not intervene to determine or modify the working conditions solely for the purpose of the protection of the interest of the employees. As far as the employees are given the possibility of utilizing the self-protective measures, especially the trade union, to negotiate with their employers on equal position, the content of working conditions, even if unfavorable to employees, should be accepted as a result of negotiation if they do not violate imperative regulations nor public policy. The excessive labor protective intervention will in the long run deprive the individual employees of the self-protective power and the dignity as an autonomous being.

Funktion und Grenzen der Kollektivs-und Individualsautonomie im Arbeitsrecht

Michio TSUCHIDA

1 Einleitung
2 Rechtvertigung der arbeitsrechtliche Regelung
3 Die Form der arbeitsrechtliche Regelung
  (1) Das Modell der Kollektivsautonomie
  (2) Das Modell der materiellrechtliche Regelung
4 Das Verhältnis von der arbeitsrechtliche Regelung und der Autonomie
  (1) Die materiellrechtliche Regelung als die Förderung der arbeitsrechtliche Autonomie
  (2) Der Methode der Regelung
5 Das Verhältnis von der Kollektivs-und Individualsautonomie

Legal Remedies for Wages Discrimination against Women

Hiroko HAYASHI

In 1967, the Japanese Government ratified the ILO C100 Equal Remuneration Convention. Since then no new legislation or amendment to the Article 4 has been accomplished. In 1985, the Equal Employment Opportunity Law was enacted to cover working conditions except wages and the UN Convention on Elimination of All Forms of Discrimination against Women was also ratified. In 1997, the Equal Employment Opportunity Law was amended to prohibit discrimination at every stage of employment. In spite of all this legislation, even today wage disparity between men and women in Japan is the largest in the highly industrialized countries. On July 31, 2000, the Osaka District Court rejected claims for damages against promotion discrimination in the gender-based two-track system by women plaintiffs who worked for Sumitomo Electric Industries, Ltd. for over 30 years. The court ruled that the gender-based two-track system is against the purport of the Article 14 of the Japanese Constitution, but not against the good public order of 1960s when they were hired. Those women who were employed before the enforcement of the EEOL had no other legal remedies besides filing for simple wage discrimination. After Professor Machiko Kamio's presentation: "Legal Remedies for Wages Discrimination against Women" and lawyer Mitusko Miyaji's "Legal Problems in the Litigation on Wages Discrimination between Men and Women", many questions and comments were raised.

1. Is equal value work the same as equal work?
2. How can the value of work be estimated?
3. How can be created a new framework for the interpretation of present laws?
4. Isn't hiring discrimination in a gender-based two-track system a discriminatory working condition?
5. Social awareness should not rationalize discrimination against an individual woman worker.

Theoretical Issues in Cases on Wage Discrimination Based on Sex

Mitsuko MIYACHI

The Characteristics of the Theoretical Issues Involved in Cases on Sex Discrimination in Employment

— The relationship among the Constitution, Civil Code and international human rights law

1. The Concept of Public Order and Good Morals

   The Interpretation of the Term

   (1) The role of the cases during 1965-1975 involving marriage and pregnancy retirement and early retirement

   (2) Sumitomo Electric Case (Osaka District Court, July 31, 2001)

   — The generally accepted idea (common social understanding) =public order

   (3) Nomura Securities Case (Tokyo District Court, February 20, 2002)

   — First case to hold existence of discriminatory practice against public order by applying the amended EEOL

2. The reasonable grounds of discrimination and the "generally accepted idea"

   — Accepting the "generally accepted idea" as grounds for rationalizing discrimination is incompatible with the illegalization of discrimination.

   The framework of "intentional" discrimination in the court decisions

   (1) Shiba Shinkin Case (Tokyo Appeals Court, December 22, 2000)

   (2) Sumitomo Chemical Case (Osaka District Court, March 28, 2001)

   (3) Sumitomo Electric Case

3. Burden of Proof

(1) Denial of transfer of burden of proof due to existence of disparity Sharp Case (Osaka District Court, February 23, 2000)

(2) Meritocracy Framework

Burden of proof covering average competence and achievements of male counterparts for comparison

① Shoko Chukin Case (Osaka District Court, November 20, 2000)

② Kyoto Gas Case (Kyoto District Court, September 20, 2001)

4. The Principles of Equal Pay for Equal Work and Equal Pay for Work of Equal Value

(1) Consultation of judges involved in labour cases (October 27, 1998)

(2) Effectiveness of international treaties as judicial norms ILO Convention No. 100

Convention for the Elimination of All Forms of Discrimination against Women

—Equal pay for men and women for work of equal value

Article 7 of the International Covenant on Economic, Social and Cultural Rights

-Principle of equal pay for work of equal value

(3) Interpretation of Article 4 of the Labour Standards Law

5. Confirmation of Status

Shiba Shinkin Case (Tokyo Appeals Court, December 22, 2000)

Nomura Securities Case (Tokyo District Court, February 20, 2002)

The Legal Theory of Article 4 of the Labor Standard Law and Legal Redress : Remuneration Discrimination against Women in Japan

Machiko KAMIO

Article 4 of the Labor Standard Law states that an employer shall not discriminate with respect to remuneration between women and men. The violation of this article is punishable under the Labor Standard Law. As Article 4 has this penal clause, it is usually interpreted in a narrow sense from the viewpoint of public law.

However, from the viewpoint of civil law, I consider that Article 4 should be interpreted in a broader sense, in line with the Constitution and international laws.

We also need to consider how to treat women who are discriminated against in terms of remuneration. Compensation or damages only is not sufficient for such discrimination, because it is ex post facto. I consider that women should have the right to be upgraded if they have been discriminated against.

I Introduction
II The legal theory of Article 4 of the Labor Standard Law
  1 The legal theory of Article 4 from the viewpoint of civil law
    (1) The legislative aim of Article 4
    (2) The legal meaning of "discriminatory treatment"
    (3) The legal meaning of "by reason of being a woman"
    (4) The principle of equal remuneration for work of equal value and Article 4
III The application of Article 4 of the Labor Standard Law
  1 Upgrading, promotion, personnel evaluation and Article 4
  2 The division of employment and Article 4
IV The violation of Article 4 of Labor Standard Law and legal redress
  1 The obligation for equal treatment of men and women in the labor contract

2 Claim and compensation for damages

Expertise in Labor and Employment Cases in the Context of Legal Education : Purpose and Summary of Symposium

Hiroya NAKAKUBO and Ryuichi YAMAKAWA

In June 2001, the Council on Judicial Reform published its final report, calling for a comprehensive reform of judicial system in Japan. As for the field of labor and employment law, it emphasized the necessity for legal professionals to develop "expertise" in customs and practices of labor and employment relations so that disputes may be resolved rapidly and appropriately.

This symposium was intended to discuss the issue of education of labor and employment law, which is so crucial for the development of "expertise" in the field. Based on the recommendation of the Council on Judicial Reform, the Japanese government has decided to adopt a system of professional graduate schools ("law schools") for students to become lawyers, and universities are busy preparing for their start in 2004. It should be worthwhile at this stage to examine the place of labor and employment law in the new system of professional legal education.

At the same time, labor and employment law is, and will continue to be, an important subject for undergraduate students in law departments. It is also important to educate the public in this area. Even lawyers may want to learn or relearn labor and employment law in the process of their careers. Accordingly, this symposium dealt with the education of labor and employment law in a broad sense, instead of limiting its scope to the education in the graduate school of law.

At the symposium, fruitful discussion was made based on the presentations by three main speakers and two commentators. Participants generally agreed that the resolution of labor and employment disputes requires expertise not only in law but also in the customs and practices

of industrial and employment relations. On the other hand, it was also pointed out that, in view of its wide coverage, labor and employment law should be classified as one of the basic subjects. In any event, it is necessary in the future to deepen the understanding of what the "expertise" really means in labor and employment law, and to develop the contents (including methods and materials) of education in labor and employment law on the basis of such understanding.

Problematik und Zukunft der arbeitsrechtlichen Ausbildung

Takashi MURANAKA

Um arbeitsrechtliche Streitigkeiten aufzulösen, braucht man nicht nur Kenntnisse des Arbeitsrechts, sondern auch Kenntnisse der verschiedenen Übungen sowie Methoden in der Arbeitswelt. Die Menge und die Komplexität der Informationen darüber erfordern Spezialisten, welche sich ausschliesslich mit arbeitsrechtlichen Streitigkeiten befassen. Um derartige Kenntnisse zu erwerben, ist die Erfahrung in der Praxis zwar bedeutend, aber die Ausbildung in einer Bildungsanstalt ist ebenso effizient und notwendig. Wenn man der Notwendigkeit von Spezialisten für Arbeitsrechtssachen und der Notwendigkeit der Ausbildung solcher Spezialisten Rechnung trägt, muss man die Ausbildung in der neuen japanischen Law School so gestalten, dass man Spezialisten für Arbeitsrechtssachen ausbilden kann. Da aber andererseits Arbeit und Arbeitsverhältnisse in unserer gegenwärtigen Gesellschaft äusserst bedeutende Faktoren sind, bleibt eine Ausbildung in arbeitsrechtlichen Angelegenheiten auch bereits während der Zeit als Undergraduate unabdingbar.

Labor Law in Law School Curriculum

Eiji TSUKAHARA

1 Idea of Law Schools
(1) Relationship to Undergraduate Programs
(2) Admission Process
③ Curriculum
(4) New National Bar Examination
(5) Apprenticeship Training

2 Idea of Labor Law in Law School Curriculum
(1) Is There Any Basis That Labor Law Should Be Required Elective Course ?
(2) Labor Law as Required Elective Course
• Examples : Credits, Teaching Methods, and Teaching Materials
(3) What Is Practical Training ?
• Clinics
• Procedure for Labor Relations Litigation, Labor Relations Commissions, etc.
(4) Function of Continuing Legal Education

3 Faculty of Law School

Training Education of Legal Apprentices and Continuing Education, and Labor Laws

Shigeo NAKAYAMA

1 Process of Current Education in the Legal Profession
Juristic Education — Training Education of Legal Apprentices-Continuing Education (education after obtaining qualifications)
2 The Current Situation of the Training Education of Legal Apprentices, and Problems

(1) Training Education of Legal Apprentices at the Current Legal Training and Research Institute of Japan

a. Characteristics of the System for Training of Legal Apprentices

(a) Unified training

(b) Training by national expenses

(c) Combination of collective training and field training

b. Content of Training Education of Legal Apprentices

The period is one and a half years. The number of apprentices is approximately 1,000 (14 classes in all, where one class has about 70 students).

Collective training includes lectures, workshops, drafting, etc. by 5 instructors who are in charge of each subject (5 subjects) per classe.

Field training includes training in the practice by legal practitioners of courts, prosecutors' offices, and bar associations.

c. Treatment of Labor Laws

The first term includes 2 units of basic courses (required courses), and 3 units of selective courses.

The second term includes 1 unit of selective courses.

Note: 1 unit means a 100-minute class.

(2) Problems in Training Education of Legal Apprentices

a. The Current Situation of the Training Education of Legal Apprentices

b. Future Judicial Reforms and Training Education of Legal Apprentices

c. Poor Education of Labor Laws

3 The Current Situation and Problems of Continuing Education and Problems

(1) Training of Judges and Labor Laws

- The core training is OJT training. Collective training at the Legal Training and Research Institute of Japan is included.
- Labor laws are excluded from the required subjects, however, labor laws are adopted in the collective training.

(2) Training of Attorneys and Labor Laws

Training of the Japan Federation of Bar Associations, Prefetural Bar Associations, voluntary associations (Keieihosokaigi,

Labour Lawyers Association of Japan).

(3) Problems for Education of Labor Laws

There are vanishingly scarce opportunities for field training.

4 Prospect of Education of Labor Laws

(1) How should the specialty of labor law be thought of ?

(2) Importance of Continuing Education

a Self-polishing and OJT education

b Improvement of the Training Institute

c Exchange and self-polishing of legal practitioners

Performance Appraisal and the Law in the United States.

Hiromi NAGAYOSHI

In the United States, most companies have some form of performance appraisal. Performance appraisal has been used by management in making personnel decisions, e. g., compensation, promotion, retention and termination.

With the increased use of performance appraisal, it becomes subject to legal challenges. The growing number of court cases related to performance appraisal highlights the need to ensure the fairness of performance appraisal.

This paper reviews the related court cases and analyzes the legal controls on performance appraisal in the United States.

Ⅰ Introduction

Ⅱ Background of legal controls on performance appraisal

Ⅲ Outline of legal controls on performance appraisal

Ⅳ Legal requirements for disclosure and inspection of personnel records

1 Employee access law

2 The roles of the Discovery

3 The surveys on performance appraisal

Reexamination of Employment Discrimination Principle in United States

Masaki IMURA

Since Congress had enacted Civil Rights Act of 1964, employment discrimination laws have built consensus in political and social community, because they are the best method of achieving the equality in employment in United States. However, Richard A. Epstein argues in his book "Forbidden Grounds" that employment discrimination laws should be repealed because these laws impose the heavy costs to free and competitive market, and violate to freedom of contract principle. In the article, I display Epstein's theoretical concept of free and competitive market and why employment discrimination laws should be repealed in that situation. Then I argue that how we should think of purposes and effects of employment discrimination principle.

Histoire et théorie du droit français du travail

Yuichiro MIZUMACHI

2 Le temps de 《liberté individuelle》 (1789-1880)

3 Le temps de 《naissance et développement du droit du travail》 (1880-1973)

4 Le temps de 《crises et transformations du droit du travail》 (1973 -)

II Théories du droit français du travail

1 《Liberté》 — Économie néo-liberale

2 《Société》 — Robert Castel

3 《Procédure》 — Procéduralisation du droit

4 《Travail》 — Alain Supiot et Dominique Méda

Conclusion — À la recherche de la renaissance du droit japonais du travail